풍경에 대하여

풍경으로 살아가기, 또는 이성이 지나친 것

VIVRE DE PAYSAGE OU L'IMPENSE DE LA RAISON

이 저서는 2014년도 정부(교육과학기술부)의 재원으로 한국연구재단의 지원을 받아 수행된 연구임(2014S1A3A2044638)

Vivre de paysage ou l'impensé de la raison

풍경에 대하여

풍경으로 살아가기, 또는 이성이 지나친 것

프랑수아 줄리앙 지음 | 김설아 옮김

아모르문디

저자 서문

어떤 풍경을 앞에 두고 하나의 '웅장한 장면(spectacle)'을 보듯 그 앞에 멈춰 설 수 있다. 페트라르카가 방투 산 정상에서 그러했듯이 말이다. 이는 다시 말해 단 하나의 '시점'으로 풍경을 바라보면서 그 속의 조화와 다채로움을 관망하고 전체적인 구성을 음미하는 것이다. 더 세심한 시각을 지녔다면 그 밑에 감춰져 있는 기하학적인 면모까지 알아챌 수도 있을 것이다. 또한 이러한 풍경의 연속이 만들어 내는 지평선을 살피고 '관찰자'의 눈으로 이를 파노라마처럼 훑으며, "아름다워!"라고 선언하듯 외친 후 그 자리를 뜰 수도 있다.

하지만 하나의 풍경은 완전히 다른 것이 될 수도 있다.

풍경은 거기서 일어나는 여러 상호 관계의 끊이지 않는 놀이 속으로 우리를 흡수하기도 하고, 그 속에 존재하는 다양한 긴장감으로 우리에게 활력을 불어넣기도 한다. 또한 그 안의 뭔가 특별한 것이 우리에게 존재한다는 느낌을 일깨우는 것 같기도 하다. 먼 곳의 풍경을 바라보며 우리는 꿈에 빠지기도 하고 '몽상가'가 되기도 한다. 그 속에서 지각적인 것은 감정적이 되어 가고, 사물의 물리성은 흐릿해져 저 너머로 이어지는 무한함 속에 잠겨 버린다. 그리고 감성적인 것과 정신적인 것 사이의 단절은 흐트러져 버린다. 거기에는 더 이상 세상의 '귀퉁이'가 존재하지 않는다. 하지만 바로 그 속에서, 그 하나 된 전체 풍경 속에서, 세상을 이룬 중심이 드러난다. 세상을 있게 한 근간이 거기서 드러나는 것이다. 바로 이를 통해 이 장소는 조용하게 하나의 특별한 장소가 되고 비로소 그 장소와 통한다는 감정이 만들어지니, 이제 나는 그곳을 떠날 수 없게 된다.

만약 내가 그곳을 떠난다고 해도 이 장소는 내 안에 계속 남아 있게 된다. '향수(nostalgie)'는 바로 이를 표현하기 위한 말 아닐까?

풍경이란 더는 "바라보기" 위한, "표현하기" 위한 대상이 아니다. 이 두 동사는 사실 풍경이라는 용어를 가장 많이 동반하는 동사들이다. 하지만 이제 풍경은 생명 유지에 관계된다. 내가 이 책의 제목에 쓴 "…로 살아가기(vivre de)"란 표현은 다소 위험 요소를 안고 있다. 방법이나 수단을 뜻하는 것과는 거리가 먼 의미의 "…로(de)"의 사용으로 인해, 구체적인 것과 추상적인 것의 구분이 없어지는 수준까지 한층 더 거슬러 올라가야 하기 때문이다. 그럼에도 이를 사용한 이유는 다음과 같은 또 다른 가능성이 존재한다는 것을 보여 주기 위함이다. 즉, 우리가 "풍경"이라고 부르는 것이 더 이상 흔히 정의되듯 자연이 한 '관찰자'에게 '소개하는' 지역의 '부분'이 아니라, 삶이 끊임없이 활력을 얻는 근원이라는 것을 생각하도록 하기 위해서이다.

풍경에 대한 자각은 유럽에서는 상대적으로 새로운 것임에 틀림없다. 이는 르네상스 시대의 회화와 함께 시작되어 재현의 발전과 함께 한층 더 널리 받아들여졌으나, 20세기에 들어 방치되고 만다. 이후, 환경과 생태계에 대한 근심과 함께 근래 들어 이에 대한 자각이 다시금 일어나고 있다. 그런데 중국에서는 풍경에 대한 사고가 천 년도 더 전에 시작되어 지적 문화의 중심에서 끊임없이 발전해 왔다. 유일한 경우라 할 수 있다. 실제로 풍경에 대한 철학은 — 정원(jardin)에 대한 사고와는 달리 — 성서나 인도 문화 또는 이슬람 문화에서 찾아볼 수 없다. 자, 이제 이렇게 지나치듯 언급한 것들로부터 일단 몇 개의 결론을 끌어내고자 한다. 일단 몇 가지 질문부터 해 보자. 왜 중국은 그리 일찍부터 집중적으로 풍경에 대한 사고를 발전시켰을까? 풍경에 대한 중국의 사유는 어떠한 면에서 오늘날 우리 서양의 풍경에 대한 개념을 발전시키는 데, 또는 전체적으로 재정립시키는 데 도움을 주었는가?

바로 이러한 질문과 함께 시작하는 이 글은 당연히 나의 전작을 잇고 있다. 여기서 나는 '존재에 대한 질문'과 거리를 둔, 따라서 생명론과도 관계가 먼, 삶의 철학에 대해 말해 보려 한다. 여기서 말하는 것은 '풍경' 속 '산'과 '물'이고, 우리가 보고 듣는 것이며, '바람'과 '빛'의 유희이다. 또한 다른 식의 접근을 통해 '은밀함', 즉 모든 것을 그 속에 응축하고 있는 풍경에 대한 질문도 다뤄 보려 한다. 안과 겉을 분리하는 경계선이 없어지기 시작하는 것은 언제이고, 가장 눈에 띄지 않는 것이 아주 조심스럽게 가장 강하게 응축된 것으로 드러나는 때는 언제인지에 대해 말이다. 그런 다음 한 발짝 더 나아가 주체의 자가만족성(autosuffisance), 즉 서구의 사상을 지배해 왔고 자유에 대한 요구 속에서 자리를 잡아 왔으나, 오늘날 우리가 선입견에 빠져 있지 않기 위해 다시금 숙고의 대상으로 불러 낸 이 개념을 어떻게 해체할 것인가에 대해서도 생각해 볼 것이다. 동시에 우리는 도덕을 접하는 또 다른 방식에 대해서도 새롭게 탐구해 볼 터인데, 이때의 도덕이란 더 이상 가르침의 도덕이 아니라 경험의 평가와 관계된, 더 넓게는 존재의 발전과 관계된, 인간의 근원에 대한 탐구와 관계된 도덕을 말한다.

사실 다음과 같은 것도 철학이 될 수 있는데, 때에 따라선 이것이 바로 철학의 중심이 되기도 한다. 즉 모든 것에 대해 의견을 내는 것, 무언가에 대해 지지나 반대의 입장을 표명하는 것, 어떻게 살아야 하는지 설교하는 것보다는 근원을 탐구하는 것 — 우물을 찾는 기술도 바로 철학이 될 수 있는 것이다.

이 에세이는 트레유 재단에 두 차례에 걸쳐 머물렀던 2013년 봄에 쓴 글이다. 이에 대해 재단에 감사드린다.

그곳에는 풍경이 있었다.

Contents

1. 고장—풍경: 펼쳐짐, 시야, 단절

1

아마도 이 질문을 돌려 말하거나 조심스럽게 말하려고 고민하기보다 이렇게 먼저 던지는 것이 나을 것 같다. 그렇지 않으면 이와 관련해 이미 형성된 문제 제기 속에서 이 질문을 놓쳐 버릴 수도 있기 때문이다. 이때의 문제들이란 오늘날 이 분야에서 엄청난 자리를 차지하게 된 문학이 제기한 것으로, 이들을 살피다 보면 문학이 서구적인 '풍경'의 개념을 만들어 낸 우리의 선입견들을, 거슬러 올라가면서까지 분석하려는 의도는 가지고 있지 않음을 알 수 있다. 나는 이에 의문을 가지면서, 우리 유럽에서 말하는 '풍경'에 대한 정의가 처음부터 잘못되었던 것은 아닌지 질문을 던져 본다. 이는 풍경이 가질 수 있는 가능한 의미를 짓누르고, 억제하고, 없애 버린 정의일 수도 있는 것이다. 어쩌면 — 부족한 부분을 보충해 고쳤을 수도 있기에 — 편파적이거나 제한적이라기보다는, 체계를 만들고 일관성을 요구하며 그 생각의 전개에 부담을 지운 암묵적인 선택들과 관계가 있을 수도 있다. 어쩌다가 우리 서구의 풍경에 대한 사유는 우리도 모르는 사이 이렇게 문화적으로 저당 잡혀 버린 것일까? 이 구겨져 버린 틈새에서 벗어날 방법은 연속된 수정을 통해서만, 이론적인 혁명을 통해서만 얻을 수 있는 것일까? 그런데 과연 그렇게 하는 것만으로 충분할까?

처음부터 문제가 되었던 곳을 더 정확히 짚어 보자. 유럽 사상 발전의 기초가 되고 유럽이 '풍경'이라 불렀던 것에 접근하는 데 통로 역할을 해 준 그 암묵적인 선택과 편견들이, 결국 풍경에 대한 사유를, 단 하나의 시각에만 가둬 버리면서, 이 사유는 전혀 변하지 않았고 흔들린 적도 없다는 '명백함' 속으로 밀어 넣은 것은 아닐까? 사실 우리는 보이지 않는 이러한 구습에서 벗어난 적이 없다. 실제로 유럽이 16세기 중반(프랑스에서는 1549년) '풍경'이라는 단어를 만들어 냈을 때부터, 이에 대한 정의는 변하지 않았다. 너무나도 이상한 보수주의 속에 머물러 있는 것이다. (로베르 사전에 나온) 가장 최근의 정의를 보면, "자연이 관찰자에게 보여 주는 지역(또는 고장)의 부분"이라 적혀 있다. 그런데 이 정의는 지금으로부터 4세기 전, 이 단어가 처음 출현했을 때 정한 내용과 다를 게 없다. 당시 풍경은 "시야에 놓인", 고장의 "펼쳐짐" 또는 고장의 "부분"이라는 뜻을 지니고 있었다. 퓌르티에르(Furetière) 사전(1690)은 이를 "한 고장의 외관"이라 정의하며 다음과 같이 요약했다. "시야가 닿는 곳까지 펼쳐진 영토."

내가 이 글의 초반부터 유럽의 이성을 다루는 이유는, 사실 이 용어가 매우 유럽적인 것이기 때문이다. 실제로 이는 유럽적인 용어의 대표적인 예이다. (불어의) "풍경(paysage)"은 "고장(pays)"에서 유래한 것으로, 이 단어는 여러 언어로 존재하는데 그 구성은 어느 언어에서나 거의 동일하다. 마치 유럽 어디에서나 풍경이란 용어의 개념 정의에 있어 또 다른 가능성은 생각지도 않았고, 다른 의미는 상상조차 하지 않았다는 듯이 말이다. 유럽 북부의 경우, (독일어로) Land－Land-schaft 와 (영어로) land－land-scape가 있다. 만약 "풍경"이라는 단어가 플랑드르 지방에서 만들어졌다는 주장을 받아들인다면, 플랑드르어의 예(landschap)를 들어야 할 것이다. 유럽 남부의 경우, 이탈리아어 paesaggio와 스페인어 paisaje가 있다. 러시아어 пейзаж도 있다. 이들은 모두 유럽적인 의미를 지닌 단어이니, 다시 말하면 유럽의 지리적 이론을 그 속에 품고 있다 하겠다. 내가 보기에 이 단어들은 모두 '유럽의 특성을 내보이고' 있다. 이 단어의 어원을 거슬러 올라가려면 '장소'를 의미하는 그리스어 topos에서 유래한 라틴어 topiaria를 언급해야 한다.(대플리니우스와 비트루비우스의 저술을 참조하라.) 유럽은 시야가 머무르는 곳까지를 한정하여, 풍경이 '고장'으로부터 떨어져 나온다는 생각으로부터, 아니 그러한 추측으로부터 벗어나지 못해 왔다 하겠다.

'풍경'이 무엇보다 회화와 관계되어 명명되었다는 사실 또한 중요하게 고려되어야 할 부분이다. 우리는 유럽에서 그림이 풍경에 대한 의식을 담고 있음을 확인할 수 있다. 그런데 유럽의 어디까지 그러했을까? 이 용어를, 유럽 북부와 남부 미술계의 자유로운 교류 환경 속에서, 화가들이 그림을 위해 만들어 낸 것이라 하더라도, 즉 (파티니르[1]처럼) 원경 속의 자연을 근경에까지 이어 그린 플랑드르 미술의 대가들과 회화의 혁명을 이끌며 진실에 대한 새로운 요구를 내세운 이탈리아 대가들의 교류 속에서 그 용어가 만들어졌다 하더라도, 그리하여 '풍경'이 거의 '풍경을 묘사한 작품'을 뜻하고 더 나아가 그 자체로 회화 장르임을 의미했다 하더라도, 유럽이 이 용어를 완전히 받아들이기까지 몇 세기 동안 주저했다는 사실에 대해서는 숙고해 볼 필요가 있다. 풍경이라는 용어가 회화의 진보 속에서 태어났다고는 하지만, 사실 풍경은 오랫동안 그림에서 배경이나 장식 역할만 하며 작품의 '빈 구석'을 채워 왔다. 이후 '역사'의 헤게모니로부터 벗어나면서, 다시 말해 (레싱[2]처럼) 신체를 통해 표현된 이상적인 미의 구속에서 벗어나면서, 그리고 (펠리비앵[3]처럼) '행위'의 의미를 따지는 일로부터도 자유로워지면서, 풍경은 유럽 예술의 중심부에 아주 천천히 자리를 잡아가게 된다.

이는 너무 잘 알려진 이야기이기에 이쯤에서 그만해도 될 듯하다. 너무나 잘 이해하고 있는 부분이라 다시 생각해서 숙고할 이유가 없다. 대신 우리는 이렇게 매끄럽게 전개되는 이 이야기 속에서, 즉

---

1) (역주) 요아힘 파티니르(Joachim Patinier, 1483~1524)는 네덜란드의 풍경화가이다.

2) (역주) 카를 레싱(Karl Friedrich Lessing, 1808~1880)은 독일의 풍경화가이다.

3) (역주) 앙드레 펠리비앵(André Félibien, 1619~1695)은 프랑스의 건축가이자 사료편찬관이다.

유럽에서 회화와 풍경이 천천히 일치해 가는 과정 속에서 어떠한 증상을 읽어 내야 할 것이다. 질문을 한번 던져 보자. 유럽에서 풍경 회화의 출현이 늦춰진 것은 일종의 저항에서 비롯되었다고 하는데, 이는 도대체 무엇에 대한 저항을 말하는가? 무엇보다 풍경 회화가 가치적인 면에서 봤을 때 주된 장르가 아니었다는 것은 사실이다. 또한 아카데미적인 분류에서 봤을 때 풍경이 아주 오랫동안 인물들에 종속된 요소로 간주되어 왔다는 것도 사실이고(푸생과 르로랭[4]의 그림을 보라), 19세기에 들어 풍경이 독립된 요소로 떨어져 나왔다는 것도 사실이다.(터너 또는 그보다 조금 덜 유명한 라비에[5]의 작품을 보라.) 그런데 풍경 회화는 20세기 초반에 들어서면서 점점 흔들리기 시작한다. 풍경 회화에 대한 그때까지의 기대를 거스르며, 우리가 '자연'이라 불러 온 색칠된 풍경이 결국 도전을 받게 된 것이다. 이후 풍경화는 보다 자유롭게 추상적인 구성의 길을 택하게 된다.

풍경이 개념적으로 형성되기 시작하고 유럽 회화의 중심부에 정착하게 된 것이 단지 전환기를 거쳤기에 가능했던 것일까? 사실 이 시기는 낭만주의에서 시작되어 이후 단 몇 십 년 동안만 지속된 틈

---

4) (역주) 니콜라 푸생(Nicolas Poussin, 1594~1665)은 고전주의 회화를 이끈 프랑스의 풍경화가이다. "르로랭(le Lorrain)"이라 불린 클로드 젤레(Claude Gellée, 1600~168)는 고전주의 화풍의 프랑스 풍경화가이다.

5) (역주) 윌리엄 터너(William Turner, 1775~1851)는 낭만주의 화풍의 영국 풍경화가이다. 프랑수아 오귀스트 라비에(François-Auguste Ravier, 1814~ 1895)는 프랑스의 풍경화가이다.

새와 같은 시기로, 회화에서 이상적인 미에 대한 숭배나 유사함의 강조가 강하게 표출되던 때였다. 이때는 장소가 인간 본래의 감각에 맞추어 만들어지기 이전의 시기였고, 지식적 구축(또는 해체)이 풍경 회화를 통해 궁극적으로 시도되었던 *재현*(représentation)에서 완전히 벗어나 재현의 대상 그 이상의 위치를 차지하기 이전의 시기였다. 바로 여기에서 우리는, 유럽의 회화-사상이 세월을 따라 전진하다 풍경이란 것과 조우하여 이러한 근본에까지 닿았지만 멈추지 않고 그 탐험을 더 밀고 나갔다는 사실에 대한 증거를 찾을 수 있지 않을까? 다시 말해, 당시 풍경이라는 보고(寶庫), 즉 내가 유럽의 회화와 사유의 "원천적인 힘"이라 불렀던 이 굉장한 광맥에 어떻게 접근해야 할지 몰라, 이를 이용하지 못했다는 사실에 대한 증거를 여기에서 찾을 수 있지 않을까?

2

이쯤에서 '풍경'에 대한 우리의 사유를 거슬러 올라가야 필요가 있는 것 같다. 아니, 어쩌면 풍경에 관해 우리가 생각지도 못했던 부분을, 우리가 지나쳐 버린 부분을 거슬러 올라간다고 표현하는 편이 나을 것 같다.

가장 쉽게, 우리가 생각하는 '것', 생각에 '번뜩 떠오르는' 대상인 코기타툼(cogitatum)부터 언급해 보자. 생각이 '풍경'을 그릴 때, 생각이 향하게 되는 대상에 대해 말해 보자는 것이다. 사실 우리는 우리가 생각하는 '것'에 대해, 생각이 향하게 되는 '그것'에 대해 어떠한 통제력도 가지고 있지 않고, 주도권도 거의 발휘하지 못한다. 우리는 그저 그에 따를 뿐이다. 결과로 가는 길이 이미 정해져 있는 것이다. 그런데 이렇게 수세기가 흐르는 동안, 우리 유럽에서는 풍경을 어떻게 생각할지에 대해 생각해 본 적이 없다. 벌판 속의 어떤 것을 '풍경'으로 분리해 내고, 풍경이라 명명할지 생각해 본 적이 없는 것이다. 그래도 지속적인 발전 과정 속에서 '풍경'은 그려질 수 있고 사유가 가능한 대상으로까지는 여겨지게 되었다. 여기에 그냥 이르게 된 것은 아니다. 새로운 목적들이 만들어지고, 새로운 관점들이 나타나고, 풍경을 생각하는 데 이용되는 새로운 도구들, 즉 이를 생각하도록 이끈 새로운 도구들이 나타나면서 이 상황에 도달하게 된 것이다.

바로 여기에서부터 우리는 이 풍경의 사유에 관한 질문 속으로 한층 더 깊이 거슬러 올라갈 수 있다. 그런데, 여기서 우리는 '무엇에 대해' 생각하느냐 이전에 '무엇을 이용하여(어디서부터)' 생각하느냐를 먼저 생각하는 것이 정말 어려운 일인지 의심을 해 보게 된다. 또한 이러한 (후자의) 생각에 이르는 것이 정말 일종의 우회, 즉 합리적인 방법이 아닌 '교활한' 방법으로만 가능한 것인지, 다시 말해 일탈을 통해서만, 익숙한 것으로부터의 벗어남을 통해서만 이에 닿을 수 있는 것인지 의문을 가지게 된다. 정말 '의심하는 것' 만으론 충분치 않고, 거리를 두면서 전략적으로 '의심'해야만 이에 이르게 되는 것인지에 대해 의문을 가지게 되는 것이다. 이처럼 풍경의 개념에 관한 검토는 유럽의 사유를 조직화했던 것이 무엇이었는지를 다시금 살펴보게 만든다. 우리가, 명백함을 내세우는 단순한 논리적 도구들이라 여기고자 했던 것을 다시 살피게끔 만드는 것이다. 그런데 그 역사성을 두고 볼 때, 풍경에 대한 유럽의 사유는 우리가 이와 약간의 거리를 두기만 한다면, 이 사유를 통제했던 선택들을 통해 이러한 단순한 논리적 도구들의 특이성과 발명 과정을 밝히는 데 도움을 줄 것이다. 그리고 바로 여기에서, 즉 그 출현이 가능했던 조건에 대해 설명할 수 있을 때, 우리 서구의 풍경에 대한 사유는 분명하게 드러나게 될 것이다.

그런데 이러한 의문을 발전시켜 나가기 이전에, 우리는 풍경에 관한 유럽적 사고 속에 존재하면서 그 사고의 형성에 영향을 주었던, 최소한 세 개의 거대한 선입관들과 맞닥뜨리게 된다. 물론 이것들이 무엇인지 우리는 잘 안다. 너무나도 '잘 안다.' 그런데 우리는 이들을 검토해 본 적이 있는가? 이 잘 안다는 사실, 이것이 오히려 이들을 면밀히 탐구하는 데 걸림돌이 된 것은 아닐까? 첫 번째 선입관은 무엇보다, 유럽에서 풍경이 '부분-전체'의 관계 아래 개념화되었다는 그 은밀한 생각 아닐까? 즉 풍경이 흔히 말하듯 시선이 잘리는 곳까지를, 고장의 '일부분'을 가리킨다는 생각 말이다. 바로 이 때문에 우리는 '지평선'을 풍경의 경계선으로 여겨 왔던 것이다. 그런데 나는 여기서 이 질문을 하지 않을 수 없다. '부분'이라는 이 묘한 존재란 과연 무엇인가? 풍경에 대한 우리의 사유는 '전체'에 대한 이러한 종속성에 어느 정도까지 영향을 받고 있는가? 풍경이란 처음부터 숨겨지고, 축소되고, 잘려진 것이 아니지 않은가?

두 번째 선입견은 보통 아주 쉽게 별 생각 없이 당연한 듯 지적되는 것이지만, 그 내용에 대해 모든 이가 쉽게 동의하지는 않는다. 내용인즉슨 풍경이 단번에 수평으로 펼쳐졌다는 것인데, 유럽에서는 시각적 지각 작용이 우선시되어 왔던 만큼 이에 대한 이의가 제기되지 않았다. (로베르 사전에 적혀 있듯) "한 고장의" 이 "부분"은 자연이 "관찰자에게 드러내 보여 주는" 부분이다. 또는 보통 정의되듯, 풍경은 "시각에 제공되며" 어떤 "관점"에 의존한다. 그런데 바로 여기서, 나는 또 질문을 던지지 않을 수 없다. 이제는 *시각적인* 자명함과 그것이 지닌 독점적 위치의 명백함을(바로 그 독점에서부터 명백함이 나오긴 했지만) 흔들어 무너뜨려 이로부터 풍경을 해방시킬 때도 되지 않았는가? 우리가 풍경에 '접근'하는 것이 — 그 풍경의 '능력'에 닿는 것이, 정말 보기(vue)를 '통해서' 이루어지는 것일까? 시선과 그 지배하에서만, 시선이 행하는 독자적인 탐사를 통해서만 이루어지는 것일까?

*주체-대상*의 매우 심도 깊은 관계 역시, 르네상스 유럽 시대를 통해 그리고 과학의 발전을 통해 풍경에 대한 사고를 구조화해 왔다는 사실을 잊어서는 안 된다. 사실 이것이 바로 최초의 선입관이라 할 수 있다. 풍경의 정의에도 나와 있듯, 한편에는 '관찰자'가 있고 다른 한편에는 '자연'이 있다. 이 둘은 서로 떨어져 있지만 동시에 마주 보고 있다. 달리 말해, 풍경에 대한 우리의 사고는 근대 유럽의 힘을 지지하던 지식의 토대인 주체-대상이라는 결합적 개념에 '종속되었던' 것이다. 그런데 이후 우리의 풍경에 대한 사유가 이러한 종속에서 빠

져나오는 것이 가능하기나 했는가? 이 지긋지긋한 한 쌍을 그리도 비난해 왔건만, 사실 이에 기대지 않는 것이 가능하긴 한 것인가? 실제로 주체-대상을 비판하고, 부정하고, 모욕을 줄 때조차, 우리는 아직 그 자체에 의존하고 있는 것이다. 풍경에 대한 우리의 사유는 과연 이 주체-대상이라는 개념이 사라지기를 바랄 수나 있을까?

3

바로 이 이론적 삼각형 속에 유럽의 풍경에 대한 사유는 자리를 잡게 되었다. 나는 이 이론이 처음부터, 아무도 모르게, 우리의 풍경에 대한 사유를 속박했었던 것은 아닌지 묻고 싶다. 특히 이 중 첫 번째 관점으로 인해 풍경이 근본적으로 쇠퇴한 것은 아닌지, 즉 *부분*이 가지는 대조적인 성질을 바탕으로 풍경을 생각하다 보니 풍경의 존재론적 성질이 쇠퇴한 것은 아닌지 묻고 싶다. 혹자는 이러한 '고장'의 '부분'이라는 것이 '전체'와 구별되므로, 오히려 풍경을 강조하고 한층 더 격상시킨다고 반박할 수도 있다. 하지만 풍경은 자신을 포함하고 있고 자신을 '한 조각'처럼 품고 있는 고장 전체를 마주하면서, 자신이 이 고장에 종속되어 있지 않다고 할 수 있을까? 일찍이 그리스인들이 고민한 바 있던 이 '부분'이라는 것은, 참으로 묘한 것이다. 이는 하나이지만 부분이다. 부분은 분명 '하나'이다. 분리되고 별도로 취급되기 때문이다. 그리고 하나이기 때문에, 이 부분은 그 자체로 하나의 '전체'가 된다. 그런데 그와 동시에 이는 '하나'가 아니다. 단지

한 '부분'이기 때문이고, 그 부분이 통합되면서 부분을 넘어서는 하나의 전체에 속하기 때문이다.

여기서 일단 풍경에 대한 우리의 사유가 맞닥뜨린 이 패러독스를 짚고 넘어가야 할 것 같다 — 그리스인들의 경우 이 패러독스를 가지고 노는 것을 즐겼다.(이는 그들의 논리성이 지닌 섬세함과 아주 잘 맞아떨어졌다.) 한 부분이란 하나이다. 왜냐하면 이는 하나의 고유한 구역으로 나타나기 때문이다. 따라서 우리는 '하나의' 부분이라고 말한다. 하지만 이 부분이란 '하나가 아니기'도 하다. 완전히 분리되어 있는 것이 아니라 그 옆에 붙어 있는 다른 부분들과 이어져 있기 때문이다. 그렇지 않다면 이를 두고 '부분'이라 칭하지 않으리라.(갈레노스가 언급한, 몸에 관한 손의 관계와 같다.) 그런데 풍경에 관해서도 단일성(전체성)은 마찬가지로 상대적이다. 이 단일성이 주체의 움직임에, 이로부터 비롯된 관점의 변화에, 주체의 미세한 각 발자국의 움직임에 연결되어 있는 것이다. 단일성은 이미 그 자신이 부분일 뿐이라는 결점을 품은 채, 그 결함을 내보이며 자신의 한계를 드러낸다. 그리하여 지평선(horismos)이 보여 주는 한계, 그 공간에서 하나 됨을 나누는 '한정'이 드러나는 것이다.

더 나아가 '부분'은 풍경의 '존재' 위에 또 다른 식으로 자신의 그림자를 투영한다. 사실 풍경을 '고장의 부분'으로 여긴다는 것은 풍경을 그것을 포함하고 있는 '넓은 면적'과의 관계에서 이해하게끔 한다. 리트레(Littré) 사전에도 쓰여 있듯이, 이는 '단일한 각도에서 본 한 고장의 펼쳐진 면'이다. 이 말은 곧 풍경이 단지 사물들에게서 그 몸체의 형태를 떼어 놓은 후 남아 있는 것과의 관계에서만, 다시 말해 *면적*이라는 특성과의 관계에서만 인지되는 것임을 뜻한다. 그리하여 구분할 수 있는 특성이 거기에는 더 이상 남아 있지 않게 되는 것이다 — 이는 마치 데카르트가 말한 *레스 엑스텐사*(res extensa)[6]의 경우와 같다. 아니면 이렇게 말할 수도 있을 것이다. 이러한 추상적 작업으로 인해, 구분되는 풍경을 품고 있으며 그 풍경의 근간이 되는 펼쳐진 면에 남아 있는 유일한 특성은 이제 동질성(homogénéité) 뿐이라고. 그리고 *외관*에 남아 있는 이처럼 순전히 수학적인 특성, 즉 근본적으로 측정 가능함과 구분 가능함을 허용하는 이 특성은 먼저 약분 불가능성을, 그 다음으로 풍경의 고유함을 만드는 개체화(individuation)의 능력을 잊히도록 만들었다고. 그리하여 이 동질성이란 특성이, '등방성(isotropie, 等方性)'을 내세우며 풍경을 발전시키는 특이화 과정(singularisation)을 방해하게 된 것이라고 말이다.

유럽에서 '풍경'이 회화를 통해 태어날 수 있었던 것은 풍경이 액자에 갇히듯 지평선의 선에 의해 한계가 지어졌기 때문만이 아니라, 더 나아가 기하학적이고 균일하게 연장되는 넓은 면적의 공간과 접할 수 있었기 때문이기도 하다. 다시 말해 풍경은 일전에 이 공간을 채우던 상징적 의미들을 밀어내고, 원근법적 투영법에 따라 동일하게

---

6) (역주) 데카르트는 이 세상이 res cogitans(레스 코기탄스, 사유하는 실체)와 res extensa(레스 엑스텐사, 外延, 확장된 것)로 이루어져 있다고 보면서, 유한한 존재들 가운데 인간을 제외한 영역, 즉 영혼이 없는 모든 물질 영역, 다시 말해 자연을 레스 엑스텐사, 확장된 본질로 보았다.

분할된 것이다. 이러한 상황에서 어떻게, 감각적인 것이 미리 제거되면서 풍경 자체가 '일부'로 포함된 '넓은 평면'이 중립화되는 이러한 일련의 과정이, 재현이라는 수단과 규정 속에서 *이루어진* 풍경의 출현에 영향을 끼치지 않을 수 있었겠는가? 공간이 더 완전하게 추상화되기 위해서는 — (20세기 초인) 다음 단계까지 — 한 발자국만 더 나아가면 된다는 것을 우리는 잘 알고 있다. 하지만 이 나아간 단계에서 우리가 갑자기 풍경을 '초월'하고 포기해야만 했었다는 것 또한 우리는 잘 알고 있다.

4

풍경의 유럽적 정의에 대한 두 번째 선입관, 즉 *시각적* 선입관 또한 보기에는 전혀 흔들리지 않을 것 같다. 하지만 사실 우리가 어떠한 선입관을 이리 찔러 보면서 이를 없애 버릴 궁리를 하지 않은 적이 있었던가? 그런데 이와 함께, 풍경이 "자연이 그것을 쳐다보는 눈앞에 드러내는" 고장의 부분이라는 사실이 단숨에 풍경에게 수동성을 부여하는 것은 아닐까 하는 생각이 든다. 풍경은 "쳐다보는" 대상이기도 하지만, 관찰자의 시점에 따라 움직이는 요소로서 무엇보다 관찰자의 주도하에 놓이기 때문이다. 그런데 우리가 정말 풍경을 '바라보기(regarder)'만 하는가?("바라본다"는 무엇을 의미하는가?) 세계와의 관계에서 시각적 인식에 우위를 두는 이러한 서구의 묵직한 편견 속에서, 우리는 어떠한 논의나 의심도 없이 시선을 우월한 감각이라 여겼던 그리스인들의 선택을 마주하게 된다. 그들은 눈이 더 이상 지각 작용을 하지 못할 때, 그 눈이 '영혼의 눈(라틴어 omma tēs psukhēs, 그리스어 ὄμμα τῆζ ψυχηζ)'에 연결된다고 보았다. 관념적인 것은 (정신 속에서) '보여진다'고 믿었던 것이다. 이 점에 관해 아리스토텔레스의『형이상학』1권은 결정적인 근거를 보여 준다. 만약 보는 것이 우리의 감각 중에서 가장 가치 있어 보인다면, 이는 보는 것이 차이(다름)의 폭을 더 넓게, 어떻게든지 눈에 가장 잘 띄는 방식으로 열어 젖혀 보여 주기 때문이고, 또한 바로 이러한 구별의 작업을 통해 우리를 앎의 길로 인도해 주기 때문이다.

그런데, *시각*에 부여된 이러한 우선성으로 인해 풍경은 이제 *외관적인 것*으로 이해되게 되었다. '외관(aspect, 라틴어로 species)'은 눈으로 들어오는 것, 뒤이어 이러한 겉모습을 특징짓는 것, 즉 규정된 특수성을 말한다. 바로 여기서부터 시작되어 풍경을 시각적-외관적으로 여기는 것은 풍경을 그 외적 표면에 멈추게 하여 '선들' 안에 정지시켜 버렸고, 우리를 풍경의 외부에 붙잡아 두게 하였다. 그리고 그 선들 속에서 풍경의 원천적인 힘은 말라 버리게 되었다. 더군다나 풍경에 시각으로만 접근함으로 인해 우리는 다시 풍경의 추상화 현상을 맞게 된다. (청각, 후각과 같은) 다른 감각들은 주변부로 밀려나고, 시각은 주변부에서 빠져나오게 되었다. 시각은 거리를 두기도 하지만, 동시에 뭔가를 지정하기도 한다. 바로 이러한 면에서 시각은 존재론에 도달하는 길인 것이다. 다시 말해 시각은 무심한 듯하면서 매번 그 고유의 장소에 인지의 대상을 고정시키고, 그 속에서 그 대상을 구분하며 정의한다. 이렇게 시각은 '본질'의 길, 다시 말해 '이것은 무엇인가?'를 확인하는 길, '사물의 본질'의 길로 이어지는 것이다. 하지만 이와 동시에 의미적인 함축성은 잃고 만다. 그런데 이러한 의미의 함축성, 즉 '분위기'적 차원이 무엇보다도 풍경을 '격상'시키는 것은 아닐까?

5

풍경을 원천적인 힘으로 생각하기를 원한다면, 우리 사유 속의 '명백함'을 지체 없이 흔들어 놓아야 한다. 1세기 전부터 유럽의 사유가 자기 자신에게 거칠게 등을 돌리며 해 온 노력, 즉 '주체'와 '대상'의 분리를 넘어서기 위해 쏟은 노력, 유럽의 사고 체계가 단언했던 것에 대해 처음부터 다시 생각하기 위해 쏟았던 노력이 어떤 것이었든 간에, 풍경에 대한 우리의 사고가 이러한 분리가 남긴 패인 골에서 태어났다는 사실은 (현상학적으로) 꼭 인정하고 넘어가야 한다. 풍경에 대한 우리의 사유는 바로 이렇게 이분법으로부터 나온 것이다. 곧이어 그 이분법의 양쪽 끝을 번갈아 가며 왔다 갔다 하는 면이 있긴 했지만 말이다. 따라서 풍경을 다시 생각하기 위해서라면, 부정할 수 없는 이 사실과 겨뤄야만 한다. 풍경에 대한 사고가 르네상스 시절, 세계에 대한 신화(신학)적 개념으로부터 벗어났을 때, 즉 예로부터 물려받은 장소들의 상징성으로부터 벗어났을 때, 풍경의 출현이 과학을 발전시키던 *객관성*의 발명과 협력 관계를 이뤄 나갔다는 이 부정할 수 없는 사실과 말이다.

유럽이 '자연'을 만들어 내는 데 도움을 주었던 '객관화'에 대한 이러한 찬양으로부터 우리 유럽식 풍경의 사고는 벗어날 수 있을까? 사실 중세의 느릿한 성숙의 결과물인 '대상', 아리스토텔레스의 반대-상관(antikeimenon)에 대한 규정과 우리 '앞에 던져져' 시야를 방해하는 물건(objectum)에 대한 사유를 교차시킨 데서 나온 '대상', 유럽의 '근대적' 발명품이자 위대한 도구였던 이 '대상'은 인간과 세상 사이에 원칙을 빽빽하게 채워 놓는 역할만 한 것이 아니다. 그것은 인간과 세상을 각자의 지위 안에 구분시켜 놓고는 상대를 자기로부터 떨쳐 내도록 만들기도 했다. 그리하여, 인간을 그 자신에게밖에 의존하지 않는 주도적인 주체, 자율적인 존재로 만들었고, 세상을 정신 속에서 '객관적으로' 겨냥되어 인식되는 대상, 어떠한 부차적인 오염에 의해서도 더 이상 영향을 받지 않는 대상으로 만들었던 것이다. 그런데 우리가 '잘 아는', 질릴 정도로 잘 알고 있는 이러한 결과들에 대한 평가는 정말 끝난 것일까?

풍경이, 인간을 마주하지만 인간과 분리되어 만들어진 세상의 출현과 동시에 나타났다는 것, 그리하여 풍경에 더 이상 정신적이거나 감정적인 투영이 이루어지지 않았다는 것은 우발적으로 일어난 일이다. 그리고 우리 언어 자체는 이에 순응하게 되었다. 우리의 언어는 이러한 '선택'을 통해서 표현될 뿐이다. 우리가 이 선택을 비판하고 나설 때조차도 말이다. 우리는 원하기만 한다면 이러한 상태 — 강압적인 힘 — 에 힘껏 반항할 수 있다. 그러나 이러한 일이 벌어지지 않았다고, 다시 말해 여기 유럽에서 *대상을 발명한 것이* 아니라고는 말할 수 없다. 이미 접힌 주름은 도로 펴지지 않는다. 각자가 서로를 '앞에 둔 채' 상대와 동떨어져 생각하는 이 마주 대하기를 무너뜨릴 수 없는 것이다. 한편에는 풍경을 '대상(ob-jet)'으로 '소개'하는 '자연'이 있고, 다른 한편에는 자유로운 '주체'로서의 '관찰자(ob-servateur)'가 있다. 유럽에서 '풍경'은 항상 *관람자의 외재성을* 내재하고 있다. 이러한 연유로 풍경의 발전은 공간의 기하학화와 더불어, 다시 말해 동질적이고 등방적이며 끊임없이 이어진 너른 공간, 지형학적으로 막힌 데가 없고 상징적으로 소환될 여지도 없는, 단지 눈의 법칙에만 종속된 공간의 기하학화와 더불어 진행되었다. 그리고 '주체'는 "관점"으로 후퇴했는데, 이때의 관점이란 바로 '소실점(point de fuite)'이다.

그런데 우리 유럽에서 풍경을 반복적으로 기하학화하는 것을 멈추고, 내부와 외부 그리고 감정과 외관 사이의 단절에 항의하는 것을 멈춘다 하더라도, 이로 인해 달라지는 것은 아무것도 없다. 우리가 최선을 다한다 하더라도, 이는 이러한 거대한 이론의 합성 속에 축적된 억압적인 감정에 분출구를 뚫어 주는 역할만을 할 뿐이다. 실로 풍경은 이러한 (낭만적인) 항변의 장소이기도 했다. 위고는 "풍경은 기하학을 바탕으로 만들어지는 것이 아니다"라고 말했다. 보들레르의 경우 다음과 같은 글귀를 남겼다. "만약 우리가 풍경이라 부르는 나무와 산, 물, 집들의 집합체가 아름답다면, 그건 그 자체가 아름다운 것이 아니라 나 자신으로 인해, 나만의 영감으로 인해, 생각(idée)과 이에 달라붙어 있는 감정으로 인해 그러한 것이다." 그런데 이렇게 풍경을 주관성 옆에 도로 가져다 놓고 개인적인 것으로 흘러가게 하면서 감수성 또는 상상의 힘 아래 두는 것만으로 풍경은 분리를 강요한 그 사유, 풍경의 탄생을 주도한 그 사유로부터 벗어날 수 있을까?

풍경을 주체의 곁으로 끌어들이는 것은 그것을 대상의 구속으로부터 해방시키지만, 그렇다고 풍경이 대상과 벌이는 분쟁으로부터 벗어나게 해 주지는 않는다. 또한 이러한 용어들 사이의 갈등에서 벗어나게 해 주지도 않는다. 사실 풍경을 표현의 도구로 이용하면서 풍경에 감정적인 투영을 행하기도 하고, 풍경을 통해 재현의 진실에 도달하려고도 했지만, 이 두 경우가 항상 잘 진행되었던 것은 아니다. 이후, '사물들' 곁에 더 가까이 머물면서 (지각적인 꾸밈보다는) 감각에서의 즉각성을 강조하거나, 아니면 반대로 정신의 구축, 정신의 확고하면서도 '개념적이고' 창조적인 구축을 강조하는 편으로 나아간다. 하지만 여기서도 역시 풍경은 어느 한쪽의 필요조건을 충족시키지 못한 채 둘 사이의 중간을 맴돌게 된다. 20세기 들어 예술 속에서 풍경은 소멸되니, 이는 바로 이러한 시계추의 왔다 갔다 하는 움직임을 지속시키는 것에 대한 거부를 표한 것이라 할 수 있다.

6

어떤 경우든지 간에, '대상'과의 관계 속에는 이미 구분해야 할 무언가가 존재한다. 예를 들어 '보기(vue)'와 *풍경*에 대한 구분처럼 말이다. 여기서 한 걸음 더 나아가, 다음과 같은 질문을 스스로에게 던져 본다. 아르슈베셰 다리나 그다음 다리에서 노트르담 대성당을 바라볼 때 '풍경'이란 것이 있는가? 내 생각에는 아니다. 거기엔 *보기*가 있다. '~에 대한 보기'(노트르담 대성당 보기)가 있는 것이다. 보기는 *가능한 대상*이 있기에 이루어진다. 'Ob'-'jet'는 '앞에' – '던져진 것'으로, 보기를 방해하면서 우선적으로 나의 관심을 끄는 것, 즉 내가 쳐다볼 수밖에 없는 것이다. 따라서 나의 보기는, 대상을 앞에 둔 상황에서 주의 깊게 관찰하는 능력과 함께 작동한다. 그것을 둘러싸고 있는 모든 다른 것, 가장자리는 장식일 뿐이다. '보기'가 있다는 것은 우선 초점이 있다는 것이다. 나의 시선은 감탄한 채 집중하면서 한 곳에 고정된다. 그러고는 정리를 해 가며 항상 그 속에서 더한 완전함을 찾아낸다. 하지만 *풍경이 존재하기 위해서는* 헤게모니적인 그 어떠한 것도 강요되어서는 안 된다. 그러한 것이 시선을 독점해 버릴 수 있기 때문이다. 수행된 여러 조사에 따르면, 이러한 연유로 "다양한(varié)"이 바로 풍경과 가장 많이 쓰이는 술어 중 하나가 되었다고 한다. 이는 지엽적이거나 '목가적' 성격의 수식어가 아니라, 풍경에 가장 잘 어울리는 수식어인 듯하다.

결과적으로 본다면 시선이 흩어지고 분산되었을 때만, 시선이 순환하기 시작할 때만 풍경이 생겨나는 것이다. 풍경이 나타나려면 시선이 이동해야 한다. 그런데 실제로 그 다음에 놓인 쉴리 다리에서 보면 풍경이 변하기 시작한다. 이제 '~을 보기'만 있는 것이 아니라,

풍경의 조합이 시작되는 것이다. (건축물과 같은) 시선을 집중시키는 대상은 더 이상 존재하지 않게 되고, 구성 요소 또는 구성 매체들이 서로가 서로를 마주한 채 서로에게 응답한다. 여기에는 움직이는 물이 지닌 수평성이 존재하고, 높은 건물들의 고정된 수직성이 존재하며, 둑 위 나무들의 풍성한 녹음이 있고, 곧게 쭉 뻗은 건조한 도로들이 있다. 여기에는 거리(distance)만 작용하는 것이 아니니, 그 멀리 떨어짐으로 인해 대립적으로 놓였던 요인들이 상관관계를 맺고 서로에게 응답하며 동등한 자격으로 협동 관계를 맺게 된다. 그러면서 시선을 '~에'만 멈추도록 하는 것이 아니라 한쪽에서 다른 한쪽으로, 아니 그보다는 서로의 사이를 왔다 갔다 하는 쪽으로 방향을 바꾸게 만든다.

만약 내가 (그림을 두고) "센 강의 전망(Vue de la Seine)"이라 한다면, 이는 "~에서 본 센 강의 전망"이 될 것이다. '~을 본다'는 것은 필연적으로 특정한 지정의 효과를 낸다. 하지만 '센 강가'의 풍경은 이러한 지정을 애매하게 만든다. 이는 보이는 것 중간에 놓인 푹 팬 간격을 강조하고는, 그 간격을 팽창 상태로 끌고 가면서, 뒤이어 구성 요소들 사이에 무한한 상호 작용이 벌어지도록 만드는 것이다. 이러한 연유로 (대상이 무너지면서) 지시 대상은 느슨해지고, (회화 속) 풍경은 본래의 대상과 닮은 것이 될 수 없게 된다. '풍경'이 있기 위해서는 시각적인 접착-고정을 만들어 내는 독점화 작용이 약화되어야 하고, 양극성이 서로 순환되어야 한다. 다시 말해 요소들 사이의 상관관계와 대립적 관계는 동시에 전개되어야 하고, 시각적인 것이 가지고 있는 그 강박적인 것으로부터 시선을 떼어 내어 이를 진화시켜야 한다. 그러고는 시선의 기능을 변화시키면서, 시선이 요소들이 서로를 개방하고 맞아들일 수 있도록, 서로를 통과하며 교환할 수 있도록 하는 데 몰두하도록 만들어야 한다.

경치(vue)는 '아름답다.' 아르슈베셰 다리에서 보는 노트르담 대성당은 아름답다.(이보다 더 아름다운 것을 내가 알고 있기나 할까?) 나는 아름답다고, "~보다 더 아름답다"라고 표현했으니, 사실 여기서 (대상을) '보는 것'과 관련해 비교법을 쓰는 것은 정당하다. 하지만 풍경을 두고 '아름답다'고 말하는 것이 맞는지에 대해서는 확신이 서질 않는다. 이 술어가 우리 언어 중에서 풍경과 가장 잘 어울려 쓰이는 것임에도 말이다. 풍경을 두고 '아름다운'이란 형용사를 붙이는 것이 적절한 것인지는 정말 모르겠다. 사실 '아름다운'이란 표현은 시각적으로(외양상) 그 표면에 달라붙어서, 풍경 속에 감춰져 있는 잠재력을 축소시켜 버린다. 우리는 풍경을 앞에 두고 '아름답다'고 말한다. 늘 하던 대로 하다 보니, 언어의 다른 표현을 찾지 않다 보니, 다른 표현은 쓰지 않게 되었고 '아름답다'가 풍경에 꼬리표처럼 붙어 다니게 되었다. 그리하여 결국 우리는 풍경이 만들어 내는 것들을 마주하지 못하는 상황에까지 이르게 되었다. 볼테르는 "세상에서 가장 아름다운 풍경"이라 표현했다. 간단하게, 최상급으로 표현했지만, 여기엔 불편해함과 함께 이 표현에서 벗어나고자 하는 심정이 담겨 있다.

그렇다면 풍경을 '묘사'하는 것은 가능할까? 문제가 될 만한 '대상'도 없고 찾아내야 할 유사성도 없다고 했으니 이런 질문을 던질

만하다. 사람들은 "~의 전경(vue)"을 묘사한다. 『적과 흑』의 첫 장에 나오는 베리에르를 묘사하는 문장들을 예로 들어 보자. 사실 나는 이 문장들을 좋아하지 않는다. 관광 안내 분위기가 너무 많이 나고, "~의 전경"도 너무 많다. 사실 여기서 스탕달은 경치 좋은 곳을 물색하고 그것에 성격을 불어넣으면서, 순전히 부가적이고 매끈한(잘 쓰인) 묘사를, 친절한 찬양으로 가득한 묘사를 한 것뿐이다. 그러나 그 속에는 어떠한 긴장도 느껴지지 않고 아무런 울림도 찾아볼 수 없다. 사실 스탕달은 우리로 하여금 그 작은 도시의 활동과 그 사회 속으로 파고 들어갈 수 있도록 해야 하고, 레날 씨를 통해 인생 최고의 영광스러운 순간을 맞는 시골 유력가라는 인물이 재현되도록 해야 한다. 우리가 실질적으로 그 안에 *들어가도록*, 일종의 긴장이 펼쳐지도록(스탕달의 문장의 진가가 펼쳐지도록) 하기 위해서는 말이다. 만약 하나의 대상만을 묘사할 수 있고, 그것이 풍경이라 한다면, 이 경우 우리는 풍경에 대해 "환기된다"고 표현할 수 있지 않을까? 여기서 풍경을 환기한다는 것은 마치 나에게 귀한 존재, 부재하는 존재를 떠올리듯 마음을 모아 동반자로서 불러내는 것이고, 떨어져 있으면 안 될 것처럼 다시 불러내 그 자리에 존재하도록 만드는 것이다. 천천히, 꿈을 꾸듯이, 향수에 젖어 가며 되살아나게 할 힘을 풍경에게 부여하는 것이다 — 뭐라고 말해야 할지 모르겠지만, 풍경이란 '특징적이고' 외양적인 선들을 말하는 것이 아니다. 몽상가처럼 우리를 그 속에 빠져들게 하고 무아지경이 되도록 만드는 것이다.

7

이렇게 '전경'과 풍경을, 즉 '묘사하는' 것과 '환기시키는' 것을 분리했으니, 우리는 여기서의 반론이 올바른 방향을 제시한다는 사실을 부인하기는 어려울 것이다. 풍경이라는 것이 시각과의 관계에서 형성되고, 초기의 정의에 나왔듯 자연이 "어떠한 관찰자에게 드러내는" 것이라 해도, 풍경은 우리가 그리도 집착하는 시각적인 지각에 특혜를 부여한 그리스적 사유에서만 비롯된 것이라고는 할 수 없다. 이는 풍경이란 바라보면서 거기에 이르게 되는 것이라는 자명한 사실과도 밀접한 관계가 있다. 로베르 사전은 이 "바라보다(regarder)"라는 동사에 대한 첫 번째 예문으로 "풍경을 바라본다"를 제시하고 있다. 그런데 나는 여기서 한 걸음 더 나아가, 아니면 한 걸음 뒤로 물러나면서, 무엇을 두고 "바라보다"라고 불러야 하는지에 대해 질문을 던지지 않을 수 없다. *바라보다*라는 동사는, 사전에 묘사된 기능만을 행하는 단순하고도 단일한 동사인가, 아니면 두 개의 가능성을 두고 그 사이에서 의미적으로 팽창하는 동사인가? 내 생각에, 풍경에 '접근하기' 위해서는 그 아래 무엇이 숨겨져 있는지 들춰 봐야 할 것 같다.

이즈음에서 나는 내가 '대상(내 앞에 던져져 있는 것)', 즉 내 앞에 있는 교회나 숲 또는 저 먼 하늘을 가로지르는 비행기를 바라보듯이 풍경을 바라보는지 다시 한 번 자신에게 되묻게 된다. 즉, 바라본다는 것이 나의 '관찰하는' 행위에 따라서, 또는 내가 *수용력을 지*

*니게 됨*에 따라서 두 개의 다른 의미를 가지게 되는 것은 아닌지를 묻게 된다. 다시 말해 나의 시선이 '앞으로' 감에 따라, 또는 내가 나를 드러내 놓음에 따라 그 의미가 달라지는 것이 아닌지를 묻게 되는 것이다. 즉 밖으로 향한 시선이 그곳에서 어떠한 정보를 찾고 사냥하듯 주위를 유심히 살필 때와(여기서 대상은 목적이 된다), 세상에서 나에게로 흘러 들어오는 것들을 시선을 통해 받아들여 내 자신이 그것에 잠식당하고 그 속에서 주의력을 잃을 정도가 될 때, 이 각각의 두 순간에 따라 그 의미가 달라지는 것 같다는 말이다. '자신을 그대로 내버려 두는(독일어로는 lassen)' 데서 벗어나야 한다. 다시 말해 귀를 기울여 뭔가를 듣는 것처럼, 산만하게 바라보지만 그 무엇을 포착해야 한다는 것이다. 그렇다면 풍경과 굉장히 쉽게 엮여 쓰이는 이 '관찰한다(observer)'는 동사는 적절히 사용된 것 아닌가? '관찰한다'가 심사숙고되고 의도된 관심, 지식을 향한 관심을 만들어 내고 있음을 생각해 보라. 사실 '관찰하다'라는 동사는 경계 그리고 군사와 관련된 의미를 지니고 있다. 자세히 설명하자면, 이브 라코스트(Yves Lacoste)가 이미 지적했듯이 유럽에서는 풍경에 대한 '미학적인' 지각이 전술적인 관찰과 유사하다고 할 수 있다. 다시 말해 전술적인 관찰과 같은 특징이 '관점(point de vue)'에도 부여될 수 있다는 소리다.

이렇게 유럽 언어로는 표현하기 불편한 상황에 놓였다는 사실 앞에서, 플라톤이 우리에게 도움을 줄 수 있을 듯하다. 『테아이테토스』(184 b-d)에 나온 플라톤의 짧은 언급이 '바라보다'에서 그것이 지닌 어색한 단일성을 떼어 내는 데 실마리를 제공해 줄 수 있을 것 같다.

실제로 플라톤은 언어에서 두 가지 경우를 고려하며 질문을 던진다. "눈으로" 바라보는가 또는 "눈을 이용해" 바라보는가 라고. 각각의 가정에 따르면, 눈이란 (전자의 가정에서처럼 강력하면서도 자율적인 힘을 지닌) 동작주이거나, 아니면 (후자의 가정에서처럼) 단순한 도구이다. 후자의 경우에 대해 좀 더 설명하자면, 우리 안에 존재하면서 눈을 이용하는 내부적 결정 주체, 플라톤의 표현에 따르면 "영혼이라 불리거나 달리 불릴 수도 있는" 그 내부적 주체를 위한 도구가 되는 것이다. 그런데 이렇게 후자의 경우에 집착하면서, 영혼의 또는 영혼이 지닌 조종 기능의 헤게모니 아래에 시선을 묶어 두고 영혼에게 항상 부수적인 역할을 부여하고, 그리하여 눈과 감각에 도구라는 하급의 역할만을 맡기려 한 플라톤과 달리, 나는 평행선상에 있는 이 두 개의 구성을 이용해 두 개의 가능한 경우를 구분해 보고자 한다. 다시 말해 두 가지 방식으로 바라볼 수 있음을 고려해 보자는 말이다.

서둘러 언어적 구별에 들어가는 이 시점에서, 나는 우선 약간의 틈을 벌려 '바라보다'의 한가운데에 넓은 어의(語義)를 넣었으면 한다. 한편에서 나는 "눈으로" 바라보니 이때 나의 눈은 동작주가 된다. 다시 말해 '관찰한다'는 것이고, 보는 것에 의해 사물을 정의하려 하고 '대상들'을 묘사하려는 것이다. 또 한편에서 나의 눈은 경로 또는 도구일 뿐이니(나는 "눈을 이용해" 바라보는 것이다), 여기서 눈은 문턱 또는 창문이 되는 것이다. 나는 더 이상 '어떠한 것'을 바라보는 것이 아니다. 그저 바라보는 것이다. 여기서 나의 시선은 주의가 깊지만, 동시에 슬그머니 여기저기로 빠지려 한다. "떠다니는 주의력", 또는, 이런 경우에는 *언제나 대기 중인* 주의력이라 표현해도 될 듯하다. 이제 나는 더 이상 '관찰하지' 않는다. 최상의 언어로 표현하자면 나는 숙고하면서 '응시한다(contempler).' 적어도 '응시한다'는 더 넓은 의미의 범위를 가지고 있다. 만약 응시하는 것이 무엇보다 하늘 아래와 땅 위의 공간, 점술이 행해지는 제한된 각진 공간, 징조를 모아 점괘를 해석하는 공간과 관계가 있었음을 생각해 본다면, 가시적인 영역 속을 지나는 모든 것을 한데 모아 관계를 맺게 하려는 시선이라는 것이 명상과 통하고, 몽상에 빠지는 것과도 통한다는 것을 이해하게 된다. 즉 눈은 동작주라기보다는 중개물이다. 매개물이면서 통과해야 하는 것이다. 바로 이를 통해 풍경은 우리 속으로 파고 들어올 수 있게 되는 것이다.

따라서 나는 다음을 풍경에 대한 ('풍경을 만드는 것'에 대한) 나의 첫 번째 정의로 내놓으니, 이는 앞서 언급된 일반적인 정의가 수정된 것이라 하겠다. '풍경'이라는 것은 시선의 전환이 은밀하게 이루어질 때 존재한다. 형이상학이 수도 없이 언급해 왔던 시선의 전환을 말하는 것이 아니다. 욕구를 일깨워 이 앞의 사물로부터 시선을 돌리게 만들어 저 너머의 사물, (플라톤이 말하는) "관념의 장소"에 옮겨다 놓는 그러한 전환이 아니다. 세상 바깥으로부터 (플로티노스가 '엔돈(endon)'이라 칭한) 영혼의 '내부'로 시선을 거두어들이는 그러한 전환이 아니라는 것이다. 여기서 수행되는 시선의 전환이란 무엇과 단절되거나, 아니면 무엇을 버리는 것을 의미하지 않는다. 풍경이란 (눈이 동작주일 때) 인지하고 탐지하고 관찰하듯 바라보는 것이 다른 것에 의해 침범될 때 존재하게 된다. 시선이 더 이상 식별하려 들지 않고 정보를 좇지 않으면서 자신이 '흡수되도록'(이 단어를 얼마간은 기억해두자) 내버려 둘 때에 풍경이 생기는 것이다. 주체가 자신을 파악하기 위해 세상에 자신을 내던지듯이 시선이 대상을 싸안고 세상에 자신을 내던질 때, 그때는 풍경이 생기지 않는다. 그 시선이 사물들의 관계 속에 끼어 들어가고 긴장 상태를 이루는 대립-상관관계의 망 속에 잠기게 될 때, 바로 그때 풍경이 존재하는 것이다. 그 속에서 '주체'는 해체되고, 주도권이나 독점권도 일제히 사라진다. 이러한 시선은 한 순간만, 또는 이러한 관찰에 필요한 시간 동안만 지속되는 것이 아니니, 한 사물에서 다른 사물로 옮겨 가거나 그 사이를 오가면서 계속 '진화'하는 것이다. 그리하여 사물들이 지닌 양극성에 자신을 실은 채, 시선은 이 사물들이 만들어 내는 풍부함 속으로 사라져 버린다.

2. '산'과 '물'

1

중국은 우리 유럽이 '풍경'이라 부르는 것에 대해 완전히 다른 접근법을 제시한다. 이는 넓게 펼쳐짐, 시야, 분할의 의미와 아무런 연관성을 가지고 있지 않다. 중국에서는 풍경을 두고 "산"과 물", 산수(山水)라 부르거나, "산"과 "강", 산천(山川)이라 부른다. 이 표현은 고대부터 존재해 오던 것으로, 물론 오늘날의 현대 중국어에서도 사용되고 있다. 다른 표현에 의해 대체된 적이 없고, 그 뜻이 변질된 적도 없으며, 유럽의 영향을 접한 뒤에도 의미적으로 약화되지 않았다. 이는 단호하게 그 자리를 지켰으니, 아무도 이 표현의 의미론적 선택에 대해 의심을 품지 않는다. 중국인들은 유럽인들이 걱정하는 '풍경'의 정당성에 대해 의문을 품지 않는다. 여기서 풍경은 관찰자의 시야에 주어진 고장의 부분으로 여겨지는 것이 아니라, '산'과 '물'의 관계와 같은 대립된 것들의 상관관계로 여겨진다.

"산"과 "물". 한편으로는 위를 향해 나가는 것(산)이 있고, 다른 한편으로는 아래로 향하는 것(물)이 있다. 종적인 것과 횡적인 것, 높음과 낮음, 이 둘은 대립되는 동시에 어울림을 이룬다. 한쪽에는 움직이지 않고 가만히 그 자리를 지키는 것(산)이 있고, 다른 한쪽에는 끊임없이 움직이고 쉴 새 없이 소용돌이치며 흐르는 것(물)이 있다. 영원히 지속되는 것과 가변적인 것이 대립하는 동시에 조화를 이룬다. 다른 식으로 표현해 볼 수도 있으니, 형상을 지닌 채 굴곡을 이루는 것(산)이 있고, 본래부터 형상 없이 사물의 형상과 어우러지는 것(물)이 있다. 불투명한 것과 투명한 것, 집합된 것과 분산된 것, 고정된 것과 유동적인 것이 서로 섞이면서 각각이 강조된다. 아니면 이렇게 표현할 수도 있겠다. 눈앞에 바로 놓여 있어 우리가 바라보게 되는 것(산)이 있고, 다양한 방향에서 나오고 그 졸졸거리는 소리가 우리 귀에까지 닿는 것(물)이 있다고. 시각과 청각이 동등하게 자극되는 것이다.

이는 중국에서의 풍경이 ('고장', '풍경'과 같은) 영토, 부분의 명시, 시각적인 것들과 의미론적으로 관계가 없음을 보여 준다. 중국에서는 풍경을 말할 때 '풍경'이라는 통일된 용어를 사용하는 대신, 대립되는 요소들의 끊임없는 상호적 놀이를 제시한다. 그러면서 세상이 태곳적부터, 이렇게 대립되면서도 짝을 이루는 요소들로 형성되고 구성되어 왔다는 것을 보여 준다. 거기에는 통치하고 지배하는 (유럽의 르네상스 시절에 다시 등장한 주체와 같은) 주체, 즉 개인의 자격으로 세상을 그의 관점 하에 고정시켜 놓고 신처럼 자유롭게 그의 주도권을 강화시키는 주체라는 것은 존재하지 않는다. 이 말은 그 주체의 시선 '앞에 던져져 있는' '대상', 즉 주체의 감시 아래 그저 수동적으로 놓여 있고 주체의 걸음에 따라 매번 다르게 보이는 대상 또한 존재하지 않는다는 것을 뜻한다. 중국에서는 시각이 지닌 이러한 독점적 힘이 아닌, 세상을 긴장 상태에 놓이도록 하면서 펼쳐지도록 만드는 본질적인 극성(極性)을 강조한다. 여기서 인간은 세상으로부터 분리되는 것이 아니라 그 속으로 파고들어가 이러한 다양한 대립 속에 머문다 하겠다. 이 안에서 나타나는 마주 보기란 세상 안에, 즉 '산'과 '물' 사이에서 이루어지는 것이다.

세상이 만들어지는 데 시초가 된 여러 극단들 사이에서 벌어지는 일(이는 꼭 물리학이나 유기 생체학 분야의 극성에 대해 말하는 것 같다)은 결국 풍경과 관계된 것으로, 이것이 모아지고, 압축되고, 감성을 통해 나타나게 되는 것은 결국 풍경 속에서 — '산'과 '물' 사이에서 — 일어나는 일이다. 다시 말해 높은 것과 낮은 것, 움직이지 않는 것과 굽이치는 것, 불투명한 것과 투명한 것, 딱딱한 것과 유동적인 것, 또 보이는 것과 들리는 것 사이에서 일어나는 일인 것이다. '산'과 '물'이 이루는 대립-상호 관계는 풍경을 우리가 종(種)이라 명명한 것의 관점으로, 시각의 힘, 외양, 명시하기와 같이 이 단어가 한꺼번에 아우르는 의미들을 좇으며 고려하지 않는다. 대립-상호 관계를 이루는 것은 '세상'을 만들고 이를 발전시키는 요인들이 이루는 망 속으로 거침없이 뛰어드는 것이다. 그리고는 (우리가) 그 속에 잠기는 것이다. 그 속에는 '시선 앞에 존재하는' '자연'이라는 것이 없다. 자연은 단지 언급된 극단들 사이에서 발전하는 상호 작용의 지속적인 과정일 뿐, 자신을 별도의 행위자로 설정해 놓지 않는다. 이제 풍경을 마주한 '관찰자', 그 위치로 인해 외부에 머물러야 했고 지평선의 경계를 결정지었던 관찰자는 존재하지 않는다. 풍경으로 집결된 요인들의 이러한 협력 작업 위에서, 주체적 관점이 지닌 불공평함은 나타날 수가 없다.

우리가 '풍경'이라 부르는 것에 대한 이러한 중국식 접근은, 유럽의 접근 방식과 비교했을 때 우리에게 무엇을 더 가져다줄 수 있을까? 사실 유럽식 접근 방식이란 풍경이 지녀 온 변하지 않는 의미 관계 속에서 지속되어 온 것으로, 이제껏 '고장-풍경'이라는 의미 주위를 뱅뱅 돌기만 했다. 과연 우리 유럽은 그 방식으로부터 빠져나오지 못하는 것일까? 물론 이와 관련해 유럽식 '전통'이 존재하는 것은 사실이다. 이 용어에 대해 우리가 느끼는 주저함, 외부에서 바라봤을 때만 감지되는 그러한 주저함이 있었음에도 우리의 유럽식 전통은 존재해 왔다. '고장-풍경'이라는 구차한 장식을 벗어던지고 스스로를 비판하면서 새로운 모습으로 다시 일어나기 위해, 전통의 단절을 주장하기 위해, 그리고 예전의 개념을 밀어내며 '근대적' 방식으로 새롭게 풍경을 생각하기 위해 유럽적 사유가 노력을 쏟아 부었음에도, 유럽적 전통은 명맥을 이어 온 것이다. 이렇게 우리는 고장-풍경이라는 퇴적된 의미에 *붙잡힌 채* 세월을 보내 왔고, 이 개념에 연루된 모든 것은 우리도 모르는 새 선택 사항이 되어 버렸다.

그런데 다른 곳을 바라보니, 새로운 출발의 기회가 있다고 알려 준다. 유럽에서는 앞으로도 늘 '풍경'이라 불리게 될 이것을 새롭게 사유할 방식, 우리가 생각지도 못했던 방식을 우리 앞에 제시해 주는 것이다. 이로 인해 우리는 우리가 항상 그래 왔음을 의식하지 못했다는 후회스러운 생각에 더 이상 사로잡히지 않아도 될 것이다. 사실 우리는 이러한 또 다른 사유의 가능성을 기대하지도, 상상하지도 못했다. 이제 이 사유 방식은 아무런 강요 없이, 뭔가를 무너뜨림 없이, 뭔가 '이상하다'는 느낌을 불러일으키지도 않으면서 우리의 정신 곁으로 다가와 점차 그 속을 비집고 들어오며 우리에게 '말을 건넨다.' 물론 이를 위해선 우리의 분류 체계 전체가 재구성되는 대가를 치러야 할 터이지만, 이때의 재구성은 암묵적으로 이루어지는 것인 만큼 우리는 그러한 재구성이 우리를 어떻게 변화시킬지 아직 가늠할 수 없다. 다시 말해 이 새로운 사유 속에는 '발판', 또는 *경사*(매달리기 위해 필요한 경사를 말한다)가 존재한다 할 수 있으니, 이 용어는 달리 표현될 수도 있을 것이다 — 내가 중국의 사유를 이용하는 것은 바로 우리가 생각지도 못했던 이러한 새로운 발판을 활용하는 것의 일부라 할 수 있다. 그리하여 우리는 우리의 정신이 유럽인에게 익숙한 표상들의 저 매끈한 표면 위로 미끄러져 내려가는 것을 멈추게 할 수도 있을 것이고, 그리하여 거기서 매달릴 수 있는 무언가, 아니 기대고 진전하기 위해 발판으로 삼을 수 있는 무언가를 찾을 수 있게 만들 수도 있을 것이다.

자, 이제 질문을 던져야 할 시간이다. 우리가 '풍경'이라 명명한 것에 대한 사유를 시작하는데 우리 유럽인들은 적절한 도구들을 가지고 있었는가? 이 도구들을 이용하면서 우리가 놓친 것은 무엇일까? 이 도구들이 어떤 면에서는 우리를 '장애인'으로 만든 것 아닐까? 나의 경우처럼 다양한 문화 사이의 차이에 신경 쓰면서 그 문화들 사이에서 발전된 일관성을 고려해야겠다고 마음을 먹는다 해도, 우리 경험의 공통된 부분을 사유하는 데 가능한 한 많은 방법들을 고려해야겠다고 마음먹는다 해도, 우리는 우리가 '풍경'이라 부르는 것에 접근하는 중국의 방식에서 — '산'과 '물' 안에서 — 어떠한 잠재된 풍요로움을 발견하지 못할 수도 있다. 어쩌면 중국의 전통이 명백한 것으로 여기며 온전히 따르고 있는 그들만의 유전적 특성을 여기에 소환하는 것만으로 만족해야 할지도 모른다. 이것만으로 우리는 우리의 유전적 특성으로부터 우리 자신을 각성시킬 수 있을까?

2

'풍경'에서 '산수'로, 즉 서로가 서로를 알지 못하는 하나의 언어에서 다른 언어로 건너오면서 무슨 일이 일어났는가? 이제 우리는 '펼쳐짐'과 그것에서 감지되는 특성들의 추상화 문제에서 벗어나, 협력하는 대립 요소들이 만드는 무한한 긴장감이 가득 찬 영역 안으로 들어가게 되었다. 모든 '관점'이 뒤로 물러난다. 내 앞에 넓게 펼쳐진 세상은 더 이상 없다. 시선이 뻗어 나가는 데 장애가 되는 동시에 시선을 집중시켜 그곳에 멈추게 하는 어떤 전경이나 광경처럼 나-주체로부터 분리된 세상도 더 이상 존재하지 않는다. 나는 '~의 앞에' 있는 것이 아니라 *~의 사이에* 있다. '나'는 바로 거기에 동화되어 있는 것이다. 노자는 "하늘과 땅 사이"(天地之間)란 "거대한 풀무와 같지 않은가"라고 말했다. 바로 이 '사이'에서 만들어지는 숨결에 의해 끊임없이 생명이 만들어진다는 뜻이다. 그런데 풍경은 — '산과 물'은 — 생명이 강하게 뭉친 것으로, 서로 대립하면서도 협조하는 에너지의 표출 활동 안에 그 생명의 뭉침을 푹 담아 버린다. 모든 생명력은 그 안에 있는 것이다.

게다가 '풍경'은 개인마다 다르게 절단되어 하나의 단일체인 단수로 표현되는 반면(프랑스어로 "un paysage(하나의 풍경)"라고 표현하듯이), '산-물(산수)'은 이항을 형성한다. 이때의 이항이란 풍경 속에 있는 유일한 내부적 관계에 몰두하면서 그 상관관계 속에 갇힌 것으로, 풍경 *전체*가 지닌 고유의 긴장 관계를 말한다. 또한 중국에서 말하는 풍경은 ("고장의 일부분"처럼) 국지적인 것이 아니라 전체를 아우르며 형성된 것으로, 이는 무엇 하나도 빠져나갈 수 없는, '산'과 '물'이 모두 합쳐져 만들어 낸 결합의 논리에 따른 것이다. 즉 중국에서 풍경이라는 것은 세상의 한 '귀퉁이'가 아니라, 그 특이한 지형의 한가운데에서 발견할 수 있는 작품, 아니 세상 전체에 걸쳐 이루어지는 작용이라 할 수 있는 것이다. 세상은 개별화됨과 동시에 '우주적인 것'이다. 자, 이렇게 해서 우리는 하나이면서 하나가 아닌 '부분', 한 부분인 동시에 전체를 이루는 그 부분이 지닌 모호함으로부터 벗어나게 된다. 실제로 중국인들의 설명에 따르면 "풍경을 이룬다(faire paysage)"는 것은 부분으로서는 잊히면서 전체로서 강하게 드러난다는 것이다. 그 속에서 전체를 발견할 수 있고, 그 속의 모든 것이 대조를 이루는 동시에 결합한다는 뜻이다. 그 속에서 이것과 저것, 양쪽을 동시에 발견할 때 풍경이라는 것이 생긴다는 것이다. 고정된 것과 유동적인 것, 횡적인 것과 종적인 것, 집결된 것과 분산된 것, 또는 보이는 것과 들리는 것, 이 둘을 동시에 발견할 때 말이다.

바로 이렇게 풍경에 대한 사유를 좇다 보면 어떠한 틈이 생겨나니, 우리는 이러한 틈새를 통해 끈질기고 여유 있게, 한쪽 끝에서 다른 쪽 끝까지, 풍경의 개념을 만들어 낸 편견들의 논리에까지 거슬러 올라갈 수 있게 된다. 그리고 이를 쫓아가다 보면 우리는 어떻게 우리 유럽의 풍경에 대한 사유가 그 스스로 탐색해 본 적도 없는 선택들, 유럽적 사고가 가능할 것이라 상상조차 하지 못한 그러한 선택들과 연결되게 되었는지를 알 수 있게 될 것이다. 왜 유럽에서는 '풍경'을 고장으로부터 분리했는가? 무엇보다, 왜 풍경을 '부분'으로 잘라 놓고서 이를 '전체'처럼 강조하는가? 내 생각으로는, 부분인 동시에 전체라는 이 역설에 따라 풍경을 사유하면서 유럽의 사고는 풍경이라는 것을 *구성*(composition)의 논리, 즉 그리스 시대 이후로 유럽에서의 사물에 대한 지각을 구조화하는 데 사용된 그 구성의 논리에 따라 정리해 왔기 때문이다.

실제로 모든 계획들이 이러하다. 모든 계획들의 설계가 똑같은 방식으로 정렬되어 있는 것이다. 물리학의 기본 원소들이든 의학에서 신체의 부분이든 또는 정치적 구성이든 간에(아리스토텔레스는 시민이 도시라는 전체의 부분들이라고 말했다), 원리는 언제나 같다. (단수의 통합체를 전체처럼 보이게 만드는) 집단 전체를 떼어 내고 분리함으로써, 아니면 반대로 (전체를 부분처럼 보이도록 하는) 이 집단 전체와 결합하거나 그 속에 통합됨으로써, 즉 둘의 항시적인 연결 속에서 매번 탐구 분야가 조직되는 것이다. 바로 이러한 *같이 놓여지는*(com-position) *구성*을 통해 우리는 유럽을 이해한다. 그런데 이러한 오르가논(organon)[7]은 당연한 것이 아니다. 과거에는 이를 보편적인 것으로 여겼다. 이러한 구성적인 논리가 언어에 포함되어 있기도 했고, 그리스인들이 이미 알아챘듯이 그 논리가 기본적 스키마로서 알파벳 구조에 영향을 주기도 했기 때문이다.(처음에 통합체였던 문자들은 음절로 구성되었다가 단어, 문장, 그리고 담론으로 구성되어 간다.) 또한 이 논리가 모든 지식을 지배했었기 때문이니, 실제로 (점, 선, 면, 부피와 관계있는) 기하학에서 그러했고 해부학에서도 그러했다.(해부학에 따르면 말단부에서 분할된 신체 각각의 부분들은 그 전체 속에서 각자의 기능을 찾게 된다.) 이것이 바로 플라톤부터 데카르트에 이르기까지 다루어졌던, 정신이 작용하는 방법이었던 것이다. 즉 '분석'은 구성 부분들로 대상을 분해하고, '합(合)'은 그 구성 부분들을 하나의 일관된 전체로 재조립하는 것이었다.

---

7) (역주) '도구'라는 의미의 그리스어로, 아리스토텔레스의 논리학 저작 전체를 가리키는 명칭이다. 학문 연구의 기초적인 도구를 의미한다.

3

그런데 중국에서 말하는 '산'과 '물'의 상관관계로 인해 우리 유럽인들은 정신의 또 다른 선택과 마주하게 된다. 이는 구성의 논리가 아닌, 내가 *짝 지우기*(appariement)라 명명하기 시작한 것에서 나온 논리를 가리키는 것으로, 둘 중 '하나'가 '나머지 것' 없이 작용하지 않고, 둘이 항상 짝을 이루고 있으면서 서로가 서로에게 대응점의 역할을 한다는 것이다. 중국에서 생각한다는 것은 바로 둘씩 연결하는 것(accoupler)을 말한다. 중국어 자체가 이러한 사실을 증명해 보이고 있다. 표의문자에 기반을 둔 중국의 쓰기는 알파벳 방식의 구성과 전혀 다르다. 중국식 쓰기는 붓의 움직임과 함께 '비어 있음'과 '채워져 있음', '높음'과 '낮음', '기댄 것'과 '올라간 것', '빽빽함'과 '듬성듬성함', 또는 '~을 좇음'과 '~을 등짐(向背)', 이 두 가지가 번갈아 나타나도록 하면서 동시에 이 둘을 상관관계로 묶어 버린다. 게다가 중국어는 동사에 대한 보어의 일치, 종속성에 따르는 구문 구성을 지니고 있는 것이 아니라, 병렬 구조의 '평행한'(이 용어 자체가 너무 외양을 중시하고 있기는 하다) 공식들을 중시한다. 다시 말해 어떠한 발화는 다른 발화와의 관계, 대칭적이고 대립되면서도 짝을 이룬 관계에서 이루어지는 것으로, 이는 뼈나 거북이의 등껍질에 새겨진 가장 오래된 예언에서도 확인할 수 있다. 이런 식으로, 바로 '하늘'에 '땅'이 답하고 '산'에 '물'이 답하는 것이다.

중국의 모든 학문들을 살펴봐도 우리는 항상 이와 같은 논리를 접하게 된다. 중국의 사고는 바로 이러한 *조합의 일관성*(cohérence par accouplement)이라는 틀에 꼭 맞게 만들어져, 중국 전문가들은 더 이상 그것에 대해 놀라지도 않고, 이제는 의식조차 하지 않는다. 어떤 분야의 지식이, 또는 어떤 분야의 활동이 이 논리를 비껴갈 수 있겠는가? 실제로 중국의 물리학은 주요 원소들이나 원자에 기초해서 형성된 것이 아니라, 대립과 상관이라는 관계 속에 놓인 채 번갈아가며 나타나는 (오행(五行)과 같은) '동인(動因, agen)' 또는 매개물에 기초한 것이다. 유럽에서 그리 오랫동안 지지부진한 발전을 보인 자기학(磁氣學)이 중국에서 그렇게 일찍부터 잘 발전할 수 있었던 것도 이처럼 중국인들이 극성과 인력이라는 현상을 주시했기 때문이다. 중국 의학의 경우, 해부학적 지식 체계는 무시한 채 우리의 육체적 존재를 인자들이 연결되어 있는 하나의 집합체로 보는데, 침술가가 다루는 이러한 육체에 존재하는 각각의 경혈은 그 대응점들이 있다. 또한 같은 이유로 중국은 기하학적인 형태의 건설에 관심을 보이지 않고 대수학과 연산의 변화에 집중해 왔다. 또한 중국에서는 권력에 대한 생각이 정치 단체의 구성에 기반을 두고 형성된 것이 아니라 군주와 백성의(즉 아버지와 아들의) 상관관계를 바탕으로 만들어졌으며, 군주와 백성 각자는 상대방과의 관계 속에서, 그 순수한 상호성을 통해 자신의 미덕을 발전시킨다. 사실 다음의 것만 알면 다 이해될 것이다. 현대 중국어에서 "정당한", "정확한"이라는 뜻을 표현하는데 쓰이는 대(對)가 "한 쌍", "짝을 이룸"을 의미한다는 것을 기억하

자. 이는 다시 말해 한쪽이 다른 쪽과 쌍을 이루게 되면서 실제적으로 그 자신 안에서 짝을 찾게 되는 것이니, 결국 자신의 존재는 짝을 이룸을 통해 "정당화 된다"는 것을 의미한다.

나는 이 예를 자주 언급한다. 이 예 하나가 충분한 설득력을 지니고 있다고 여겨지기 때문이다. "사물"을 중국어로 말할 때는(이 역시 현대 중국어로, 우리가 배우는 첫 번째 단어이다) "chose"와 같은 단일한 단어로 표현하는 것이 아니라, "동-서(東西)"라고 말한다. 이 용어, 아니 이 이항은 중국의 풍경 — '산-물' — 을 다룰 때 기본이 되는 그 중요한 상관관계의 본보기이다. 혹자는 이것이 단지 '말하는 방식'에 관한 것 아니냐고 반문할 수도 있다. 그런데 말하는 방식이 바로 *생각하는 방식*이다. 이 둘은 떼려야 뗄 수 없는 관계인 것이다. 사실 "것(chose)"이라는, (보기에) 우리 유럽에서 가장 중립적이고 가장 부정확한 이 용어조차도 이미 기본적인 것과 실질적으로 존재하는 것에 초점을 맞추고 있다. 반면 "동-서"는 우리로 하여금 극성의 양쪽을 다 고려하도록 한다. 짝들이 마주 보고 나타나 '동-서'를 형성하고, 일종의 긴장감이 만들어지면서 '세상'이 나타나기 시작하는 것이다. 그리고 '산-물'은 그 세상 속 '자연 경관의' 표현이 되어 버린다.

음-양(陰陽)이야말로 이와 같은 결합의 논리의 중심에 자리 잡고 있는 개념이지만, 이제는 잘 알려진 만큼 이에 대한 설명은 접어 두겠다. 산의 양 측면을 보면 정상을 중심으로 서로로부터 떨어져 있다. 한쪽은 그늘에 머물러 있고 다른 한쪽은 밝아 오는 햇빛을 받아 밝아진다.(즉 양지바른 비탈과 응달진 비탈을 말한다.) 하지만 이 둘은 분리될 수 없는 관계로, 무엇보다 한편 없이 다른 편이 존재하는 것은 있을 수가 없다. 하늘과 땅에 대해서도 마찬가지이고, '단단함'과 '무름', '주도하는 것'와 '받는 것'(이 둘은 『역경(易經)』에 나오는 팔괘(八卦) 중 중요한 두 개의 괘이다), 또는 남성과 여성, 군주와 백성에 대해서도 같은 논리가 적용된다. 이는 한편이 다른 한편과의 대립과 *불가분성*에 의해서만 존재한다는 것을 뜻한다. 즉, 한편은 다른 한편과의 관계 속에서만 실제적으로 '존재하는' 것이다. 이러한 연유로 중국의 언어-사상은 '존재'라는 것을 고립시켜 절대적인 의미, 즉 '실존'의 의미로 말하지 않는다. 그리하여 중국에서는 내가 "존재한다(ego sum)"라고 표현할 수 없고, 섬처럼 고립된 '나', 독아론적 '나', 더군다나 '관점'으로 분리된 '나'는 상상조차 할 수 없다.

마찬가지로 '산' 또한 모든 것과 분리된 채 그 본질에만 파고드는 방식, 즉 '그 자체' 하나만 가지고 생각되거나 존재하지 않는다. '산'은 그 짝인 '물'을 함축하고 있다. 음-양은 극성 안에서 이루어지는 인자들 또는 '능력들'의 상호 작용을 말하니, '하늘-땅'의 경우 이는 본보기가 되는 전체적 틀이라 할 수 있다.(중국 철학은 이미 고대부터 하늘을 고립시키거나 신성화한 것이 아니라 땅과 짝을 지어 주면서 그만의 독창성을 드러내기 시작했다.) '동-서'는 긴장을 일으키는 간격, 그리하여 '어떤 것들'이 나타나도록 하는 그 간격이 횡적으로 펼쳐지게 만든다. '산-물'의 경우에는 이러한 극성이 그 물질성 안에서 인식되도록 만들면서, 극성이 끊임없는 다양한 놀이를 통해 종적으로 펼쳐지도록 만든다.

4

이렇게 중국의 개념과 유럽의 개념을 평행선상에 놓고 서로가 서로를 바라보게 하지 않았다면, 즉 서로가 서로를 살피게 하면서 각각이 함축하고 있는 의미 바깥으로 그 개념들을 끌어올리지 않았다면, 우리는 이 중국과 유럽의 개념 각각에게, 의미적인 면에서 개념적인 선택의 여지가 있을 것이라는 생각조차 하지 못했을 것이다. 그리하여 이 각각의 개념이 서로를 뚫어져라 쳐다봄으로 인해 우리는 이들을 두고 생각지도 못했던 것까지 거슬러 올라갈 수 있게 되었다. 각 개념들은 그것의 일관적인 적용 안에 (포로처럼) 사로잡혀 있고, 자신이 명백하다는 생각에 갇혀 아무 소리도 내지도 않고 조용히 있을 뿐이다. 그러면서 그만의 편견 속에서 더 단단해져 간다. 그런데 조금 뒤로 물러나 보니, 이러한 차이에서 나오는 과격성이 보인다. 유럽에서 우리는 '풍경'을 아주 쉽게 비유적 의미로 쓰기도 하고, 추상화시키기도 한다. 우리는 문화적 풍경, 지성의 풍경, 정치적 풍경이라 쉽게 표현한다. "당신의 영혼은 선택된 풍경입니다"라는 식으로 말하지 않는가? 이는 바로 누군가가 외부에서 '관찰자'로서 이러한 구성이 가진 *외적인 면*을 관찰하고 있음을 나타낸다.

그런데 '산-물'의 경우 이렇게 쉽게 추상화 작업으로 빠질 수 없다는 것을 우리는 안다. '산-물'은 그 극성이 만들어 내는 긴장감과 대립되는 능력들이 짝을 이룸으로써 만들어 내는 '현존(da sein)' 안에 우리를 머물게 한다. 공자는 이미 이 두 용어를 대조관계에 놓으면서, "신중한 사람"은 물을 좋아하고(물에서 즐거움을 찾고) "덕 있는 사람"은 산을 좋아한다고(산에서 즐거움을 찾는다고) 말했다. 산과 물은 서로 각각의 가치를 지키면서, 동시에 상징화된다. 이것 또는 저것, 즉 산 또는 물을 두고 선호하는 것이 있으니, 이는 이들 각각이 일종의 친근감을 만들어 내는 양극으로서 발휘하는 끌어당기는 힘 때문이다. "신중한" 사람은 물을 좋아하니, 이는 이 사람이 물처럼 유연하고도 원활히 잘 돌아가는 지혜를 지녔기 때문이다. 반면 "덕 있는 사람"은 산을 좋아하니, 이는 이 사람이 산처럼 확고부동하고 한결같기 때문이다. 이러한 연유로 신중한 이는 '움직임'을 지니게 되고, 덕 있는 이는 '차분함'을 지니게 된다. 또는 이렇게도 표현된다. 전자는 (즉각적으로) '즐거움'으로 기울어지는 경향이 있으니 이는 물이 흐르면서 끊임없이 새롭게 변화하는 모습과 상통한다. 덕망있는 이는 장수한다고 하니, 이는 산의 움직이지 않고 변하지 않는 모습과 상통한다 하겠다.

5

풍경에 대한 시(산수시)가 중국에서 나타난 때는 5세기 초로, 당시 산수시는 '산'과 '물'의 단순한 관계 짓기로만 구성되면서 쓰였다. 그리하여 시는 이 둘의 결합과 관계된 것 이상으로까지는 나가지 않는다. 이러한 두 개의 항을 펼쳐 놓고서 극성의 놀이를 할 뿐이다. 시인

사령운[8]은 동중국해 쪽으로 유배를 떠나는 도중, 상위에 위치한 자신의 사유지를 거쳐 가면서 다음과 같은 시를 쓰게 된다. 시적 창작력을 만들어 내는 지속적인 결합의 효과를 온전히 전달하기 위해 다음의 시를 글자 하나하나씩 번역하고자 한다.[9]

산은 가로질러 끝까지 가 기어오르고 내려간다
물은 접근하며 끝가지 가 거슬러 올라가 떨어진다
봉우리는 우뚝 솟아 정상은 이어지며 층을 이룬다
바닷가는 펼쳐져 작은 섬들은 서로 이어지며 차례차례 줄 서 있다

시는 두 줄씩 선을 따라 횡단하며 (종적으로) 읽히며, 바로 이러한 결합들이 모여서, 다시 말해 각 용어가 그 짝을 만나 답하는 결합들이 모두 모이면서 시라는 것이 탄생하게 된다. 첫 시구에 나온 첫 용어("산")는 이미 다음 시구에 그의 짝("물")이 나올 것을 *기다리고 있다.* 이러한 상응에 의해 하나가 다른 하나 속에 반영되고, *그 상대를 통해 확장된다.* '정확'하게 이루어지는 바로 이러한 긴장감에 의해 이 관계는 정당화될 수가 있다.

---

8) (역주) 사령운(謝靈運, 385~433)은 육조(六朝)시대의 가장 대표적인 산수시인이다. 귀족 출신으로 풍족한 삶을 누렸지만 동진(東晉)에서 송(宋)의 시대로 들어서며 지위가 낮아지고 제대로 된 관직을 맡지 못했다. 후에 영가태수(永嘉太守)·시중(侍中)·임천내사(臨川內史) 등의 관직 생활을 했지만, 산수에 파묻혀 직무에 태만한 모습을 보였다고도 한다.

9) Xie Lingyun, poème ≪Guo Shining shu≫, cf. J.-D. Frodsham, *The Murmuring Stream*, University of Malaya Press, 1967, I, p.118.

"산은 가로질러…"/ "물은 접근하며…"를 살펴보자. 중국어는 어미 변화나 동사 변화가 없고 전치사나 부사, 접속사라는 것이 없기 때문에 상황을 나타내는 관계나 양태를 표시할 필요가 없다. 여기서 한 행과 다른 행이 만드는 마주 보는 상관관계라는 것은 처음 그대로의, 생살이 드러난 원초적 관계로, 어떠한 것도 이 관계를 흩뜨려 놓거나 약화시킬 수 없다. 어떠한 '의미'를 연속적으로 만들어 내는 여기의 문장은 추론적이지 않다.("나는 산에서 산책을 하며 그 끝까지 간다…"와 같은) 유럽어로 된 문장이 언제나 그러해야 하는 것처럼 말이다. 여기의 문장은 *일관성*이 관통하는 듯하다.(대립되는 것들을 '모두 함께 담고 있는 것'이다. 여기서 '의미'와 '일관성'은 동의어가 아니라 반의어로 이해되어야 한다). 따라서 나는, 내가 번역을 한다면, 이 시의 첫 두 행을 이 시인의 작품에 대해 가장 권위 있는 번역가(J. D. 프로드셤)가 행한 번역처럼 하지 않을 것이다. 그는 이 두 행을 묘사-서사적 문장으로 바꾸면서, 술어가 봤을 때 주어의 권위를 따르는 식으로 번역했다.

산에 올라가 머무는 것은 나를 소진시킨다,

나는 강을 건너고 계속 강을 따라 아래위로 오르내리는 것에 지쳐 간다(…)

엄밀히 말하자면 이 번역이 틀린 것은 아니다. 하지만 이는 두 개의 결합이 만들어 내는 엄격함을 지워 버리면서 시적인 효과, 즉 *실제의 효과*를 무너뜨리고 만다. 그리하여 이 번역은 '풍경'을 만들어

내는 것을 놓쳐 버리게 만든다.

더 나아가 우리는 이 시 속에서 어떠한 것도 나-주체의 위치를 개인화시키지 않고, 어떠한 것도 관점으로 구성되어 있지 않다는 것을 알게 된다. 산과 물이라는 이 두 개의 동일한 가치의 단어들로부터 시작해, 우리가 풍경이라 명명하는 것들은 *활동*, 걸음, 뚫고 지나가기, 끝에서 끝까지 탐험하기, 지칠 때까지 활보하기 등을 통해서만 서로에게 접근한다. 산은 위로 향했다 아래로 내려가며 그 모습을 드러내는 데 전념하고, 물은 상류로 거슬러 올라가거나 하류로 따라 흘러가는 데 전념한다. 이렇게 기어오르고 내려오면서 우리는 풍경 속으로 들어간다. 풍경을 군데군데 관통하며 이를 전개시키는 것이다. 여기서는 어떤 동사도 시각의 기능을 보여 주지 않지만, 그렇다고 그 기능이 가려져 있는 것도 아니다. 풍경은 종적-횡적으로, 즉 우뚝 솟은 산과 흘러가는 물로 펼쳐진다. 또한 산봉우리와 정상들이 연속적으로 이어지고, 모래사장과 작은 섬들이 연달아 이어져 있는 형상은 파고듦에 의해 만들어지는 깊이의 정도를 보여 준다. (산의) 습곡과 (물의) 꾸불꾸불함은 멀리서는 보이지 않는다. 어떤 지평선도 영토를 경계 짓지 않고, 이 영토를 '부분'으로 자르지 않는다.

다음 두 행은 이러한 결합의 변화에만 의존하여 전개되고 있다.

하얀	구름	감싸 안다	저 멀리 있는	바위 산
초록빛의	대나무	끌어당기다	맑은	물결

"바위"와 "물결"은 산과 물이 만들어 내는 그 처음의 긴장감을 응축시키면서 자신들 안에 위치시킨다. 환유하는 것이다. 다시 말해 한쪽의 단단한 뿌리 내림에 다른 한쪽의 가벼운 출렁임이 답하고 있는 것이다. 우리는 풍경을 만드는 것이 무엇인지를 이해할 때까지, 이러한 상호 관계가 만드는 그물 관계식의 놀이를 그만두지 않을 것이다. "저 멀리 있는"과 "맑은"은, 둘 다 그리 묘사적이지 않은 덕에, 결합을 통해 현실에서 벗어난 *환경*을 그려 낼 수 있게 되었다. 또한 "감싸 안다"/"끌어당기다"는 동시에 이러한 충만감과 평정에 둘러싸여 있음을 말한다. 풍경이라는 것은 이렇게 *열려 있는* 간격 속에서, 그리고 활기 있게 서로를 자극하면서 동시에 대립하는 '능력'과 표출 사이에서 펼쳐진다. 저 먼 산봉우리들을 부드럽게 장식하고 있는 ("하얀") 구름에게, 근처에서 자라는 눈에 띄는 자태의 ("녹색의") 어린 대나무가 응답을 한다. 이 풍경은 (여행 가이드가 말하는 "아름다운 파노라마"와 같은) 파노라마라기보다는, 여러 긴장감을 통해 다른 식의 삶이 발전하고, 표출되고, 강화되는 환경 속에서 전개된다. 이렇게 우리는 "산"과 "물"의 영역으로부터 벗어나 많은 접속점들이 존재하는 더욱 촘촘한 망 속으로, 에너지들이 메아리처럼 반사되어 움직이며 서로의 잠재력이 조화를 이루는, 즉 결합의 논리에 따라 조화를 이루는 망 속으로 들어가게 된다. 이처럼 몇 개의 시행이 그 안에 매우 많은 시적 의미를 비축하고 있으니, 이러한 시적 의미들은 세상의 '모든 것'을 만들어 낼 수도, 심지어 모든 것이 완전하게 충족된 세상을 만들어 낼 수도 있는 것이다.

6

다음의 두 시행에서 '시선'은 나타나지 않는다. 마음만 먹으면 이를 암시적으로 나타낼 수 있었겠지만, 결국 떠나려던 시인이 되돌아오겠다는 계획을 밝히기 전까지 시선은 나타나지 않는다. 그런데 이 상황에서도 두 가지 차원의 결합, 즉 구불구불 흐르는 물과 쭉 이어져 뻗어 가는 산의 결합을 통해 시선이 드러나게 된다.

고치다	정자를	~에 기대다	굴곡짐	강
세우다	망루를	~에 자리 잡다	연속됨	산의 정상

이 시에서도 역시 풍경을 응시한다기보다는 그 풍경에 파고들어 그 속에서 살고자 하는 마음이 표현되어 있다. 여기서 풍경은 유일하면서도 특별히 정해진 하나의 관점으로부터, 즉 앞의 풍경을 응시하면서 가장 넓은 시야를 확보하게 된 관찰자가 그 순간 지니게 되는 관점으로부터 관찰되는 것이 아니다. 여기서의 풍경은 그 가운데에, 서로 대립하면서 서로에게 호응하는, 개별적이면서도 상호적인 두 개의 위치를 세우면서 나타나는 것이니, 이 두 개의 위치는 각각의 방향에서 교대로 풍경을 바라보며 고려하도록 만든다. 즉 위에서 아래로 가며, 또는 아래에서 위로 향하며 보도록 하고, 강 위에서 또는 산 아래에서 풍경을 보도록 하는 것이다. 그리하여 이 둘 사이에

빠져듦이 일어나게 된다.

'바라보다'는 중국어에서 그 자체로 통일된 의미를 지닌 동사가 아니다. 중립적인 뜻의, 개괄적인 의미를 지닌 동사도 아니다. 중국어에서는 어디에 위치해 있느냐에 따라, 바라보는 방법에 따라 각기 다른 동사들이 쓰인다. 시인(사령운)은 다른 시에서 많은 경쟁적인 동사들을 써 가며 '바라보다'를 표현했는데, 그 동사들 중 어떠한 것도 다른 것에 비해 더 지배적인 동사로 자리 잡지는 않는다. "'바라보다'를 표현하는 데 "비스듬히 (바라보다)"인 내(睞), 또는 "고개를 돌리면서 (바라보다)"인 고(顾), 또는 "다른 쪽으로 고개를 돌리며 (바라보다)"인 권(眷), 또는 "응시하며 (바라보다)"인 람(览), "눈을 크게 뜨고 (보다)"인 조(眺), 또는 "몰입하며 (바라보다)"인 도(睹), 또는 "저 멀리 시선을 던지며 (바라보다)"인 요망(遥望), 또는 "멀리까지 바라보다"인 빙망(骋望), 또는 "높은 곳에서 (바라보다)"인 감(瞰) 등의 용어가 쓰이는 것이다. 세상과 관계하는 방법이 이리 다양하니, 이들은 시각에 관한 단 하나의 동일한 개념하에 묶이지가 않는다. '바라보다'는 어떤 하나의 태도로 추상화되거나 시선의 활동에 제한되는 것이 아니다. 이는 다분히 행동과 관계있는 것으로 몸짓과 같은 어떤 것, 상황과 관계된 어떠한 것을 함께 내포하고 있다. 다시 말해 바라본다는 것은 지식을 얻는 순수한 능력으로 따로 떨어져 생각될 수 없는 것이고, 사물들과 중립 관계로 마주 보면서 일어나는 것도 아니다. 사실 여기서 말하는 사물들이란 '동-서(東西)'로 일컬어지는 것으로, 이들은 서로 간격을 둔 채 긴장 관계를 맺고 있다. 바로 이러한 '동-

서'를 기초로, 시인은 이항 논리를 풍경에 펼치면서 완전한 (우주적 질서의) 결합을 추구한다.10)

眷 권	西 서	谓 위	初 초	月 월
시선을 돌리다	서쪽으로	일컫다	일어나다	달

顾 고	東 동	疑 의	落 락	日 일
멀리 시선을 돌리다	동쪽으로	자문하다	떨어지다	해

'바라보다'는 외관적인 것과도 관계가 있고 세상을 이루는 극성과도 관계가 있다. "시선을 서쪽으로 돌리다", "시선을 동쪽으로 돌리다"는 하늘의 움직임의 연속적 흐름, 즉 별이 뜨고 지는 것과 깊은 관계를 맺고 있다. 이러한 상관관계의 놀이에 사로잡힌 풍경 전체는 움직이는 이 세상 전체를 가리키는 것이고, 이 세상은 다른 곳으로부터 무언가를 불러들이는 것이 아니라 번갈아 나타나면서 인식되는 것이다. 그리고 이때 생기는 번갈아 나타남이 바로 세상을 숨 쉬게 만든다. 바로 이것이 삶 속에 존재하는 긴장감으로, 중국에서는 회화도 풍경에서 이것을 잡아내고 있다.

---

10) ≪Deng yongjia Lüzhang shan≫.

3. 온몸으로 받아들이게 되는 풍경에 대하여

1

이 장에는 무엇보다 비교학자들을 만족시킬 만한 무언가가 있을 것 같다. 유럽의 경우 풍경의 개념이 회화와의 관계에서 생겨난 것이라 할 수 있는데, 사실 중국에서도 상황은 비슷했다. 단지 '산과 물'이라는 이항의 성립이 고대부터 나타났다는 것이 다를 뿐이다. 어찌되었든 간에 우리는 중국의 화가들이 아주 일찍부터 "산수(山水)"라는 용어를 취해 발전시켰음을 알게 된다. 우리는 또한 양쪽의 전통이 어떠한 장면이나 인물을 중심으로 삼았던 회화를 포기하고 풍경화로 옮겨 가는, 같은 유형의 변화를 겪었음을 알게 된다. 그런데 이러한 공통된 운명에 대해 어떻게 생각해야 할까? 회화의 발전이 그렇게 진행될 수밖에 없었다고 생각해야 할까? 왜냐하면 양쪽의 진화 과정을 아무리 살펴봐도 서로에 대해 알지 못했던 이 두 세상이 서로에게 영향을 주었거나 다른 한쪽에 무언가를 옮겨다 주었거나 하는 점은 전혀 발견할 수 없기 때문이다. 반면 이 두 세상 사이의 차이는 바로 이러한 변화가 중국에서는 유럽보다 천 년 더 일찍 일어났다는 데 있다. 그런데 중국에서 이렇게 매우 이른 시기부터 변화가 일어날 수 있었던 것은 분명 유럽에서 이러한 진화를 막았던 장애 요소들이 중국에는 없었기 때문이라 할 수 있다. 좀 더 긍정적으로 말해 본다면, "산수"라는 중국식 이항이 그 자체로서 중국 회화에 그러한 발전을 불러왔다고도 할 수 있을 것이다. 다시 말해 중국에서 회화와 풍경에 관계된 개념들은 조화를 이루는 목적을 지니고 있었다고 볼 수 있는 것이다.

우리는 유럽에서 풍경화가 관료적 성격의 회화, 주문된 회화, 그리고 상업적 성격의 회화들 사이의 경계에서 은밀히 나타났다는 사실을 기억한다. 초기에는 '식물도감'들의 판화 속에, 위생과 약전에 대한 '개론'에 그려진 환경을 매우 사실적으로 나타낸 삽화 속에, 그리고 『호화로운 기도서』[11]에 제시된 채색된 계절별 장식 문양 속에서나 보이던 자연, 그림의 한구석에 뚫려 있는 작은 '창문'을 통해서나 보이던 구불구불 흘러가는 강과 푸르스름한 빛의 산이, 어느새 창문

11) (역주) 『베리 공작의 매우 호화로운 기도서(Les Très Riches Heures du duc de Berry)』를 지칭한다. 1410~1411년 베리 공작의 요청에 의해 제작되기 시작해, 여러 화가들의 손을 거치면서 1485년경에 완성된 이 필사본은 열두 달을 각각 표현하는 그림과 성경에 나온 중요한 순간들을 그린 그림들로 구성되어 있다.

에서 벗어나 액자 가득히 나타난 것이다. 유럽의 화가들이 풍경에 도달하기 까지 얼마나 참아야 했는지, 얼마나 견뎌 내야 했는지를 헤아릴 수 있을 듯하다. 이렇게 풍경이라는 것은 초기에 가장자리에서부터 아주 조그맣게 그 모습을 드러냈으니, 이는 그나마 당시의 회화가 여백에 좀 더 많은 즉흥성과 독립성을 허용했기 때문이었다. 다시 말해 강요된 주제와 스타일의 주변부에서 더 많은 자유를 누릴 수 있었기에 풍경은 가장자리에 많이 나타났다 하겠다. 상황이 이러했던 만큼, 풍경의 자연성이라는 것은 당연히 탈상징화와 세상의 '비종교화'라는 값을 치른 이후에야 접근이 가능했던 것이다. 그리하여 극적인 장면과 역사가 회화의 소재로 중심 자리를 차지한 가운데, 유럽에서의 풍경은 타협을 통해 어느 정도 상황에 적합한 해결책을 찾아가면서 조금씩 그 권리를 찾아 나갔고 자신의 자리를 넓혀 나갔다. (파티니르의 그림에서처럼) 배경으로 쓰이던 풍경이 점점 더 넓은 면적을 차지하고 주가 되던 극적 장면이 점점 자리를 잃어 가는 모습에서, 또는 (뒤러의 작품처럼) 큰 작품에 비해 부수적인 것으로 관심을 둘 필요가 없다고 여겨졌던 작은 판형의 그림 속에서 이러한 현상을 읽을 수 있다.

그런데 중국의 회화는 이렇게 아주 천천히 풍경이 출현했던 서구의 회화 환경과는 놀라울 정도로 대조된 모습을 보여 준다. 중국에서 인물화에서 풍경화로의 진화는 회화 자체의 발전 과정의 일부이니, 이와 함께 회화의 역할은 분명해지게 되었다. 실제로 중국 회화의 진화는 모사(模寫)의 구속에서 벗어나면서 시작되었는데, 그 속에서 '유치함'만을 보게 되면서 점진적인 탈피를 통해 이러한 모사를 밀어낸 것으로 보인다. 11세기 대문인이었던 소동파[12]는 이에 대해 회고적이면서도 요약적인 글을 남겼으니, 그는 회화에서도 두 가지 항목이 완전히 대립됨을 언급하며, 회화 분야를 두 개의 파로 나누고는 첫 번째 파가 절대적으로 하위임을 밝혔다. 이 첫 번째 파는 균질적이지 않은 것들의 집합이면서 밀어내야 하는 것들로, 바로 화가에게 강요되던 "사람, 동물, 궁궐, 물건", 즉 "항상 같은 형상"인 상형(常形)을 지닌 대상들을 담아내고 있는 회화들을 말한다.[13] 이러한 회화는 기술적인 정교함만을 원하는 요구에 맞춰 그대로 대상의 (형태만을) 재생산하면 되는 것이다. 두 번째 파의 경우 균질적인 대상의 모임으로, "산, 바위, 대나무, 나무, 물, 파도, 안개, 구름"을 담고 있는 그림들이다. 이러한 회화는 그 속에 "항상 같은 형상"을 지니지 않은 대상들을 담고 있다. 이 대상들의 *항구성(constance)*은 다른 차원의 질서를 따르고 있으니, 이 질서는 이들로 하여금 그들의 모습에 닿게 하는 *내적 일관성*의 원칙, 즉 상리(常理)와 관계가 있다. 소동파는 화가가 바로 대상들 속에 내재한 이러한 원칙을 찾아내 이를 그려 낼 수 있어야 한다고 말한다.

사상이 존재의 정체성을 중심으로 발전하지 않았던 중국에서는

12) (역주) 소식(蘇軾) 또는 소동파(蘇東坡, 1037~1101)는 중국 북송 시대의 시인이자 문장가, 학자, 정치가로 당송팔대가의 한 사람으로 꼽힌다.

13) *Zhongguo hualun leibian*(abr. *Leibian*), Yu Jianhua éd., Zhonghua shuju, p.47.

'항구성'이란 것이 사물의 질서정연한 생성 그리고 세상이 돌아가는 과정에 대한 조절과 관계를 가지게 되었다. 그런데 한쪽에서는 인물을 그리는 것이, 외부로부터 강요된 획일적인 외적 형태를 따를 때만 항구성을 지닐 수 있었다. 다시 말해 여기에서 인물의 형상화란 화가가 스스로 무언가를 발견할 수 있는 기회를, 자신의 통찰력을 따를 기회를 주지 않는 것이다. 다른 한쪽에서는 풍경이, 규격과 표준적인 것으로 구성된 대상들, 인간의 형상 또한 포함되어 있는 대상들을 앞에 두고, 자신의 고갈되지 않는 풍부함을 드러내 왔다. '산'과 '물'은 자신들의 결합을 관대하게 나누어 배분해 준다. 산은 다양한 모래알과 식물, 즉 바위, 대나무, 나무들 안에 존재한다. 물은 파도, 안개, 구름과 같이 변화하는 여러 모습들 속에 존재한다. 바로 이렇게 나열된 목록들의 처음부터 끝까지, 바위에서 구름까지를 살펴보면 이 안에 연속성이 있음을 볼 수 있다. 여기에는 단지 밀도의 차이만 있을 뿐이다. 바위란 "구름의 뿌리[14)]"라 하지 않았던가? 이는 우주적 에너지의 숨결이 응고되면서 바위로 굳어졌다가 구름 속에서 흐릿하게 형태를 잃고 사라지는 것, 이를 의미하는 것 아니겠는가?

그런데 풍경, 즉 '산-수'라는 상관관계는, 산-수를 긴장관계에 놓고 풍경의 발전에 원동력이 되며 풍경에 생명을 부여하는 그 내부적 '일관성'이 풍경을 구성하게 되면서, 닮음과 멀어지게 된다. 그러면서

---

14) Tang Dai, *Huishi fawei*, in *Hualun congkan*(abr. *Congkan*), Yu Anlan éd., Zhonghua shuju, p.249.

세상의 탄생 과정은 어떤 고정된 형태만을 따르지 않게 되었다 할 수 있다. 바위는 구름보다 강요된 형상을 더 많이 지니고 있다고 할 수 없다. 바위는(구름은) *가능한 모든 형상을* 지니고 있는 것이다. 바로 이 형상들을 '통해' 바위나 구름은 각각을 바위 또는 구름으로 발전시키는 내부적 일관성에 도달하게 되니, 여기서 이들의 *끈끈함*(consistance)이 나오고, 뒤이어 이들을 '지속성 있게' 만드는 '항구성'이 나와 화폭에까지 담기게 된다. 소동파와 동시대의 대문인이었던 미불[15]은 다음과 같이 말했다. "보통 소나 말이나 인물이나 사물들의 경우, 그대로 본떠 그리기만 하면 닮은 것을 표현할 수 있다."[16] 반면 '산과 물'의 경우, 이를 복사할 수가 없다. 모방을 한다 해도 닮음이란 '이루어지지 않는다.' "정신 작용이 자체적으로 이루어지도록 하는" 이 풍경, 즉 산-수는 "고결한 것이라 할 수 있다."[17]

5세기 사혁[18]이 주창한 중국의 초기 회화 이론에서부터 첫 번째 법칙으로 제시되어 왔던, 회화에게 끊임없이 요구되어 온 주요 의무 사항은 바로 인간이 회화를 통해 *발전*을 이루고 *활력*을 얻을 수 있어야 한다는 것이다. 여전히 중국 전통의 바탕을 이루는 이 이항들을 가지고 얘기해 보자. 한쪽에는 '(내쉬는) 숨-에너지'가 있고 동시에

15) (역주) 미불(米芾, 1051~1107)은 중국 북송 시대의 학자, 서예가이다.

16) Mi Fu, *Hua shi*, § 24.

17) *Ibid.*

18) (역주) 사혁(謝赫)은 중국 남제의 문인이자 화가로 그의 저서 『고화품록(古畫品錄)』을 통해 회화육법(繪畫六法)을 제언했다.

다른 한편에는 '내적 공명'이 있으니, 이 둘은 기운(氣韻)이라는 단어로 합쳐지면서 극성을 이루게 된다. 그리고 여기에서 '삶과 움직임', 즉 생동(生動)이 나오게 된다. 이리하여 중국은 우리에게 역설적으로 보이기까지 하는 것을 제시한다. 즉, 생명이 태어나도록 하고 모든 것의 생명이 유지되도록 만드는 이 *활동력 있는 긴장*이 가장 잘 나타나는 곳은 인물의 형상도, 인물의 얼굴도 아니라는 것이다.(「모나리자」가 지닌 생명력에 관해서 바사리[19]가 말한 것을 생각해 보라.) 구별되어 있고 단일한 것은 활동력 있는 긴장을 담아낼 수 없으니, 이러한 단일함은 우리로 하여금 외부적 특징들, 즉 극성이 없기에 더 이상 다른 한쪽에 의해 팽팽하게 당겨지지 않고, 그리하여 표면에서 단단하게 굳어 고정되어 버린 외부적 특징들에 머물게 한다. 이를 반대로 표현해 보면, 그 긴장이 표현되는 것은 바로 대립되거나 결합하는 요인들의 상관관계에 의해서만 가능하다는 것이다. 요인들이 서로 소통되도록 하고 그들 사이의 순환을 만들어 내는 상관관계에 의해서만 가능하다는 말이다. 그런데 산과 물은 돌과 구름 외에 강요된 어떤 다른 형태를 가지고 있지 않다. 우리는 이 두 요인의 굴곡과 구불거림을 동등한 것으로 합치고, 이들의 결합 속에 생긴, 눈에 보이지 않는 저 끝까지 끊임없이 변화하는 구불구불한 굴곡을 쫓아가야 한다. 그 속에서 우리는 고갈되지 않는 생명력의 특별한 표출

---

19) (역주) 조르조 바사리(Giorgio Vasari, 1511~1574)는 이탈리아의 화가, 건축가이며 르네상스 시대 예술가들의 전기를 쓰기도 했다.

을, 그 생명력으로 찬 경치를 만나게 될 것이다.

2

이후 중국에서 풍경화가 절정기에 이르긴 하지만, 11세기의 위대한 화가 곽희[20]조차도 전 시대의 시인(사령운)처럼, 그림을 생각하는 데 있어 '산과 물'이라는 두 개의 짝지어진 항을 펼쳐 놓기만 한다. 그의 말에 따르면 산은 "크고" "넓은" 것이고, 물은 "생명이 있는" 현실이다.[21] 그런데 왜 산을 두고 크고 넓은 것이라 말하는가? 이는 산의 그 커다란 규모를 두고 말하는 것이 아니다. 바로 산이라는 것이 어떠한 형태에 갇혀 있는 것이 아니라, 그 속에 다양한 실루엣과 형상을 가지고 있으면서 어느 하나도 매몰시키지 않는다는 소리이다. 산을 생각한다는(그린다는) 것은, 산의 형상을 만들고 각각의 측면들을 변형시키면서 산을 자유롭게 발전시키는 이러한 배치들의 공존 가능성(compossibité)을 생각한다는 것이다. 이제 산을 처음부터 그러했던 멈춰진 형태, 즉 고정되어 있는 굴곡으로 인식해서는 안 된다. 산은 바로 굴곡과 연속됨이 다양하게, 끊임없이 이어지는 속에서 계속해서 새롭게 만들어지는 숨결과 같은 것 또는 밀집된 에너지와 같은 것이다. 모든 것이 "하늘과 땅 사이"에

---

20) (역주) 곽희(郭熙, 1023~1085)는 중국 북송(北宋)의 화가이다.

21) Guo Xi, *Linquan gaozhi*, in *Hualun Congkan*, p.22.

펼쳐져 있는 기(氣), 즉 숨-에너지로부터 만들어지는 가운데, 산은 이렇게 계속되는 윤곽들 속에 존재하는 물리적 형상이다. 굴곡을 가로지르며 이를 펼쳐 놓는 힘의 선들을 중국어로 맥(脈)이라 부르는데, 이것이 중국에서는 인간 몸속의 맥박을 전달해 주는 동맥을 지칭하는 용어로도 쓰인다는 것을 생각하면 앞의 말이 이해가 될 것이다.

우리는 이것을 단순히 산에 대한 우의적 표현이나 의인화라고 여기지 말고, 여기서 곽희가 말하고자 하는 것을 읽어 내야 한다. 산을 존중하는 이는 실제로 그 속에서 수많은 방식으로 산을 끌어당기는 다양한 도약하는 힘들의 결합을 인지한다.(세잔 역시 이를 알고 있었고, 심지어 표현까지 하지 않았던가?) 사실 이를 두고 우리는 '형태'라고 표현하기보다는 '형태-발현(forme-actualisation)', 즉 형(形)이라 해야 할 것이다. 이는 중국에서 그러하듯 연결된 단어들을 병렬로 풀어 가며 읽은 것이다. 여기서 말하는 연결이란 순전히 시각으로만 볼 수 있는 외양의 연결이 아니라, 분위기와 잠재력의 계속된 연결을 가리킨다. 실제로 산이 지니고 있는 이러한 새롭게 구현되는 형상은 "홀연히 쑥 솟아나는 경향이 있고", "거만하게 자태를 드러내기도 하고", "묵직하게 전진하기도 하고", "갈라지면서 무너지기도 하고", "흩어지면서 펼쳐지기도 하고", "끈질기게 전개되기도 하고", "당당하게 돌진하기도 하고", "그 기운이 섬세해지기도 하고", "점잖게 자신을 드러내는 경향이 있다"…. 여기서 화가가 산에게 우리 인간의 능력을 은유적으로 입혀 가며 산을 인격화하고(이상화하고) 있다고 생각한다면 이는 너무 단순한 생각이다. 그보다 화가는 산이 지니고 있는 여러 형태의 강한 힘을 포착하고는, 그것이 가지고 있는 계속 연결되면서 대립하는 그 많은 자질(capacité)들에 가치를 부여한다. 실제로 중국이 '존재'가 아닌 그 속에 담겨 있는 '자질[덕, 德]'과 관련해서 사유한다는 것을 고려한다면, 수많은 압력과 긴장 속에 눌려 있는 산이란 것이 사실 가장 "넓고"도 가장 다양한 물리적 응축물이란 것을 더 잘 이해할 수 있다.

어떠한 강요된 형태도 지니지 않은 산은 가능한 모든 형태-발현들이 역동적으로 응고된 것이다. 보통 한 '사물'이 어떠한 형태를 띠는 경우 다른 형태는 배제하는 반면(사물은 둥글거나 아니면 각진 모양을 띠고 있다), 산의 경우 그 속에 모든 형태가 서로에게 해를 주지 않는 상태로 존재하며 어우러진다. 산이란 치솟으면서도 묵직하게 자리를 잡고 있고, 전진해 나가면서도 자체적으로 응축되며 펼쳐져 나간다. 여기서 산이 "크다(ample)"는 것은, 그 안에서 무엇이든 가능하다는 것을 의미한다. 또는 화가 자신이 그림으로 그려 내듯이 산이 "오른쪽으로 향하면서 왼쪽 또한 바라보는" 것이고, "이런저런 방식으로 모습을 드러내는 것"이다. 또한 이는 산이 "그 위에 자신을 뒤덮을 무엇인가를 가지고 있고, 그 앞에 지지할 무엇인가를, 그 뒤에 기댈 무엇인가를 가지고 있다"는 것이다. 또 "고개를 내밀고 굽어보듯하면서 높은 곳에서 관찰하는 것"이거나 "높이 선 깃발을 향하듯 아래에서부터 점차 위로 전진해 나가는 것"이다…. 이것이 바로 내가 산의 *공존 가능성*이라고 부르는 것으로, 이는 모든 가능성을 평등한 관계로 유지하는 것이다. 바로 이 공존 가능성이 산을 자원으로, 즉 형태들이 무궁무진하게 쌓여 있는 자원으로 만드니, 화가는 바로 이 것을 이용하는 것이다.

3

중국의 지혜는 마치 일반성과 수직성에 의해 포섭되는 것을 두려워하기라도 하듯, 이러한 다양함을 감성 안에 최대한으로 넓게 (수평적으로) 펼쳐 놓으려 한다. 산이 가진 이러한 모든 경향들은 대립하면서도 소통하는 등, 대조적인 면들에 의해 생긴 긴장 속에서 유지된다. 실제로 이러한 유형학의 펼쳐짐 속에서(이는 사실 보르헤스에서부터 푸코에 이르기까지 서양이 그리도 즐겨 썼던 백과사전식 목록의 '중국판'인 것이다) 우리는 무엇이 그 차이를 만들어 내는가에 특별히 신경을 쓰며 이를 진지하게 받아들여야 한다. 중국은 형이상학적인 '저 너머'를 만들지 않는다. 세계를 (플라톤식으로) 이중적으로 분리하지 않는 것이다. 여기에서 (존재의) 관념 세계(intelligible)는 감성의 안쪽에 자리 잡게 되었고(in-former), 감성은 관념 세계를 반영할 수 있을 뿐이다. 바로 이로 인해 중국은 가장 철저하게 그리고 가장 섬세하게 형태-발현들의 범위를 발전시키면서 세계라는 것에 접근할 수 있었다. 그리고 바로 이로 인해, 우리가 문장마다 매번 읊고 있는 이 중국식 공식은 세상을 (존재론적 관점에서가 아니라) *현상적으로* 설명하는 능력을 지니게 되었다. 또한 바로 여기에서부터 다양함을 담고 있는 쭉 나열된 목록에 대한 중국의 관심도 나온 것이다. 다시 말해 그 개념이 추상적이면서 단일한 본질과는 관계가 없는 *서로 간의 끈끈함*(*con-sistance*)이란 것이, 공존 가능성을 통해 끈끈함 자신이 모아 놓은 것 속에, 목록처럼 쭉 나열된 바로 그것들 속에 담겨 있는 것이다.

*산*은 이러한 탐색이 드러나는 장소이다. 그런데 이는 산의 짝이라 여겨지는 *물*에서도 마찬가지다. 사실 물이 "살아 있는" 현실이라는 말은 바로 물이 발현되는 형태가 "깊으면서 조용하고", "부드러우면서 잔잔하고", "풍부하면서 넘치고", "소용돌이치면서 빙빙 돌고", "거대하면서도 무게 있고", "물방울을 분출하며 여기저기 튀기고", "솟구치며 튀어 나가기도 하는" 등의 경향이 있다는 말이다. 또한 물은 "여러 원천으로부터 나와" "멀리까지 흘러가는 경향"이 있기도 하고, 또한 "솟구쳐 올라 하늘을 찌르기도 하고" "땅을 적시며 그 속으로 흘러 들어가기도 한다." 이렇듯 색견본 카드를 쫙 펼쳤을 때처럼, 물이 지닌 *일관적인 끈끈함*을 보여 주는 수많은 경우들이 존재한다. 물이라는 '존재'의 형태나 그 고유성의 형태, 또는 물의 능력에 대해 말하는 것이 아니다. 물은 "어부들을 만족시키려 한다"고 할 수 있고, "식물들을 무성하게 자라도록 한다"고 할 수도 있다. 그리고 물은 "안개와 구름을 붙잡고 그 속에서 매력적인 아름다움을 끌어내려 하기도 하고", "계곡 저 안에서 반사되어 반짝이는 빛을 잡아내려 하기도 한다"…. 바로 이러한 면에서, 수많은 방식으로 표현되고 이쪽과 저쪽을 이어 주면서 여기저기를 풍요롭게 만드는 물은 "생명

의 전달자"라 할 수 있다.

여기 이 *끈끈함*이라는 개념을 길게 설명하는 이유는, 바로 "함께 뭉쳐 있는 것", 즉 *본질*이나 사고(idée)라는 단일함으로 축소되지도 않고 그 아래 다시 짜 맞춰지지도 않는 이 뭉쳐져 있는 것 속에 사물에 대한 이해의 방법이 담겨 있음을 알리기 위해서이다. *존재론*과는 거리가 멀고 상호 관계에 의해서만 이해될 수 있는 그러한 방법 말이다. 여기서의 *끈끈함*이란 '존재' 속에 매여 있지 않은 것, 다시 말해 어떠한 형이상학적 도구도 사용하지 않는 것으로, 서로가 서로와 관계를 맺게 하고 분리되지 않도록 하는 일관성 있는 긴밀한 결합으로부터 생겨난 것이다. 우리가 '풍경'이라 일컫는 것은 산과 물 사이의 상관관계로부터 나오는 끈끈함을 지니고 있다. 산은 강줄기가 펼쳐지게 하고, 강줄기는 산 덩어리에 활력을 불어넣는다. 사실 중국의 사유는 각 항들을 서로 교차시키며 이러한 이항 대립을 더욱 다양하게 만들기를 멈추지 않는다. 곽희의 그림에서처럼, 산은 물을 "혈액 순환의 맥"처럼 그 속에 지니고 있다. 그리하여 산은 물로부터 "생명력"을 얻어 낸다. 또한 물에게 산은 "얼굴" 또는 "앞면"이다. 그리하여 물은 산으로부터 "매력과 유혹의 힘"을 얻어 낸다.

곽희는 거대한 돌덩어리로 이루어진 산을 두고 "하늘과 땅의 기본 뼈대"라고 일컬었다. 이 뼈대는 "표면에 나타나 있는 것"이 아니니, 단단히 그리고 "깊숙이 뿌리박혀 있다는 면에서 그 가치를 얻는다" 하였다. 물은 "하늘과 땅의 관개(灌漑)"이다. 이는 강줄기들이 한 곳으로만 몰리거나 막히는 일 없이 사방으로 흐른다는 면에서 그 가치를 드러낸다. 세상이 펼쳐지는 것은 바로 이 둘이 짝지어지면서, 즉 뿌리박음으로부터 나오는 *안정감*과 흐름에서 나오는 *유동성*이 짝지어지면서부터이다. 바로 이로 인해 풍경, 즉 산-물은 회화의 소명이 될 수 있었고, 바로 이를 통해 우리는 *모든* 현실에 닿을 수 있었던 것이다. 하지만 (우리 서구의) '현실'은 풍경을 지칭하는 데에 아주 미숙하다 할 수 있다. 풍경이 우리의 실체론적인 편견, 즉 사물(res)과 '사물성(chosité)'에 대한 편견에 눌려 있기 때문이다. 반면 중국의 회화와 사상은 산과 물의 상관관계를 탐구하며 이 풍경을 끊임없이 해체한다 할 수 있다.

4

너무도 많은 상호 관계들 속에서 갑자기 길을 잃었을 때, '산'과 '물'의 이 모든 놀이에 싫증이 날 때, 우리는 얼마나 이성으로 되돌아가길 원하는가. 모두가 함께 행한 선택들이, 또는 유럽의 회화와 풍경에 대한 사유 속에 담긴 선입견들이 고스란히 응축되어 있는 그 버팀목을 되찾기를 우리는 얼마나 원하는가. 바로 이때 우리는 원근법에서 그것을 불러온다. 사실 원근법은 유럽이 오랫동안 그 진실을 찾는 데 사용해 온 이론적(영웅적) 발명품으로, 그래도 유럽의 철학이 풍경을 조우하는 방법에 대해 우리가 아는 모든 것을 요약하고 있는 개념적이고 기술적인 조정 장치라 할 수 있다. 바로 원근법을 통해 시각적 인지에 대한 우월성이 완전하게 확립되었던 것이다. 원근법은

"열린 창문"에 대한 해결책을 한정적인 확장에서, 즉 회화 작품 전체를 감싸고 있는 틀에서 찾게 만든다. 시각적 피라미드의 꼭짓점에 관찰자의 시점만을 고정시키면서, 원근법은 이 장치를 통해 단숨에 풍경을 '대상(ob-jet)'으로 만들고, 풍경은 그 재현에 의해 '객관성'을 얻게 된다. 즉 그것을 마주하고 있는 주체가 풍경을 측정하면서 '진실'을 — 전권을 가지고서 — 결정해 버린다는 의미이다. 더 나아가 원근법은 그 공간을 가득 채운 의미들을 깨끗이 쓸어 내고는, 균질적으로 펼쳐진 그 공간을 비율에 맞게 '타일'을 깔 듯 구분하고서 기하학적으로 *구성*해 나간다.

원근법이란 것은 항상 유럽의 사유 속 풍경의 출현과 관련이 있었으니, 이미 르네상스 시대부터 우리는 유럽 회화 예술의 중심에서 다음과 같은 사실을 확인할 수 있었다. 즉, 풍경이 유럽의 회화-사유 속에서 그것만의 독립성과 (인상주의에서 세잔에 이르면서 갖게 되는) 풍부한 표현성을 동시에 획득하게 된 것이, 풍경이 원근법의 지배로부터 조금씩 벗어나면서 그리고 풍경이 19세기 동안 원근법의 압박을 무너뜨려 가다 19세기 말 그 구속을 갑자기 없애 버리면서 일어난 일이라는 사실을 말이다. 바로 여기에서 풍경에 대한 우리 서양의 접근 방식에 대한 질문들이 쏟아져 나온다. 원근법적 구축이 정말 그리도 풍경에 접근하고 풍경을 펼치는 데 도움을 주었는가? 그것이 정말 그리도 적절한 접근이었단 말인가? 유럽에서 풍경이 출현하도록 만든 이 발명품이 풍경을 이해하는 데 장애가 된 것은 아닌가? 여기서 나는 스스로에게 다음과 같은 질문을 던져 본다. (알베르티[22]가 만든, 눈과 대상 사이에 놓이는 "교차무늬 천"과 같이) 원근법의 원리를 적용해 만들어진, 꼭 필요한 매개물로서의 시각적 장치에 대해 우리는 한 세기 전부터 허위적 사실이며 사람을 안일하게 만드는 편의품이라고 비난해 왔는데, 실제로 우리는 바로 이러한 장치로, 그 반대편에 있으면서 버림받고 해체되어 버린 풍경을 대체해 왔던 것은 아닐까? 우리가 이미 알고 있듯이, 혁명이란 자신이 그렇게도 요란스럽게 뒤엎어 버린 것에 의존하게 된다.

중국의 회화-사유가 어떻게 그림 속의 원경을 발전시켰는지를 비교해 생각해 보자. 우리가 다루기 시작한 화가인 곽희의 경우를 보면, 그는 마치 저 수많은 오류에 비해 단 하나의 절대적인 진실이 존재한다는 듯 원근법을 배타적으로 적용하며 그림을 그리지 않는다. 대신 그는 "먼 곳"을 세 가지 방법[삼원, 三遠][23]으로 표현한다.[24] 이 세 방법은 상호 관계를 통해 풍경을 공동의 차원 속에서 펼쳐지도록 하며 풍경에 *끈끈함*을 부여한다. 그리고 바로 이 세 방식에 의해 우리는 풍경 속에 깊이 빠져들게 된다. 여기서 "펼치다(déployer)"는 용어는 정말 적절하게 쓰인 단어라 할 수 있다. 이는 "저 멀리 깊이까지 가지 않고 표면적으로 펼쳐지는 것"이고, "저

---

22) (역주) 레온 바티스타 알베르티(Leon Battista Alberti, 1404~1472)는 이탈리아 초기 르네상스 시대에 철학자, 건축가, 화가, 예술 이론가 등으로 활약했다.

23) (역주) 중국 산수화의 기본적인 세 가지 구도법을 일컫는다. 곽희가 그의 저서 『임천고치(林泉高致)』에서 설명한 것으로, 고원(高遠) · 평원(平遠) · 심원(深遠)을 말한다.

24) *Ibid.*, p.23.

면 곳의 경치를 향하지 않고 가까이에서 펼쳐지는 것"이기도 하며, "저 위, 높이까지 가지 않고 낮게 펼쳐지는 것"이기도 한 것이다.

삼원을 정확히 서술해 보자면, "산 아래에서 머리를 들어 정상을 향하는 것은 고원(高遠)이고", "산 앞에 서서 산 뒤편으로까지 깊게 꿰뚫어 보는 것은 심원(深遠)이며", "산 주위에서 멀리 있는 산들을 바라보는 것은 평원(平遠)이다." 여기서 창틀 앞에 놓여 있듯 풍경 앞에 세워져 있던 시선의 고정된 위치는 갑자기 사라진다. 거리를 비율에 맞게 그려 내기 위해 적용해야 했던 (알베르티가 팔 길이를 기준으로 했던 것과 같은) 동일한 측정 기준도 필요 없어진다. 또한 (시선의) 중심 광선이 향하던 유일점(소실점)도 없어진다. 결과적으로 형체들을 비율에 맞게 배열하면서 구성을 해 나가는 데 필요한 횡적인 선들도 모두 사라진다. 그러면서 이 세 가지 방법이 시점을 보완한다. 즉, "고개를 들며 보고[仰]", "꿰뚫어 보고[窺]", "멀리서 응시하는[望]" 세 방법 말이다. 사실 바라본다는 것은 중립적이거나 추상적인 것이 아니라, 우리가 전진하는 여러 위치에 따라 조절되고 분배되는 것이다. 여기서의 '입체감'이란, (우리 유럽에서처럼) 소실점으로 연결되어 있고, 구축된 '진실'이 솟아 나오도록 만드는 대각선 구도에 따른 시각적인 조합에 의해 갑자기 부여되는 것이 아니다. 이는 시선이—*과정을 좇아*—위치를 옮기며 다양한 각도에서, 즉 아래에서, 앞에서, 가까이에서 풍경을 발견함에 따라 만들어지는 것이다.

그런데 풍경의 '분위기(atmosphère)'라는 것은 조화에 따라 변화한다. 수학적 원근법을 돕기 위해 출현해 (초록색은 전경을, 갈색은 중경을, 파란색은 지평선의 원경을 나타낸다고 정하여) 거리를 분할된 경치로 더 나누려 했던 이탈리아 화가들의 분위기적 원근법과 반대로, 여기서의 분위기는 뭐 하나 특별히 튀지 않는 이 세 가지 차원에 따라 형성된다. 셋을 비교해 보면, "고원의 분위기는 맑으면서도 깨끗하고", "심원의 분위기는 무거우면서 어둡고", "평원은 밝음과 어두움이 교차되는 분위기를 지니고 있다." 또한 "고원의 강한 선들은 대담하면서 과감하고", "심원의 흐름은 겹겹의 층에 의해 표현이 되며", "평원의 흐름은 저 멀리로 사라져 가는 흐릿한 수증기로 표현이 된다." 물론 결과적으로는 인물의 표현에도 변화가 주어진다. "고원으로 갈수록 인물들의 형체는 뚜렷해지고, 심원으로 갈수록 세밀하게 분리되며, 평원으로 갈수록 연하게 흐릿해진다." 이러한 좌표들에 의해 인물들은 풍경 안으로 들어가는데, 인물들은 그 속에서 '기준', 즉 (그리스의 주요 주제였던 인간은 "만물의 척도"라는 표현에서처럼) '척도'의 역할을 하지 않는다. "(이 형체들은) 뚜렷하게 표현되지만 짧지 않고, 세밀히 분리되지만 (너무) 높지 않으며, 연하게 흐릿해지지만, (너무) 크지 않다." 즉 여기서 말하는 그림의 정확함이란 어떠한 단일한 요구를 그대로 따르는 것이 아니라, 이 세 가지 '먼 곳'과 각각 연결되어 있으면서 그것들이 서로 어울리도록 만드는 것이라 할 수 있다.

5

곽희는 이에 대해 더 이상 말하지 않았다. 또한 중국에서는 그 누구도 그 이후로 이에 대해 언급하지 않았다. 중국에서 이는 단지 한 화가의 제안이었을 뿐, 아무도 이를 원칙으로 세우려 들지도, 설득시키려 들지도 않았던 것이다. 여기에는 올바른 방법을 요구하면서 다른 방법들에 대해 반박했던 알베르티가 벌인 것과 같은 진실 공방이 없다. 사물의 비율을 드디어 찾아냈다는 생각을 가지고 있지도 않았고, 따라서 '사물'들을 통제하고 있다는 생각을 가지고 있지도 않았으니, 이곳에서는 대상들을 시각의 규칙에 따라 하나의 질서에서 다른 질서로 안전하게 옮기는 '그려진 것'이 '실제의 것'과 동등한 것이 될 수 없기 때문이다. 이는 결국 중국에서는 어떠한 발견에 대해 감동이나 만족감을 품지 않는다는 것을, 어떤 비밀을 알아채거나 "그림의 기적들(miracula picturae)"을 만들어 냈을 때 유럽에서 볼 수 있던 알베르티식의 감탄은 존재하지 않는다는 것을 의미한다. 그렇다. 그런 건 없다. 중국의 화가-철학자들은 독창성이라는 것을 추구하지 않는다. 다시 한 번 말하지만, 그들은 섬세하고도 정확한 방식으로 상호 관계들이 이루어지도록 할 뿐이다. 그 결과 하나가 나머지 하나와 짝을 이루고, 모든 것이 서로에게 화답하며 그 관계가 강화되고, 그러면서 모든 가능성이 발현된다.

실제로 이러한 중국에서의 풍경에 대한 개념이 풍경 앞에 선 관찰자로서의 개인-주체로부터 만들어진 것이 아니라고 한다면, 이는 바로 그 개념이 그 중심과 축으로 산을, 다양한 형태를 지니고 있으며 '규모'가 어마어마한 산을 품고 있기 때문이다. 사실, '세 가지의 원거리'를 지니고 있는 것은 바로 산이다. 산 아래에서, 산 앞에서, 또는 가까운 산으로부터 가장 먼 산을 바라볼 수 있는 것이다. 즉 산이 우리의 눈앞에 일정하게 펼쳐진 채로 시선에 수동적으로 복종한다기보다는, 바로 산과 이 산의 *공존 가능성*에 따라 '원근법들'이 발전한다고 보는 것이다. 사실 원경을 누비는 세 가지 방법이 서로 호환되지 않는다 하지만, 이 중 어떠한 것도 다른 나머지 방법들보다 더 우월하지는 않다. 이들은 경쟁 관계에 있는 것이 아니라 협동 관계에 있고, 그 결합은 '3차원'으로 이어진다. 어찌 되었든, 여기 천년도 더 된 '3D' 접근법이 존재한다는 사실에 대해서는 의심할 여지가 없다.

이렇게 극성(極性)이라는 주제를 다시 접하면서 우리는 거기에 배제가 아닌 상호 교류가 존재한다는 것을 더욱 잘 이해하게 된다. 곽희는 풍경이란 것이 "오면서" "가는" 것[來去]이라 정리한다. 다시 말해 풍경은 펼쳐지는 동시에 접히고, 응축되는 동시에 펼쳐지며, 세심히 관찰되는 동시에 흐릿하게 보인다. 풍경은 정면으로 그리고 동시에 측면으로 나타나는 것이다.

정면을 보니, 급류와 산, 나무와 숲이 곡선을 이루며 이리저리 서로 얽혀 있고, 이러한 배열 속에서 풍경이 다가온다. 그 풍경의 속을 끊임없이 좇으며 우리의 눈은 가까운 여기저기를 보고 만족한다.

평원(平遠)을 좇아 비스듬히 보니, 산봉우리들과 정상들이 중복되면서 첩첩이 겹친다. 이런 이어짐 속에서 (풍경은) 떠나면서 흩

어져 버린다. 멀어져 가는 것을 끊임없이 좇으며 우리의 눈은 저 광활함 속 끝까지 열리게 된다.

가까움과 멂의 양극 사이에서 풍경은 나타남과 동시에 사라지고, 품에 있다가 되돌려 보내지고, 자리를 잡는 동시에 빠져나간다. '존재함'이 한 곳으로 집중되지 않으며, '본질'이 고립되어 떨어져 나가지 않는다. 할당을 하지만 결국 바뀌고 마니, 어떠한 존재론도 가능하지 않은 것이다. 풍경이란, 이렇게 앞서거나 뒤로 후퇴하는 대지의 움직임 속에서 시선 전체를 감싸면서 펼쳤다가 지워 버리는 굽이침과도 같은 것이다. 바로 이러한 번갈음 속에서 풍경은 움직인다. 바로 이런 오고 감 속에서, 밀려옴과 물러감 속에서 풍경은 우리로 하여금 숨을 쉬게 만든다. 최근 프랑스 내에 퍼지기 시작한 표현에 따르자면, 이것이 바로 "온몸으로 받아들이는(à vivre)" 풍경인 것이다.

6

곽희는 바로 이를 바탕으로 그의 '풍경 개론'을 시작한다. 그는 다음과 같은 근본적인 질문, 실질적으로 중요한 단 하나의 질문을 들고 단도직입적으로 그 문을 연다. "그렇다면 선한 이의 산과 물을 향한 애정은 어디에서 찾을 수 있는가?" 이를 위해 공식들의 상관관계가 다시, 우리를 단숨에 빠져들게 만드는 친근감의 망을 만들게 된다. 풍경은 극(極)의 재편에 의해, 양극 사이에 긴장감이 조성되는 속에서 만들어진다. 다시 말하지만, 풍경은 그것이 동원하는 것에 의해 만들어지는 것이다.

언덕과 농토 : 선한 이의 타고난 성질을 풍부히 만들어 주니
— 바로 이곳에서 그는 항상 살기를 원한다네
샘과 바위들 : 편안히 휘파람 소리를 내니
— 바로 이것을 그는 항상 누리기를 원한다네
어부와 나무꾼 : 저만치 물러나 은둔해 사니
— 바로 이것을 그는 항상 원한다네
원숭이와 야생 거위들 : 날고 소리 지르니
— 바로 이것들을 그는 항상 보기를 원한다네 (…)

풍경은 단숨에 펼쳐지면서 우리가 "삶의 틀"이라 부르는 것이 된다. 더 이상 감지된 풍경이 아닌, 어떠한 집합이자 '환경'이 되는 것이다. 머물고, 거닐고, 서로 모여 사는 곳, 우리가 편안함을 찾을 수 있는 바로 그런 곳 말이다. 이렇게 풍경을 만들어 내는 것은 중국에서는 매우 다중적 의미를 지닌 동사를 통해 표현되니, 바로 우리가 자신의 삶을 "잘 다스려 오랫동안 보존하는" 것을 의미하는 '양생(養生)'이 그것이다. 이는 자신을 잘 보살피며 키우는 것으로, 여기서는 단지 신체적인 것, 즉 몸만을 말하는 것도 아니고 정신만을 말하는 것도 아니다. 이는 '숨-에너지(氣)', '하늘과 땅 사이'를, 그리고 산과 물 사이를 순환하는 기 또한 보살피며 키우는 것이다. 곽희는 도교의 말씀이 담고 있는 오래된 본질들을 파고들며 반대로 말하기도 한다. 즉 그곳 풍경 속에서 세상의 "먼지"와 "소란함"에 대한 반감으로부터 벗어날 수 있고, 생명력을 홀대하는 세상의 "사슬"과 그 "구속"으로부터 벗어날 수 있다는 것이다. 요즘 흔히 쓰이는 표현을 빌리자면, 바로 그곳에서 우리는 "근원의 힘을 얻는 것"이다.

"근원으로 회귀하여 힘을 얻기(ressourcement)", 이는 프랑스에서 최근에 출현해 아직 사전에도 등록되지 않은 용어로, 사람들은 이 단어가 광고 속에서 장사하듯 흩뿌리는 내용들로 인해 의심의 눈길을 보내는 듯하다. 나 또한 자기 계발 분야를 상업화하는 이들이 구원의 신화를 찬양해 가며 이 단어를 사용하고 있다는 사실에 대해 걱정 어린 눈길을 보내고 있긴 하다. 그런데 이는 모든 인위성, 내가 정말 싫어하는 거짓 순진함이 담긴 그 인위성이 모두 배제된 본성 그대로의 상태를 지칭하는 것이니, 바로 여기서 우리는 이 단어의 정확한 뜻을 이해할 수 있다. 이 중국 사유가의 경우, 자기 스스로를 정당화하며 이 근원을 자기 것으로 만들어 버린다. 실제로 곽희는 자신의 생각을 덜 신랄하게 보이게 하는 문학적 암시들을 사용하고는 있지만, 그것을 통해 그가 다음과 같은 두 가능성 중 어느 것도 믿지 않는다는 사실을 우리로 하여금 알아채도록 만든다. 하나는, "구름에 휩싸인" 신선들이 우리들의 "열망"의 대상이긴 하나 우리는 "그들을 접할 수 없다"는 것이다. 다른 하나는 정치적 삶과 관련된 것으로, "대군주"와 "위대한 왕"의 권위 아래 이루어진 태평성대로 인해 우리가 세상을 벗어나고자 하는 마음을 접는다 하더라도, 결국 자신을 영웅처럼 희생하기로 마음먹지 않은 이상 이 세상에서 할 일은 결국 과거의 위인들을 좇는 것밖에 없다는 것이다.

그가 이렇게 자신의 상황을 두고 작성한 관념적인 평가에 따르면, (그리고 우리 유럽의 언어로 감히 표현해 보자면) 이 중국 문인은 이곳에도 저곳에도 설 자리를 찾지 못한다. 그는 (어떠한 구원의 신에게 기대며) '보이지 않는 것'을 구조화하면서 초월에 대한 '믿음'을 세우지 않는다. 또한 정치적으로 — 역사적으로 — 행사할 수 있었던 시민의 권리 또한 세우지 않는다. 그는 어떠한 '진보'도 믿지 않고 그 진보의 진흥에도 참여하지 않는다. 그는 그의 '생명력' 속에서만 활용할 '자원(capital)'을 구할 수 있고(이미 혜강[25]이 이러한 의미로 '자(資)'라는 용어를 사용했다), 그리하여 이에 기대어 오래 사는 것만을 원할 뿐이다. 여기서 말하는 "오래 사는 삶[長生]"은 (존재나 정체성의 개념과 관계되는) 영생을 말하는 것이 아니다. 곽희는 이상을 생명에서 분리하지 않았으니, 풍경은 이렇게 분리되지 않음의 장소가 되는 것이다.

산과 물에까지 퍼진 이러한 극성들에 연결된 채, 사회적인 것의 구속에서 떠나 그 극성들 속에서 다시 힘을 얻어 움직여 온 힘을 다해 자신의 '능력'을 일으켜 세우는 가운데, 그는 우리가 풍경이라 부르는 것을 가지고 어떠한 장식이나 잔잔하게 목가적인 것이 아닌, 그의 유일한 자산인 생명이 자신을 새롭게 하며 다시금 태어날 수 있게 해

25) (역주) 혜강(嵇康, 223~262)은 중국 삼국 시대 위나라의 음악가이자 작가, 시인이다.

주는 곳을 만들어 낸다. 바로 그곳에서 "근원적인 힘을 얻으며" 새로운 도약을 하고, 바로 거기에서 숨과 에너지를 끌어올리는 것이다. 세상이란, 풍경을 통해 나타나듯, 형태에 이르기까지 서로 소통하며 하나 되는 '숨'과 '에너지[氣]'로만 이루어져 있다. 다시 말해 그의 '탐구'는 우리 유럽에서 그렇게 오랫동안 열정적으로 논의해 온 두 개의 절대적 개념인 '진실(Verité)'이나 '자유(Liberté)'에 관한 것이 아니라, 바로 '산과 물'에 관한 것이다. 바로 이러한 이유로 아마도 오늘날의 유럽인들은 자신들의 과거의 거대한 노력을 뒤로한 채, 풍경에 그리 관심을 갖는지 모르겠다.

7

그런데 이러한 "나무와 샘에 대한 열망" 자체를 가지는 것이 물리적으로 불가능할 때, "구름과 안개 곁"을 떠나야 할 때, 우리는 어떻게 해야 하는가 하고 곽희는 묻는다. "밤에 꾸는 꿈속"에서는 거기에 닿는 것이 가능하겠으나, "그 속에서 우리의 감각은 단절되어" 있지 않은가. 회화의 근원적인 힘이 갑자기 등장하는 것은 바로 이때이다. "놀랄 정도로 재주 있는 손이 나타나면", "그 손은 (그림을 통해) 이러한 것이 한껏 드러나도록 할 것"이라는 소리다. 즉, "(돗)자리에서 일어나지 않고, 방에서 나오지도 않은 채", 우리는, 그냥 앉은 채로, (그림을 보며) "샘과 골짜기를 누비고 다닐 수 있다"는 것이다. "원숭이 소리와 새의 울음이 귀를 멀게 할 만큼이나 아주 오랫동안 들리고",

"산의 선명한 빛깔과 물의 빛깔은 부서지는 빛의 반짝임을 통해 시선을 끈다"는 것이다. 그리하여 이 화가-사유가는 다음과 같은 문장으로 전체를 정리하며 마무리한다. "어떻게 우리 내면의 열정이 이에 만족하지 않을 수 있고, 우리의 정신이 매료되지 않을 수 있겠는가?"

"재현하다"가 프랑스어에서는 "보다"나 "그리다"보다도 더 이전에 "풍경"이라는 단어와 가장 흔하게 쓰였던 동사라는 사실을 이미 언급했던 어휘들의 대조 관계를 바탕으로 고려하기만 한다면, "온몸으로 받아들이는(à vivre)" 풍경이 무엇을 뜻하는지를 더 잘 이해할 수 있을 것이다. 후자에는 모방의 길이 막혀 있다. 여기서는, 유럽에서 고전이 되어 버린 그리스의 미메시스(mimēsis)에 따라 '하나의' 풍경을 재현하며 그 풍경의 *외관(aspectuel)*을 재생산하는 문제를 다루는 것이 아니다. 여기서는 힘이 실린 붓의 움직임을 통해, 친근함과 상관관계의 밀고 당기는 놀이 속에서, 풍경 전체가 지닌 생명이 단숨에 드러나도록 하는 것, 모든 것이 집약된 환경으로서 드러나도록 하는 것에 관해 말하고 있는 것이다. 다시 말해 이러한 그림은 귀로 듣는 동시에 눈을 즐겁게 만드는 것이다. 또한 그림을 ('관람자'로서) '보기'보다는, 산과 물, "샘과 골짜기"가 만드는 긴장 속으로 깊이, 그 속에서 자신을 잊어 스스로가 없어질 정도로까지 [空] 아주 깊이 파고 들어가는 경험을 하는 것이다. 우리 서구에서 분류해 놓은 방식에 따라 생각해 봤을 때, 그러면 여기서 말하는 것은 '미적인 것'을 누릴 때 느끼는 즐거움을 가리키는 것일까? 그보다는 삶이 일으킨 활성화 작용으로 인해 *사는 것*에 대한 만족감을 느끼는 것을 말한다 할 수 있다. 칸트 또한 『순수 이성 비판』 초반부에서 "삶의 기쁨(Lebensgefühl)"에 대해 언급하지만, 곧 "아름다운 것"이 중심 테마로 자리 잡고 "대상(objet)"과 "표상(représentation)"이라는 개념이 강조되면서 이 단어는 조용히 사라지게 된다.

이 책이 미(美)를 다루는 것이 아님을, 또한 풍경을 두고 "아름다움(schön)"을 논한 적이 없음을 기억하자. 사실 이때의 미란 표면상의 미를 말할 뿐이다. 그렇다면 실질적으로 풍경을 가치 있게 만드는 것은 무엇인가? 곽희는 관례적인 분류법을 좇으며 다음과 같이 설명한다. 풍경, 즉 "산-물"에는 "건널 수 있는" 것이 있고, "멀리서 지그시 바라볼 수 있는" 것이 있고, 우리가 "거닐 수 있는" 것이 있고, "그 속에 살 수 있는" 것이 있다고. 그런데 통과할 수 있고 감탄하며 바라보는 풍경이란, 우리가 그 속에서 편안히 살아가거나[遊] 머물고 싶어 하는 풍경과 "대등한 가치를 지니고 있지 않다." "멀리서 바라보는 것"과 "사는 것" 사이의 차이가 큰 만큼, "통과하는 것"과 "거니는 것" 사이의 차이 또한 큰 것이다. 통과하는 것과 멀리서 보는 것은 풍경의 밖에 머물러 있는 것인 반면, 거닐 수 있고 그 안에서 살 수 있는 풍경이란 주변성과 함축성을 지닌 중심이니, 바로 여기에서 우리는 편안함을 느끼는 것이다. 이처럼 풍경을 만들어 내는 것은 지각적인 것에만 관계되지 않으며, 한걸음 더 나아가 풍경을 더욱 강화하는 교환의 장소로까지 발전하게 된다.

4. 지각적인 것이 감정적으로 나타날 때

1

풍경이 지각에 귀결되는 것이 아니라 교환의 장소로 발전한다는 사실은 풍경 안에서 주요 극성으로 자리 잡은 산과 물 사이의 상호 관계에 의해서만 증명되는 것이 아니다. 이는 '나'와 '세계'와의 관계, '물리성'과 '내면성' 사이의 상호 관계에 의해서도 증명된다. 안과 밖 사이에 경계가 세워질 때, 안과 밖이 상반된 극으로 나뉠 때, 그리고 이 둘이 서로에게 영향을 받을 때, 새로운 둘 '사이의' 관계가 형성되는 것이다. 내가 바라보고 있는 외부가 이러한 둘 사이 관계가 지닌 평형성과 중립성으로부터 나올 때, 바로 이러한 둘 사이의 이음으로부터 '풍경'이라는 것이 태어난다. 내가 무언가를 *지각하는* 동시에 *깊이 느낄 때* 풍경이 나타난다. 달리 말해 내가 나 자체의 곁을 지각하듯 그 안 또한 지각할 때, 나를 독립적인 주체로 유지시키던 방수막이 사라질 때, 풍경이 나타나는 것이다. 보다 추상적인 용어로 표현하자면 다음과 같은데, 이것이 바로 풍경에 대한 나의 새로운 정의라 하겠다. 즉 "지각적인 것"이 동시에 "감정적인 것"이 될 때 풍경이 나타나는 것이다.

그런데 이러한 것이 풍경에 대한 유럽의 사유 체계 속에서는 이상하리만치 잘 알려져 있지 않다. 하긴 우리가 설령 이러한 것을 체험했다 한들, 이에 대해 숙고해 보았겠는가? 풍경의 효과에 의해 지각적인 것에 감성이 더해지거나 섞인다는 사실은 우리 유럽인의 풍경에 대한 개념과 인식의 망을 아주 크게 비껴간다. 만약 우리가 "알게 되었다" 하더라도, 마음속으로만 비밀스럽게 조용히 되뇌었을 것이다. 풍경은 이곳 유럽에서 단지 "자연이 관찰자에게 보여 주는 고장의 한 부분"으로만 정의된다는 것을 기억하자. 그러한 배치로는 자연과 관찰자 사이에 어떠한 '상호 관계'가 형성될 수 없으니, 이 두 용어는 각기의 자리에서 떨어져 이해될 뿐인 것이다. 우리는 고작해야 (이것도 아주 가끔이지만) "눈에 보이는"(목가적인, 즉 "시골에서의") "즐거움"에 대해 말해 왔을 뿐이다. 그런데 사실은 이마저 단순한 (장식적인) 즐거움을 말하는 것은 아닐까? 즉, 인지되는 것과 펼쳐져 있는 것의 한결같은 지배 곁에 덤으로 붙어 있는 것, 너무나 지쳐 버린 "영혼을 보충해 주는 것"을 가리키는 것 아닐까? 풍경이라는 것이 우리 유럽에서 가장 잘 이해되고 있다고 믿고 싶지만, 즐거움과 안락함에 대한 이러한 분류는 유럽의 사유를 다시금 거슬러 올라가며 살펴보게끔 요구하면서 무엇이 우리의 사유를 이렇게 귀머거리 상태로 만들었는지 자문하도록 만든다. 탈심리화의 작업이 — 이와 함께 탈주관화의 작업 또한 — 우리에게 필요한 것이다.

그래도 풍경의 이러한 '사이' 에서 지각적인 것과 감정적인 것의 이어지기가 어떠한 방식으로, 어떠한 조건 속에서 이루어지는지를 설명해야 할 듯하다. 지각의 대상이 되는 것은 무엇보다 무생물에 가까운 물리적인 것에 속해야 하는데, 이러한 '물리성'은 공간을 차지하는 규모와 분리된 존재성을 통해 접근할 수 있다. 여기에는 인간적인 애착이 지니는 특성도, 전통적으로 우리가 총괄적인 관점에서 '본성'이라고 불러 왔던 '자아'와의 각별한 관계가 지니는 특성도 드러나지 않는다. 그림에서 흔히 볼 수 있듯이, 인간이나 다른 생물들이 그 풍경 속의 *사이*에 존재할 수는 있겠지만, 이는 부차적인 것들로 신이 자신이 창조한 세상을 '장식하는 데' 쓰는 것(opus ornatus)이라 할 수 있다. 풍경 속 *사이*는 다른 세계, 특히 *인간과 관계가 없는* '다른 계'인만큼, 또한 가장 무감각한 것이 감정적인 동요를 일으키는 역설적인 세상인 만큼, 이 세계가 일으키는 효과는 엄청나다. 사실 원칙적으로는 이 둘의 만남이 허용되지 않으니, 지각적인 것을 가까이 가져오고 싶다고 바라는 것조차도 허용될 수 없다. 하지만 풍경이 존재하기 위해서는 먼 곳이 나타나야 하고, 거리가 더 깊어져야 하며, 접근이 어려운 저 너머라는 곳이 남아 있어야만 한다.

풍경이 만들어지는 그 속에서 나를 감동시키는 것은 인간적인 것도, 비인간적인 것도 아니다. 이는 바로 인간과 관계가 없는 것, 독립적이면서 어디에도 치우치지 않고, 있는 그대로 어디에도 흡수되지 않는 것, 즉 욕망의 대상이 될 수도 소비될 수도 없는 그러한 것이다. 과수원의 과일은 안중에도 없다. 그렇기에 보상을 바라지 않고, 즐거움을 이익에서 분리하는 '아름다움'이 이 안에서는 어느 정도 인정을 받게 된다. 다시 말해 풍경을 만든다는 것은 아주 강한 표식으로 남은 이러한 *외면성*이 내적으로 인지되도록 할 뿐만 아니라, 한층 더 나아가 이러한 '내면' 속에서, 즉 '자신'의 저 깊은 곳에서, 그 존재를 믿어 의심치 않지만 저 속에 잠들어 있으며 미동조차 않는 일종의 내면성을 이 외면성이 발견하도록 만드는 것이다. 바로 풍경이 고요하게 가만히 있던 내면에 울림이 일도록 만드는 것이다.(스탕달은 풍경이 현악기의 활과 같다 하지 않았는가.) 풍경이란 우리의 마음을 우연히 또는 어쩌다 보니 '움직이는' 것이 아니라 필연적으로 '건드린다.' 이는 바로 풍경이 그 정결한 외면성을 통해, 나의 은밀한 속을 담고 있는 나 자신의 더 깊은 내면을 확인하도록 만들기 때문이다.

또한 지각적인 것은 풍경의 물리성과 연결되어 있는 만큼 *지속성*을 지니고 있다. 풍경은 움직이지 않고 '흔들리지' 않으며, '항상 거기에 있는' 것이다. 그 결과 풍경은 우리를 다른 시간성에 연결시켜 주면서 풍경이 그 속에 오랫동안 담아 왔던 것 안으로 우리를 밀어 넣는다. 그리고 그 순간 갑자기, 우리는 하나의 풍경을 발견하게 되고 시간은 곧 의미를 잃는다. 심지어 시간이 없어진다고 말해도 될 것이다. 지각과 감정의 이러한 '동시적 발생'은 끊이지 않고 계속된다. 세상의 물리성과 자기 자신의 내면에 동시에 빠져드는 것은 서두른다고 되는 일도 아니고, 한 번 성공했다고 끝나 버리는 일도 아니다. (눈을 돌려) 풍경과의 관계가 끊어질 수도 있다. 이러한 일이 꼭 한 번씩은 반드시 일어난다. 하지만 그 풍경이 가지는 원천적 힘은 고갈되지 않는다. 어느 한 장소에, 어느 한 '경치'에, 또는 어느 한 '광경'에 싫증이 날 수는 있다. 하지만 풍경에 싫증이 나는 법은 없다.

또 다른 결과가 있기도 하다. 쟁점이 되는 것이 인간적인 것이 아닌 물질성이라는 사실, 그리고 이 물질성이 쌍으로 형성된다는 사실은, 한쪽에서 다른 한쪽으로 향하는 귀납의 방식을 완전히 바꿔 버린다.(여기서도 역시 심리적인 것이 아닌 가장 현상적인 것에 기대어 이야기를 시작해 보자.) 여기서 말하는 *지각-감정적인 것*이란 정열적인 것, 비장함이 깃든 것과 같은 성질의 것이 아니다. 정확히 그 반대이다. 정동(情動)적이기조차 한 것일까? 그런데 이 *지각-감정적인 것*에 감동이 있다면, 우리는 어떻게 감동적인 표현(pathos)의 반대되는 것을 생각해 낼 수 있는가? 이를 명명이나 할 수 있을까? 이것이 과연 명확히 드러나기는 하는가? 이러한 연유로 나는 '감정'이라는 단어가 아닌 '감정적인(affectif)'이란 단어를 썼다. 이는 남으로부터의 영향을 받아들일 수 있는 순수한 능력을 가리키는 것으로, 다양하기에 항상 복수가 되어야 하는 감정(들)을 가리키는 것이 아니다. 이러한 정서가 지닌 (기쁨, 고통 등의) 넓은 선택의 폭은 감정적인 것이 지닌 분산되면서 희미한 음색도, 그 애매모호함도 포함하지 못한다.

실제로 풍경과 맺어진 관계는 어떤 즐거움이나 전형화된 만족감에 그치지 않는다. 그 관계는 우리로 하여금 저 깊은 곳의 조화의 소리를 들을 수 있도록 하니, 이는 구별된 음이라기보다는 서로에게 음역대가 맞춰진 음으로, (나와 세계가 가졌던) 공동의 원초적 음이 서로를 다시 만난 것이라 할 수 있다.

2

만약 풍경이 짝지어 놓은 한 쌍의 요인을 가리키는 두 용어를 자세히 설명해야 하거나, 내 안에 풍경을 솟아오르게 만드는 두 용어를 설명해야 한다면, 나는 우선 지각적인 것(le perceptif)을 *지각된 것(le perçu)*과 구분하는 작업부터 할 것이다. 여기서 '지각된 것'이란(이런저런 것들이 이 순간에도 내 눈앞에 불쑥 나타날 수 있는 만큼) 너무 제한적이고 결정적이다. 또한 사실만을 중시하면서 지엽적으로 일어나고, 너무나도 우연히 생기는 것이라 하겠다. 지각된 것에서 중요한 것은 장소, 경관, 광경이지 풍경이 아니다. 그런데 지각적인 것은 *지각될 수 있는 것(le perceptible)*과도 구분된다. 여기서 '지각될 수 있는 것'이란, 지각된 것을 그 한계와 대면하게 하면서 그 경계(한계)의 반대편에 의해 이미 위협을 받던 지각을 그 가장자리에서만, 최극단적 상황에서만 고려하는 것이다. *지각적인 것*은 단번에 지각 안으로 들어오는 모든 것을 떠올리게 만드는 추상적인 관점으로 이해되어야 한다. 따라서 우리는 지각이라는 것을 완전하게 구체화할 필요도 없고, 모든 것을 개별적으로 지각할 필요도 없다. 다시 말해, 풍경 안으로 들어가는 것은 자세히 듣고 세밀히 뜯어 보면서가 아닌 것이다. 여기서의 지각적인 것이란 그 근원과 원천적 힘 안에 지각을 두루 동원한 것과 같은 것이다.

이와 연결해 생각해 보면, *감정적인 것* 또한 총괄적이면서 추상적인 방식으로 이해가 된다. 지각된 것은 '하나의' 감정만을 불러일으킨다. 하지만 풍경을 만나 나온 감정적인 것은 완전하게 개별화되지 않은 채, 흐릿하고 희미한 부분을 간직하고 있다. 이는 감수성이 충만한 상태가 항상 유지되는 것을 말하는데, 우리는 그 원인을 정확히 짚을 수도, 나 혼자만의 것으로 만들 수도, 그것이 무엇인지 명확히 설명할 수도 없다. 그것은 특별한 감정이라기보다는, *진한 감동에 이르기 전에* 만날 수 있고 넓게 확산되어 있는 *감동성(emotionalité)* 또는 어떠한 인상을 말한다.(영어와 독일어로는 흔히 *mood*, *Gemüt*이라 표현된다.) 내적인 유연성이 아주 넓게 퍼져 모든 대상물이 사라지고 단일한 사고방식이 없어질 때 풍경이 생기는 것이다. 그렇기에 여기서 중요한 것은 '감정'이 아니라 *감정적인 것*이며, 이는 감정적으로 영향을 받을 수 있는, 보다 근원적인 능력을 가리킨다.

그런데 풍경에 대한 정의에서도 알 수 있듯이 유럽식 사유는 풍경이 요구하는 대로 *지각적인 것*과 *감정적인 것*을 당연하게 함께 생각하는 것에 대해, 마치 어디 장애라도 있는 듯 항상 불편함을 표해 왔다. 사실 우리 유럽에서 지각적인 것이란, 시각성의 우월함과 함께 추상화(抽象化) 쪽으로 방향이 정해지면서 지식으로 향하는 길로 이어졌다. 즉 고대 철학의 관점에서 보자면 나의 감각들이 나에게 세상에 대한 정보를 주고, 내 정신에 의해 '정리되고' '통합된' 고대 서사시풍의 지식을 그 속에 받아들여 축적할 때만(이것이 바로 칸트가 말하는 오성(悟性)이다) 나는 내 감각들에 관심을 보였던 것이다. 감정적인 것은 유럽에서 오로지 행실과 도덕에 관련해서만 고려되어 왔다. 이에 관한 주요 질문은 다음과 같다. 나의 감정들을, 나의 규범적인 이성을 혼란스럽게 만들어 일탈시킬 수도 있는 이러한 감정적인 면(affectivité)을 어떻게 다스릴 것인가? 이러한 가운데 지각적인 것과 감정적인 것은 유럽 철학이 조직화되는 데 바탕 역할을 해 온 단층을 좇으며 서로에게서 분리되어 왔다.(지식 또는 실천, 진리 또는 선, "무엇을 알 수 있는가?" 또는 "무엇을 행해야 하는가?"라고, 연결해서 끼워 맞춰야 할 분리된 두 개의 면처럼 항상 두 부분으로 생각해 오지 않았던가.) 바로 이러한 단단한 이론적 고정 장치의 틀에 풍경에 대한 사유를 넣다 보니, 이 사유는 그 속에 꽉 끼여 눌려 버렸다. 그리하여 지식을 추구하는 냉정한 '관찰자'만이 남게 된 것이다.

'미학'이라는 또 다른 분야가 생겼을 때도 ('아름다운 것'과 '숭고한 것'에 대한) 우리의 논의는 아직 풍경에 관한 문제를 '능력(facultés)'의 측면, 즉 능력의 삼각형을 이루는 오성과 이성, 상상력의 측면에서 다루었다. 이러한 능력들이 '자유로운 놀이' 속에서 동등하게 발휘되는 만큼 이 능력들 사이의 연결은 다양하게 나타날 수 있겠지만, 그렇다고 우리가 주체의 관점이나 주도권에서 벗어나게 되는 것은 아니다. 세계와 나의 분리, 즉 주체를 마주한 세계와 나의 분리로부터 벗어나지 못하는 것이다. 또한 풍경에 관한 문제는 주요 범주 체계인 '기호'와 '판단'이라는 매우 주관적인 문제와 연결되면서, 풍경 자체에 대한 논의, 이 문제 고유의 목적을 고려한 논의는 이루어질 수 없게 되었다. 사실 이러한 논의를 위해서는 더욱더 진전하고 구축하면서 무엇인가를 '능가하는 것'이 필요하다기보다는, *흐트러뜨리는 것*이 필요하다. 무엇보다 우리의 이성을 '무너뜨려 가며' 퇴행하는 일이 필요한 것이다. 이 능력이 지닌 조건들의 *안쪽을*, 우리 사유의 주름들을 거슬러 올라가는 일이 필요한 것이다. 그래야만 접혀 있던 우리의 이성을 펼칠 수 있고, 풍경에 이성을 자유롭게 펼쳐 놓을 수 있는 것이다.

지각적인 것이 동시에 감정적인 것이 될 때 풍경이 솟아난다고 말하는 것은, 나-주체가 지닌 최고의 기능을 억지로 괄호 안에 넣는 것, 즉 이를 부차적으로 만드는 것을 뜻한다. 풍경은 '나'와 '세상'의 *사이*에서 발생하는 것으로, 내가 직접 만들어 내는 것이 아니다. 나란 주체는 수동적이지도, 그렇다고 능동적이지도 않다. (유럽어 문법의 분류와 같은) 이러한 분류 자체가 해체되어 버리는 것이다. 이를 자세히 설명하려면 주체의 자율성 영역을 떠나 '영향'의 영역으로 들어가야 한다. 아니면 '귀납'의 영역으로 들어가야 한다. 나 또한 물리학에서의 귀납을 예로 들어 언급하지 않았던가? 다시 말해 거대한 흐름과 침투, 확산과 끌림, 굽이침과 강도의 영역으로 들어서야 하는 것이다. 그리하여 우리는 한 주체와 그의 주도권이 가지는 능력들을 바탕으로 고려된 심리학적 분류에서 벗어나, '자연스레 발생하는 것', 즉 순수한 *현상성*과 관계된 것을 고려해야 한다. 보다 '객관적인' 지식으로의 발전 과정을 무너뜨리기 위함이 아니다. 지각적인 것에서 감정적인 것으로의 이어짐을 끊어지지 않게 하고 세상과 나 사이에서 일어나는 상호 교환을 중단시키지 않으려면, 내 안에서 반응해 일어나는 이것을 세상에 속한 것인 양 이해할 수밖에 없는 것이다. 이것이 바로 '풍경'이다. 바로 이것이 내가 혼자 (심리적으로) 물러나 앉을 곳을 둘러싼 경계를 쓰러뜨리면서, 순식간에 나를 세상에 드러내 보이도록 만드는 것이다.

3

풍경은 스스로 나타나야, 아니 그보다는 한순간에 형성되어야 하는 것이고, 본질적으로 영향을 주고 확산되는 것이며, 분위기적인 것인 동시에 전파되는 것이어야 한다. 물리적으로 그래야 한다. 이러저리 흔들리는 가지가 무성한 나무들, 갑자기 구름을 뚫고 나오는 빛이 바로 그것이니, 또 다른 중국식 이항인 이 두 개의 항은 그들의 언어 속에 '산-물'과 함께 자리를 잡으면서 풍경에 접근하는 또 다른 방식을 만들어 주었다. 이 역시 두 개의 요인 또는 두 개의 차원을 붙여 놓고는 상반되는 것들이 서로를 보완해 주는 역할을 하게 하면서 일종의 상관관계를 만들어 낸다. 이를 중국어로는 "바람-빛", 즉 "풍경(風景)"이라 부른다. 아니면 네 글자로 "풍화일려(風和日麗)"라 부르기도 한다. '산수(山水)'라는 것이 높고 낮음, 안정적인 것과 움직이는 것, 무겁게 눌러 앉은 것과 형태 없이 그 자체 속에 존재하는 것, 보이는 것과 들리는 것 사이의 상관관계를 말한다면, — 체감과 관계된 것과 순간적인 것을 추구하며 조금씩 자신의 길을 만들어 결국 '풍경'으로 자리 잡은 — 또 다른 이항관계는 서로 간에 맺어 이루어진 조합을 말한다. 지나감과 침투함의 비가시적임(바람)과 가시성의 확산(햇살) 사이의 조합을 말하는 것이다. 산과 물이 그 *끈끈함* 속에서, 그리고 (산의) 물리적인 '규모'와 (물의) 역동적인 '생기' 속에서 풍경을 만들어 나가는 반면, 바람과 빛의 상관관계는 일단 의미상으로는 봉인된 채, 풍경이 보여 주는 감성적인 면에 밀착해서 그리고 흘러가는 시간과 관계해서 풍경을 불러들인다. 그 유동성과 광채로 풍경을 젖어들게 만들면서 말이다.

자, 그럼, '풍경(paysage)' 대신에, '바람-빛'을 가지고 생각해 보자. '바람'이란 바로 바람이 스쳐 지나갈 때 인지되는 것으로, 눈에 보이는 것이 아니다. 또한 바람은 흐름을 통해 끝도 없이 퍼져 나가지만 우리는 이 바람이 남긴 결과만을 확인할 수 있다. "바람이 불면 풀은 몸을 숙인다"고 공자는 말했다. 백성들이 인격을 갖춘 현인이 발산하는 힘을 느끼니, 그 힘에 자신도 모르게 영향을 받게 된다는 의미이다. 실제로 바람은 조그마한 틈새로도 통하고, 조금만 균열이 생겨도 어느새 그 속으로 불어 들어가 모든 것 안으로 침투한다. 딱딱하고 단단한 것, 사물들의 뼈대를 이루는 것과 관련해, 바람이란 것은 이러한 구조적인 것을 가로지르며 그 *확장*을 유지시켜 주는 도약의 거대한 규모를 가리킨다. 사실 우리의 언어적 활동부터가 이러하다.(문학에 대한 중국의 사유도 같은 방식이다.26)) 텍스트가 지닌 의미론적이고 엄격한 '구조[骨]'와 관련해서, 바람의 거대함은 그 구조가 '진동'하고 흐르고 소통하게 만들면서 자신의 역량을 펼쳐 나간다. 즉 그 거대한 '바람'으로 인해 의미와 작가의 '선동'이 독자에게까지 확장되면서 독자—수용자—는 그 안에 빠져 휩쓸려 버리는 것이다.

*바람*을 생각해 보자. 단지 대기(기후)와 관계된 요소로서 뿐만 아니라 *전파하는* 방식으로서, 즉 *사이*를 가로질러 가며 무언가를 발생시키는 방식으로서 말이다. 바람이란 관계를 이어 주고 무언가를 전파하는 흐름 또는 연속된 기류를 말한다. 바람이 중국에서 가장 오래된 시들이 다룬 주제들 중 하나임을 기억한다면(3천 년 된 중국 시 모음집 1부의 제목은 '국풍(國風)'이었다), 우리는 중국이 아주 오래전부터 서구가 관심을 보이지 않던 것에 주의를 기울여 왔음을 깨닫게 된다. 어떠한 영향력의 전달이라는 것은 명확히 파악되지도, 잘 이해되지도 않는 것이기에, 그만큼 그 효과(함축성, 확산성)가 클 수밖에 없다. 이러한 바람의 개념은 자가-응축 또는 고유함, 고립과 완전한 분리, 본질과 부여된 것에 관한 (존재론적인) 모든 사유를 해체해 버린다.(용해시킨다.)

풍경이 '바람'으로서 고찰된다는 사실은, 풍경을 단지 밀도 있는 것만이 아닌 *확산되는 것으로* 생각하게끔 만든다. 명확하고 확실하게

---

26) Liu Xie, *Wenxin diaolong*, chap. ≪Feng gu≫.

모습을 드러내는 것으로뿐만 아니라, 어디 있는지는 확실히 모르나 조심스레 *흘러가는 것*으로 생각하게끔 만든다는 것이다. 또한 바람은 중국에서, 풍경이라는 것을 그 바람의 다양함 속에서 고찰되게끔 만든다. 중국에서는 고대부터 바람의 근원지와 방향에 따라 여덟 개의 바람(팔풍, 八風)[27]을 구분해 왔는데, 그중에서 "밝은" 바람인 풍경(風景)은 따뜻하고 부드러운 바람을 가리킨다. 바로 이 바람이 의미상으로 풍경의 출현을 돕고 있는 것이다. 지배적인 바람이 어떤 것이냐에 따라 네 개의 계절이 특징지어지니, 본질과 고유성을 바탕으로(즉, 존재론과 관계된 방식으로) 결정짓는 분류 체계가 없는 중국에서는, '바람'이 제어적인 성격을 지니면서도 역동적인 요인, 분류적 성격을 갖으면서도 실체적이지는 않은 요인인 것이다. 다시 말해 향방을 정해 주면서 구분을 하도록 만드는 전달자인 것이다. 중국은 항목과 목록을 중심으로 생각해 왔으니, 존재(Être)와 정체성(identité)의 문제는 그들의 관심 밖이었다 하겠다.

풍경을 들여다보면, 주위에 넓게 퍼져 가득 차 넘치며 다른 것들을 볼 수 있게 해 주는 해의 '빛'이, 사방으로 확산되고 여기저기 침투하면서도 눈에 보이지 않는 '바람'에 응답하고 있음을 볼 수 있다. 그런데 이와 같은 빛은 양달을 응달로 만들었다가 다시 양달로도 만드니, 한쪽만을 끈질기게 비춰 가며 바짝 말려 놓지 않는다. 이항

---

27) (역주) 팔방(八方)에서 불어오는 바람으로, 동북(東北) 염풍(炎風), 동방(東方) 조풍(條風), 동남(東南) 혜풍(蕙風), 남방(南方) 거풍(巨風), 서남(西南) 양풍(凉風), 서방(西方) 유풍, 서북(西北) 여풍, 북방(北方) 한풍(寒風)을 가리킨다.

논리의 발전과 함께 바람이 "부드러운(평화스러운)" 것이 되고 빛이 "아름다운(기분을 좋게 만드는)" 것이 된다는 사실은, 이들의 상관관계가 어떠한 갈등도 없이 지배력을 갖게 될 때 풍경이 생겨난다는 것을, 그 상관관계가 유동성과 빛남에 둘러싸여 *주위에 영향을 주면서 그 주위를 밝혀 줄* 때 풍경이 생겨난다는 것을 의미한다. 상관관계가 강제성을 띠지 않고 존재들의 삶을 뒷받침해 줄 때 풍경이 더욱 잘 나타나는 것이다. '바람-빛'은 주변의 분위기 속에서 풍경이 되어 가고, 존재가 표현되는 데에 알게 모르게 영향을 주는 '바람-빛' 자신의 가벼운 어루만짐을 통해 이러한 존재의 표현들이 넘쳐흐르도록 만드는 그 가벼운 스침을 통해 풍경이 되어 간다. 그리하여 '바람-빛'은 장면이 되고 독특한 순간이 되는 것이다.(이를 더 정확히 표현하자면 영어의 scenery라는 단어를 써야 할 것이다.)

우리는 이러한 사실을, 풍경을 '바람-빛'이라는 일컫는 또 하나의 방식이 '산수'에서 떨어져 나와 서로 대면하게 되는 과정, 중국 문학사에 일어난 첫 변화 중 하나인 그 과정이 담고 있는 가슴 찡한 이야기 속에서 살펴볼 것이다. 중국에서 '무대 예술(scène)'은 중국 왕실이 북방 민족의 압력 속에 장강 이남으로 망명했던 4세기 초부터 시작되었다. 바로 강 남쪽의 언덕과 호수가 어우러진 이 풍광 속에서, 바로 이 시기에 풍경에 대한 시와 그림이 눈부신 발전을 이루었던 것이다. "날씨가 좋을 때마다" 귀족들은 들판에 모여 풀밭에 몸을 뉘인 채 잔치를 벌였다. 그러다 그들 중 하나가 갑자기 한숨을 내쉬며 읊조린다. "바람-빛은 (강북에 있을 적과) 다름이 없는데, 눈을 들어 보면 산수가 다르구나." "모두 서로를 바라보고, 흐르는 눈물을 감추지 않는다."[28] 강남의 풍경이 지닌 파고드는 영향력의 강도와 그 속에 존재하는 부드러움의 정도는 북쪽과 같은데, 물리적이면서 심지어 정치적이라 칭할 수 있는 그 풍경의 *끈끈한* 구성은 완전히 바뀌어 버린 것이다.

순간에 받는 영향이란 변하는 것 아닐까 하는 생각을 가질 수도 있다. 하지만 풍경의 특성을 만드는 것이 지나가는(일시적인) 함축이고 이러한 함축이 여러 시대에 걸쳐 존재해 왔다는 사실은, 어떻게 유럽에서는 단 하나의 단어로만 표현되는 대상이 중국에서는 의미적 이중어처럼 여러 가지로 표현되었는가를 설명해 준다. 실제로 '바람과 빛'이 주는 인상, 모두가 느끼는 감동의 질, 그리고 온화함과 조화의 질을 봤을 때, 사람을 아주 부드럽게 빨려 들어가게 하는 이 (풍경의) 장면은 이전, 즉 고향을 떠나기 전 불행이 시작되기 이전에 북쪽에서 보던 그것과 같은 것으로 볼 수 있다. 아주 조용하고 은밀히 풍경을 만들어 내는 것의 매력에 이끌려 밖으로 나가 "풀밭에서" 사람들과 자유롭게 어울리며 식사를 할 수 있는 그러한 성향은 북쪽에서도 똑같이 존재했었다는 것이다. 바뀐 것은 바로 주위 배경이다. 같은 산이 아니고 같은 강이 아닌 것이다. 즉, 같은 역사적 조건이 아닌 것이다. 그 순간의 풍경이 지닌 질은 같으나, 풍경의 *그 끈끈하게 밀집된 구성*을 세상에 드러내 보이는 시대는 달라진 것이다.

---

28) *Shishuo xinyu*, chap. 2, ≪Yan yu≫, § 31.

4

중국의 언어-사유를 뒷받침하는 근원이 지닌 특징 중 하나는 이 언어-철학이 자유자재로 이항을 구성하여 새로운 상관관계를 엮어 간다는 것이다. '빛[景]'은 풍경에 대한 인상을 가리키는 '바람-빛[風景]'이라는 총체적인 의미를 지니면서, 새로운 호응 상대와 함께 이항을 성립해 간다. 우리의 '본성' 또는 '감정적' 능력을 가리키는 정(情)과 함께 말이다.(정(情)은 그 자체가 성-정(性-情)이라는 이항을 이룬다.) 그리하여 '(바람)-빛'은 전반적으로 '감성적인 외면성'을 가리키게 되고 이에 대응하여 '(본성)-감정'은 그 상관물로서 '반응하는 내면성'을 가리키게 된다. 앞에서 이미 사용한 용어로 표현하면, '(바람)-빛'은 '지각적인 것', '(본성)-감정'은 '감정적인 것'을 가리키는 것이다.

그런데 시적인 현상에 대해 탐구하는 중국 철학은 이러한 새로운 이항관계를 만들어 내면서, 17세기의 저 위대한 철학자 왕부지[29]의 철학 세계에서 볼 수 있듯이 어떻게 두 용어의 조합만으로 풍부함을 만들어 내고 두 용어가 서로 떼려야 뗄 수 없는 관계가 되어 가는지를 보여 주려 한다. 사실 풍경이란 단지 저 너머의 세상에서, 저쪽에 있는 사물들 사이에서, 힘과 형상들이 안착한 곳에서, 산과 물의 끈끈한 결합 속에서만, 바람과 빛의 조합 속에서만 만들어지는

29) (역주) 왕부지(王夫之, 1619~1692는 중국 명말~청초의 사상가이자 학자이다.

것이 아니다. 그것은 이러한 극(極)들 *사이에서*, 즉 나와 세상이라는 내면성과 외면성이라는 극 사이에서 만들어지며, 이들 사이에 생기는 상호성에 의해 만들어진다. 지각적인 것이 여기서는 동시에 감정적인 것이 되는 것이다. 더 단순히 말하자면, 풍경은 바로 지각적이자 감정적인 것이다. 반대로 표현하자면 이렇다. 만약 지각적인 것과 감정적인 것이 서로에게 연결되어 있지 않고 상관관계를 맺고 있지 않다면, 풍경이라는 것은 생겨나지 않는 것이다.

이제 우리는 상관관계 속에서 모든 것을 생각하도록 만드는 중국의 이론적 장치가 가지고 있는 이점이 무엇인지를 더 잘 이해하게 된다. 그것은 여기 유럽에서, 나-주체가 심리적으로 혼자 떨어져 나와 외롭게 형성되게끔 분리해 온 장막을 걷어 버릴 수 있게 만들어 준다. 또한 '영혼', 즉 플라톤의 말처럼 "어떤 다른 이름으로 불리기도 하는" 이것과 세상의 물리성 사이에 나타나는 단절, 즉 풍경이 만들어지는 데 근본이 되는 상호 침투 현상을 알아볼 수 없게 만드는 이 분리가 무너지도록 만든다. 우리가 뭔가를 파악할 때는 이미 분리(구분)가 이루어져 있다는 것인데, 그렇다면 여기서 말하는 *분리되지 않음(non-dissociation)*을 우리는 어떻게 이해해야 할까? 우리가 배웠듯 분리하면서가 아니라 그 반대로 하면서, 즉 분리의 가능성마저 없애 버리면서 어떻게 (풍경이라는 것을) 만들어 낼 수 있단 말인가?

중국식 분석의 이점, 아니 보다 정확히 표현하자면 분석의 역할을 하고 있으면서 ('분해'에 의한) '분석'이 아닌, *짝을 지워 결합*하려는 이 지속적인 작업의 이점은, 우리 유럽인들로 하여금 풍경이 형성되면서 '일어나는 일'을 순수한 현상성과 연결시켜 생각할 수 있도록 만들어 준다는 것이다. 영혼의 그늘이나 주체의 위치가 드리우는 그늘에 방해받지 않으면서 말이다. 마치 갑자기 *조화*를 이루는 양극 사이에서 일어나는, 서로에게 일치하며 서로에게로 귀결되는 (내면성과 외면성 같은) 행위 사이에서 일어나는 교환과 상호 작용의 *과정*처럼 이해하도록 만든다는 말이다. 이러한 작업은 주관주의, 비장함, 낭만주의의 과잉으로 인해 물리적 세계에 대한 ('관찰자'의) 지식이 객관화됨으로써 생긴 분리, 즉 외면과 내면 사이의 분리를 보완하려는 우리의 위험한 서정성으로부터 유럽인들을 해방시켜 준다는 장점을 지니고 있다. 사실 이러한 과잉의 상태 속에서 서정성은 그 단절을 지우지 못하고, 세계를 명확히 밝혀 주기보다는 서로가 엉겨 붙도록 만들었다. 이러한 서정성을, 우리 유럽은 풍경을 다룰 때마다, 언어에서, 펜 끝에서 놓지 못하는 것이다.

중국 철학자 왕부지의 경우 상관관계의 작용에만, 그리고 이와 함께 새로 만들어지는 *귀납*의 현상에만 매달린다. 그리하여 "감정과 관계하고 있는 풍경은(또는 감정적인 것과 관계하고 있는 지각적인 것[關情者景]은) 용연향처럼, 밀의 짚처럼 감정과 함께 한다[30]"고 했다. 서로 끌리는 자석 같은 현상을 묘사하는 중국식 표현이다. 다

30) Wang Fuzhi, *Jiangzhai shihua*, Dai Hongsen éd., Pékin, Renmin wenxue chubanshe, 1981, p.33.

시 말해 서로를 끌어당기는 자력의 장이 열리면 둘 중 어느 쪽도 서로에게서 떨어져 나갈 수 없고, 그리하여 이 둘 사이의 분리란 없어지고 마는 것이다. 그는 덧붙인다. "감정과 풍경이 각각 내면성 그리고 세계의 물질성과 관계되며 구분된다 할지라도, 그러한 이유로 풍경이 감정으로부터 생겨나고 감정이 풍경에서 생겨난다고 말할 수 없는 것은 아니다." 그러면서 결론을 말한다. "슬픔이 일거나 기쁨이 일거나 간에, 꽃이 핌과 별이 뜸을 맞이할 때처럼 서로는 서로를 품으며 그 안에서 서로의 안식처를 교환한다[互藏其宅]." 이후 이 양극, 즉 자연적으로 일어난 감정과 세상의 물리성이라는 이 둘 사이에서는 끝도 없이 많은 일들이 전개된다. "기쁘거나 또는 슬픈 쪽으로 일이 전개되고", "그 사이의 상호 작용이 끊임없이 일어나며", "둘 사이 교류의 흐름은 마르지 않는다." 둘 사이 관계의 흐름이 "마를 것"이라 생각하는 것은, 바로 "이에 대해 아무것도 이해하지 못했다는 것이다."

이 중국 철학자는 여기서 '영혼'을 필요로 하지 않고, 나-주체를 제시하지도 않는다.(시 속에서 '시인'의 존재가 느껴지기나 하는가?) 실제로 여기서 상관관계 속의 주체란 지각적인 것과 감정적인 것이라 할 수 있다. 그런데 그 사이에서 엮이는 관계가 단지 감성적인 내면과 세상의 물리성 사이에서 일어나는 일의 전개처럼 이해된다고 해서, 이 둘 사이에 항상 일방적인 조합이 일어나는 것은 아니다. 어떤 시에서는 풍경의 거대함과 웅장함을 묘사하는 두 개의 행이 나오고, 이에 대한 응답으로 늙어감과 버려짐에 대한 개인적 감정을 담은 두 행이 뒤따르기도 한다.[31] 풍경과 감정 사이에 만들어진 상관관계는 항상 열려 있으며, 한 의미에서 다른 의미로 언제든 기울 수 있는 것이다. 즉 "기쁨"과 "슬픔"사이를, "일치하는 것이 하나도 없는 상황과 일치하지 않는 것이 하나도 없는 상황" 사이를 이리저리 오갈 수 있다. 여기서의 상관관계는 경직된 면을 전혀 가지고 있지 않다. 또한 이는 미리 결정될 수도 없으며, 체계화된 것도 아니다. 이는 끊임없이 새롭게 시작되는 관계이고 언제나 유연한 관계이다. 왕부지는 이를 두고 "상자의 바닥과 뚜껑" 같은 관계라 했다.(사실 중국 시의 역사를 보면, 틀에 박힌 어구를 쓰며 이러한 상관관계를 너무 기계적으로 표현해 온 면이 있다.) 이러한 연유로 여기서 문제로 삼아야 할 것은, 나의 언어로 표현하자면, "감정"이 아니라 *감정적 토양*인 것이다.

5

풍경과 감정, 또는 지각적인 것과 감정적인 것, 만약 이 둘을 구분할 수 없고 서로에 대한 상호 침투 과정에서 각각이 자신의 정체성을 잃는다고 한다면, 이때의 상호 침투성은 어떻게 설명되어야 할까? 왕부지는 그 사이의 구분이 어디까지 없어질 수 있는지를 표현하기 위한 자신만의 특별한 공식을 세운다. "융합-침투"(또는 "용해

---

31) *Ibid.*, p. 34.

-흡수[相爲融浹])가 그것으로, 그는 이 공식을 강조하면서 "감정과 풍경은 용어상 둘이지만, 실제로는 분리될 수 없는 관계다"[32]라고 말한다. '풍경'이 있다는 것은 달리 말해 지각적인 것과 감정적인 것의 분리가 순전히 명목상으로만 이루어졌다는 것으로, 실제적인 구분은 없다는 의미이다. 바로 이를 따져 가며 우리는 거기에 풍경이 있는지를 가늠하게 되는 것이다.

바로 이를 통해 우리는 풍경에 관한 시가 맞는지를 확인한다.(그런데 중국의 모든 고전 시는 사실 '풍경을 다루는 시'였다.) 가장 오래된 시를 보게 되면, 그 속에서는 일치가 너무나도 '자연스럽게/완벽하게[妙]' 이루어져 둘 사이에 경계가 더 이상 존재하지 않는다. 아름다운 표현에 있어 완벽한 시를 보면, '감정 속에 풍경이' 또는 '풍경 속에 감정이' 있다."[33] 어떠한 시가 시적으로 뛰어나다는 것은, 이처럼 감정과 풍경이 일치한 가운데 그 각각에서 시정(詩情)이 한꺼번에 나오면서 풍경에 대한 접근이 한순간에, 갑작스럽고도 우리도 모르는 새 이루어진다는 의미이다. 그 속에서는 이 단어와 저 단어를 두고 선택하는 데 주저함조차 없다.(이러한 상태를 현량(現量)이라 하니, 이는 선불교의 용어로, 자기 앞에 나타나는 '현재'를 있는 그대로 받아들인다는 의미이다.)[34] '풍경'이 생겨나도록 하기 위해 우리는 소위 명상이라 불리는 것, 이성과 관계된 것이든

---

32) *Ibid.*, p. 72.

33) *Ibid.*, p. 72.

34) *Ibid.*, p. 52.

투영된 감정과 관계된 것이든 간에 명상이라 불리는 모든 것을 포기했다. 명상이 (풍경과 감정의) 만남을 방해하고, '나'의 의식과 고유성을 보지 못하도록 방해하기 때문이다. 풍경을 있게 하는 것은 결국 스스로, 그리고 *즉각적으로* 만들어지는 것이니, 이것이 '나'로부터 나오는 것인지 또는 '세상'으로부터 나오는 것인지는 더 물을 필요가 없는 것이다.

나와 세상 사이의 끊김이 갑자기 없어지거나 줄어들면서 풍경이 만들어지는 것, 서로 연결되어 짝을 이루게 된 내면성과 외면성 사이에서 '나'를 통해 긴장감이 만들어지는 것, 그리하여 내가 나 자신을, 현상적으로, 즉 심리적으로가 아니라 요소적으로, 끊임없이 포착되는 이 환경에 대한 비밀스러운 대응점으로 지각하는 것, 그러면서 정신적인 것을 물리적인 것에 연결하는 것에 대해 더 이상 걱정하지 않는 것, 이러한 것들은 결국 우리가 무엇보다 경계했던 어떤 '유물론의' 축소에서 기인한 것이 아니다. 풍경 한가운데서 이루어진 만남, 풍경에 대해 설명해 주는 만남을 정당화한다는 것은, 내가 나의 '정신'적인 장점을 포기한다는 의미가 아니다.(반대로, 세상이 '정신적인 것이 되어 간다'는 의미도 아니다. 자연을 인격화할 필요는 없는 것이다.) 이는 나와 세계, 다시 말해 개인적인 것과 주관적인 것이 한편이 되고, 산과 물이 한편이 되어 이 두 부분이 상관관계를 이루게 된다는 의미로, 중국인들이 이 두 부분을 물질적인 것과 관계가 없는 동일한 '현실'로 보고 있음을 뜻한다 — '존재'가 없는 현실이 '무엇인지'에 관해 논해야 할 것이다. 그래야만 그 현실에서 물질적인 것으로부터 정신적인 것으로의 *전환*이 실질적으로 일어날 수 있고, 은유나 분열 또는 몰아가기 없이 풍경이라는 것의 '정신'에 대해 말할 수 있는 것이다.

5. 물질적인 것으로부터 '정신'이 나올 때

1

그런데 이미 취약해져 버린 이 땅에서 우리는 어떻게 진전할 수 있을까? 오늘날 "정신적인(spirituel)"이라는 단어보다 더 신경 쓰이고 의심이 가는 단어는 없을 듯하다. 그만큼 위험을 감수해야 하는 이 단어를 어떻게 사용할 수 있을까? 그런데 실제로 이만큼 타협적인 단어가 또 있을까? 이 단어가 없다는 것을 상상이나 할 수 있을까? 예전부터 ("정신적인 가치"과 같은) 도덕적인 명령에 따라 정신적인 것을 너무나도 추켜세워 왔기에, 그토록 강한 합의와 수용을 두고 우리는 의심을 하지 않을 수가 없었다. 게다가, 우리는 아직도 이것이 지닌 완강한 이데올로기를 두려워한다.(저 오래된 '금욕주의'에서 유래한) '정신주의'에 빠져들까 두려워하는 것이다. 그렇지만 세상을 '물질적인 것'과 '형이상학적인 것'의 두 부분, 서로가 서로의 외부에 놓여있으면서 그 관계가 잘 유지될 땐 서로를 보호하기도 하는 이 두 편으로 나누는 이 편리한 방법을 쓰지 않고서 '풍경의 정신'에 대해 말할 수 있을까? 그렇다면 '풍경의 정신'에 대해 말할 땐 꼭 소위 이야기하는 언덕이 "영감을 받았다"는 의미로 이해해야 한다는 말인가? 꼭 영혼이 다른 곳에서부터 — 보이지 않는 저 너머에서 — 나타나, 교회에 걸려 있는 그림 속의 비둘기처럼 산과 물 위로 내려와 앉는다고 이해해야 하느냐 말이다.

그게 아니라면 이는 그저 단순한 은유화나 의인화가 아닐까? '풍경의 정신'을 말한다는 것은 결국 일말의 탈출구를 마련해 놓고 약간의 감동과 꿈, *전율*을 느낄 수 있도록 하려는 방법, 즉 시적인 미사여구 속에 숨겨진 거친 대립의 날을 조금이나마 무디게 만들려는 방법 아닐까? 이미 나는 물리학이 조성해 놓은 세상에 대한 거대한 객관화 작용에 대해 정서적 밸브 역할을 하는 이 *주관성의 과잉*을 고발한 바 있다. 사실 이는 무엇보다 장식적이면서 그리 부담은 주지 않는 공식으로, 우리(유럽)의 논리적인 구분 속에 숨겨진 날선 대립에 대한 보상 작용을 해 준다.(전통적으로 우리는 과학이 너무 적나라하게 들춰 보였던 것을 어느 정도 덮기 위해 '문학'을 이용하지 않았던가.) 이는 무슨 의미일까? 한마디로 우리가 "풍경의 정신"이라는 표현을 진지하게 여길 필요가 없다는 것이고, 한 자 한 자 따질 필요가 없다는 의미이며, 이 표현이 어떠한 진실을 담고 있으리라 여길 필요가 없다는 소리이다. 즉 이 속에서 어떤 '새로운 사실'을 발견할 것이라는 기대를 갖지 않아야 한다는 의미이다. 사실 거기에서 우리는 심사숙고를 요하는 어떠한 대상도 찾을 수 없다.

그런데 우리 언어 속에 존재하는 '정신'의 여러 의미들을 펼쳐 놓고 상세히 검토하면서 그 원천까지 깊이 들여다보고 있자면, 그 안에서 일종의 불협화음 같은 것, 어떻게 보면 대립의 흔적 같은 것을 인지하게 된다. 그러니까 뭔가 껄끄러운 것을 느끼게 되는 것이다. 우리는 누구나 '정신'에 대해서 (히브리 쪽의) 신학적인 의미에 동의한다. 즉 신의 "숨결" 또는 성령(ruah)이 "강 위에 드리워져 있다"고 보는 것이다. '정신'이 지닌 철학적인 의미, 무엇보다 헬레니즘적인 의미에 대해서도 마찬가지이다. 여기서 정신(noûs, νοῦς)이란 비물질적인 것으로, 바로 몸에서 떨어져 나온 것을 말하며, 생각하는 활동을 지칭한다. 하지만 곧 사라져 버릴 이러한 의미를 가지고 무엇을 할 수 있겠는가? 앞서 언급된 다른 두 가지 의미에 가려 이제는 거의 들어볼 수도 없고 구식이 되어 버린 이 의미를 가지고 무엇을 할 수 있단 말인가? 과연 언제 우리는 '정신'이란 것을 '본체로부터 빠져나온 것'이라고 이해하는가? 이 의미는 지엽적으로, 그러니까 "와인의 정신", "소금의 정신" 또는 "향수의 정신"이란 표현 속에서나 사용되면서 근근이 명맥을 이어 가고 있는 것 아닌가? 정신이란 바로 물속의 침전물이 가라앉은 후 위쪽에서 걸러 내는 맑은 물과 같은 것으로, 본체에서 발산되어 나와 저 끝으로 끊임없이 펼쳐지면서 흐릿하게 사라져 버리는, 감지하기 힘든 어떠한 발현과도 같은 것이다. 하지만 이는 본체와 떨어져 구분할 수 있는 것이 아니다. *아우라* 현상을 보라. 이는 어떠한 본체에 덧붙여진 것이 아니다. 바로 그 본체를 이루는 부분인 것이다.

2

그런데 바로 이렇게 거의 잊혀 버린 의미가 풍경 속으로 들어가도록 해 주는 단서가 될 수도 있다. 왜냐하면 이 의미는 이원론의 매개체나 동력이 아니라 없어져 버릴 위기에 처해 있는 것으로서, 파괴된 이성의 잔재물로서, 과학의 저 거대한 발전 이전부터 이원론의 반대편에 서서 조용히 홀로 작업을 해 온 것이다. 아주 고집스럽고 꿋꿋한 방식으로, 부정할 수 없고 원하기만 한다면 몇 번이고 반복할 수 있는 경험을 통해서 말이다. 그리하여 세상에 대한 저 거대한 이중분할은 순간적으로 흡수되어 사라지고, 물질적인 것과 이를 초월한 것 사이의 소통은 아주 조용히 다시 이루어지게 된다. 와인의 정신이든, 소금이나 향수의 정신이든 또는 풍경의 정신이든 간에, '정신'이란 물질성이 연장되는 가운데 솟아나는 것이다. 물질성과 단절된 것이 아니다. 다시 말해 어디서 떨어져 나와 기적처럼 나타나는 것이 아니라, 점차적인 과정 속에서 나타나는 것이다. 감성적인 것은 이러한 *아우라* 속의 경계를 빠져나온 것으로, 버려진 것이 아니다. 우리는 이 의미가 매우 난해하고 오래되었으며, 결국 받아들여지지 않았던 연금술과 관계가 있다고 말할 수 있지만, 바로 이러한 '세밀함'이나 '세련됨'이 사물과 재료, 육체가 지닌 불투명함과 그로부터 나온 확장된 장 사이에서 변화를 일으키는 것은 분명하다 하겠다.

이렇게 방치되어 있던 이 의미는 그저 유물처럼 여기저기 산재되어 근대 과학이 무시해 버린 세상 속에서 존재해 왔기에, 결과적으로 나의 언어로는 잘 표현할 수 없게 되었다. 그러한 이 의미를 우리는 어떻게 해서라도 되찾아야만 한다. 그렇다면 이 의미는 어디로, 우리가 방치해 왔던 어떤 것의 흔적 속으로 우리를 이끄는가? 사실 근대 과학은 '반계몽주의'를 공격하는 저 위대한 합리성의 권리를 보장하기 위해 그 의미를 없애 *버려야만 했다*. 그리고 이제는 역으로 우리가, 과학의 온상이 된 이원론이 명확성의 효과를 행사한 이후에, 이로 인해 일어난 단호한 분리에 의해 매장되어 버린 그 *가능성*을 다시 찾아내야 한다. 그것의 원천적인 힘을 더욱 진취적으로 활용하기 위해서 말이다. 근대 과학이 우리로 하여금 세상을 살아가는 그리고 풍경 속에서 살아가는, 아니 풍경에 '기대어' 살아가는 우리의 능력 중에서 버리도록 종용했던 것들을 실제적으로 '되찾기' 위해서 말이다.

어찌됐든 풍경을 보다 엄중히 생각함으로 인해 우리는 이러한 상황에 도달하게 되었다. 이제 우리는 우리가 과거에 행한 배제적인 행위를 떠올려야만 하고, 언어를 모두 펼쳐 다시 고쳐야 하며, 분류 체계를 줄줄이 고쳐야 하는 위험을 감수해야만 한다. 사실 우리는 풍경이 왜 더 이상 제한적인 '고장'이 아닌지를 이해하지 못한다. 풍경이 구체적으로 그곳, 세상의 물질성이 추출되어 펼쳐지는 그곳, 그 물질성이 감성적인 것의 한계를 넘어 만져질 수 있는 형태를 초월한 아우라의 형태로 '표출되는' 그곳에 나타난다는 것을, 그러면서도 '산'과 '물'과 같은 고유의 특이한 골조를 포기하지 않는다는 것을 이해하지 못하는 것이다. 사실은 그 활동적인 상관관계, 즉 '바람'과 '빛'의 유희 속에서 '정신'이 나온다. 즉, 이 '정신'이란 감성적인 것과 단절된, 그리하여 더욱 편하게 — '합리적으로' — 조작할 수 있는 피안에 있는 것이 아닌 것이다.

이렇게 해서 풍경은 우리가 두 개의 실체로 완전히 분리했다고 믿었던 '육체'와 '정신', 이 둘 사이에 갑자기 어떠한 연결선이 생기도록 한다. 초월성이란 것이 그 풍경 안에서, 아니 그 풍경을 통해 생기는 것이다. 하지만 매우 감성적인 방식으로, 물질적인 것에서 멀어지지 않고, 또 *다른* 이론적 또는 신학적인 *계획*을 요구하지 않고, 육체와 정신 사이에 일치가 일어나면서 초월성이 나타나는 것이다. 그렇기에 이렇게 되물어야 할 것 같다. 그렇다면 풍경이 우리의 근대성에 대해 보상해 주는 역할을 하는 것일까? 오늘날 우리가 이리도 풍경에 매달리는 것은, 우리가 우리를 제대로 분석해 보지도 않고서 그저 이 풍경에 도움을 청하고 있는 것으로 봐야 하는 것 아닐까? 서구 과학이 눈부신 발전을 하는 데 근원적 힘을 제공한 저 위대한 이원론에 의해 억압된 것을 '문학'으로 포장해 표현은 하고 있지만, 결국 이에 도움을 청하고 있는 것이 아닌가 말이다.

그러니 우리가 완전히 *정리했다고* 믿었던 것을 되돌려 펼쳐 놓기 위해 오래된 용어들을 어두운 곳에서 다시 꺼내 놓는 것에 대해 겁을 먹지 말아야 한다. 감성적인 것은 "발산되어" "맑아지면서" "극도로 순화된다." 그러고는 점점 강도가 높아지면서 맑아지고, 그다음

점점 *희미해져* 간다. 바로 이러한 것이 *아우라*이다. 여기서 우리는 이 "희미해짐"이라는 표현이 지닌 부정적인 내포, 그 의심스럽고 불확실한 의미를 씻어 내야 할 것이다. 그래야만 감성적인 것이 발산되어 속박과 제한으로부터 벗어나는 그 상태를 제대로 말할 수 있게 된다. 감성적인 것이 넘쳐흐르면 결국 초월 상태에 이르고, 그리하여 이것이 "발산되면서" '정신'이라는 것으로 *표출된다.* 와인에서 나는 풍미가 그러하고, 꽃이나 풍경에서 나는 향기가 그러하다. 한 풍경이 지닌 정신적 차원이란 *발산됨*, *희미해짐*이라는, 우리가 신뢰를 부여해야만 하는 이 두 개념과 관련이 있는 것이다. 만약 그러지 않고 정신을 지성적인 의미에만 가두어 둔다면, 우리는 풍경을 이루는 것에 대해 전혀 이해하지 못하게 될 것이다. 풍경의 근원적인 힘을 보지 못하고 지나치게 될 것이라는 소리다.

3

이것이 바로 풍경에 대한 나의 또 다른 정의로, 이는 이전의 정의와 유사하면서 그에 호응한다. 즉 지각적인 것과 감정적인 것 사이의 경계가 사라지거나 또는 지각적인 것이 동시에 감정적인 것으로 나타날 때 풍경이 나타나기도 하지만, 만져지는 물질적인 것과 정신적인 것 사이의 단절이 없어져 버릴 때, 정신적인 것이 *물질적인 것에서부터 빠져나올 때* 역시 풍경이 생긴다는 말이다. 풍경의 특성이란, 즉 고장을 풍경으로 격상시켜 주고 '풍경'이 나타나도록 만들어 주는 특성이란, 바로 우리를 이러한 변환의 상태로 끌어올려 주고 ― 높이 들어 올려 주고 ― 이러한 변화가 드러나도록 만들어 주는 것을 가리킨다. 풍경은 우리를 들어 올려 정신적인 것에 닿도록 한다. 단, *자연 속에서*, 세상 속에서, 세상의 지각 작용 속에서 말이다. 내가 몸소 살고 있고 거닐고 있는 산과 물이 있는 세상 속에서, 단단함과 흐름, 시각적인 것과 청각적인 것, 흐릿함과 투명함이 번갈아 나타나는 그 속에서 말이다. 풍경이란 세상이 그 활발한 상관관계를 통해 그 자신을 발산시키며 열릴 때, 그리하여 우리로 하여금 그것을 느끼도록 할 때 나타난다.(여기서 "발산"이란 것이 아주 중요한 용어이다.) 그것은 이제는 초월을 포기해야 한다는 의미가 아니다. (초월성을 극도로 부인한 사상은 모두 다 사라지지 않았는가.) 더 이상 초월이라는 것을 (어떤 다른 세상으로의) 도피로 이해하지 말아야 한다는 의미이다. '정신적인 것'을 '존재'로 이해하지 말고 과정적인 것으로 보자는 소리이다. 바로 이럴 때 풍경은 우리에게 *새로운 무언가를 보여 준다.*

이제 우리는 왜 중국이 '풍경'을 명명한 ― 생각한 ― 첫 번째 문명이었는지, 왜 풍경이 중국 철학자들의 눈에 바로 이러한 '새로운 발견'의 장소로 나타날 수 있었는지를 더 잘 이해할 수 있다. 추상적으로 구분되어 있는 감성적인 것과 그 이상의 것 사이에 확실한 구별을 짓지 않았기에, 중국은 정신적인 것이 *물질적인 것 내에서* 현상적으로 펼쳐진다는 것을 거리낌 없이 생각해 낼 수 있었던 것이다. 풍경은 세상 내에서 세상의 발현 또는 초월이 이루어지는 곳이고, 한계

속에서 무한으로 열리는 장소이다. 우리가 "현실적인 것"라 부르는 것을 다룰 때 중국 철학이 가장 먼저 불러들이는 그 기본 용어(기, 氣)가 존재와 사물들, 그리고 그것을 관통하며 힘을 불어넣는 유동적 흐름들의 근원임을 우리는 기억해야 한다. 여기에서 '물질'일 수 있는 것과 '정신'일 수 있는 것 사이의 대립은 무너져 버린다. 이 용어의 원시적 표기법은 구름의 모양을 상기시키며, 익히고 있는 중인 밥에서 나오는 수증기처럼 이해되기도 한다. 그리하여 이 단어는 갑자기 우리를 지각할 수 있는 것에서 지각할 수 없는 것으로의 전환 속에 붙들어, 힘이 펼쳐지면서 발산되는 그 상태를 겪게 만든다.

기(氣)는 중국에서 가장 기본적인 개념으로, 중국인들은 그것을 일반적인 생각으로 당연하게 받아들였다. 적어도 서양 그리고 서양이 들고 온 과학을 만나기 전까지는 말이다. 중국은 이 개념에 대해 어떠한 편견도 지니고 있지 않았다. 여러 글이 있지만 다음과 같은 대목은 태초의 거대한 '비어 있음(Grand Vide)'에서 풍경이 형성되고 산과 물 사이의 상호 관계가 만들어짐을 되풀이해 말해 주고 있다.[35]

태초의 공허에서 펼쳐 나간 기(氣)는 올라갔다 내려가며 쉼 없이 전진한다.

이것이 바로 비어 있음과 차 있음이, 움직임과 쉼이 가지고 있는 힘이고 음과 양, 딱딱함과 유연함의 시작이다.

---

35) Zhang Zai, in *Jinsilu* compilé par Zhu Xi, chap. 1.

떠 있으면서 상승하는 것, 이것이 양(陽)이 가진 명쾌함이요, 낮아지면서 하강하는 것, 이것이 바로 음(陰)이 가진 혼돈성이다.

격려와 소통 속에서, 모임과 흩어짐 속에서 바람과 비가 형성되고, 서리와 눈이 생기며, 무수히 존재하는 것들의 끊임없는 흐름이 만들어지고, 산과 물이 섞여 하나 됨이 이루어진다.[36]

이 글은 풍경에 대한 고찰을 담은 것이 아닌, 존재와 사물의 근원과 그 진보의 과정을 총체적으로 다룬 일반적인 텍스트이지만, 어쨌든 논리상 풍경 이야기로 끝을 맺고 있다. '산'과 '물'의 그 중요한 상관관계에 대한 이야기로 끝을 맺고 있는 것이다. 사실 이러한 끊임없는 상호 작용에서 유래한 물리적인 것들의 출현을 보고 있자면, "산과 물"은 세상을 만들어 낸 저 거대한 솟구치는 힘의 전반적인, 그리고 당연한 표현으로 보인다. 더 자세히 말해 *양*과 *음*은 여기 이 에너지라는 재료(氣)의 대립하면서도 서로를 보완하는, 그리하여 극성을 띠게 되는 두 가지 양태이다. 상승하고 맑아지는 *양*의 성향은 기를 '청명함'[淸]에 닿게 하여 결국 '정신적인' 고양에 이르게 한다. 반면 하강하고 엉겨 붙는 *음*의 성향은 침강하면서 기를 무겁고 '탁하게'[濁] 만드니, 사물의 불명료함을 만들어 낸다. 내재적으로 이루어지는 이러한 과정을 배우기 위해 "와인의 찌꺼기나 화덕의 재"

---

36) (역주) 이 글의 작가인 장재(張載, 1020~1077)는 중국 송나라 시대의 사상가로, 성리학의 기초를 닦았다.

까지 찾을 필요는 없다. 즉 최소한의 잔재물이 증명해 주듯, 기를 다시금 나타나도록 만드는 것은 그 상호 관계의 거대함으로 세상을 감싸는 풍경의 소관인 것이다. 이러한 긴장 관계의 작용은 풍경 내에서 활발히 이루어지며 *자연스럽게* '정신(精神)'으로 '가다듬어진다.' 또한 다른 차원의 세상으로부터 나온 것이 아닌 만큼, 만져질 수 있는 형태들로 발현되는 이 '풍경의 정신'은 그 *아우라*를 통해 다른 세상을 향해 구원을 청하지도 않는다.

4

우리는 여기서 유송(劉宋) 시대 역사서의 '열전' 부분에서 다루고 있는 한 학자의 삶에 대해 이야기하고자 한다. 그는 산과 강을 좋아하고 "집에 돌아가는 것을 잊어버릴 정도로" 오래 산책하기를 좋아했다. 그의 "풍경에 대한 애정"을 공유했던 아내와 함께 그는 서쪽으로는 형산(荊山)과 무산(巫山)에 올랐고 남으로는 형산((衡山)에 올랐으며, 바로 그 형산에 작은 집을 짓고 상평(尙平)의 뜻을 품고자 하였다. 어려운 시기를 겪은 후, 가족이 궁핍해져 그를 도울 수 없게 되자 그는 땅을 일궈 경작을 하며 생계를 이어 간다. 나라가 그에게 관직을 제안하지만 그는 다음과 같은 말로 거절한다. "저는 삼십 년도 넘게 산을 좇아 다녔고 계곡의 물을 마셔 왔습니다." 황제도 그의 대답을 인정했다. 이후로도 계속해서 관직의 제안을 거절한 뒤 그는 장량으로 되돌아갔다. "몸이 늙어 가고 아프니, 모든 명산들을 더 보지 못할까 걱정이 되는구나. 이제 내적으로 나를 순화하고 도를 닦으며 여기에서 거닐어 보겠노라…." 그리하여 "그는 집에서 예전에 거닐었던 모든 장소들을 그렸다." 그것은 그 시대에는 완전히 새로운 형식의 그림이었다. 그는 낮 동안에는 누운 채 비파를 튕기면서 이 풍경들을 바라보았다.37)

이러한 삶을 보면서 우리는 무엇을 생각해야 하는가? 이 몇 마디로 이루어진 글을 보고 무엇을 상상해야 하는가? 삶 전체가 풍경 안에 녹아 있으면서 응축되어 그 사람 자체가 되어 버리는 것 외에 또 무엇을 상상할 수 있을까? "~로(de)"라는 전치사를 이리저리 활용하다 보니, 이제 이 학자가 "풍경으로 살았다"라고 말할 수 있을 것 같다. 저 너머의, 무한의 것에 대한 그의 '갈망'은 그 속에서 채워지고, 그리하여 그는 전혀 지치지 않고 삶을 지속시켜 나갈 수 있었던 것이다. 풍경 안에서 부족함이란 사라져 버린다. 실제로 그는 정치적 욕망을 완전히 포기한 후 '산과 물'에 둘러싸여 있었기에 옹색함에서 벗어나고 편협함을 넘어설 수 있었다. 그는 풍경 속에서, 그리고 풍경을 통해서 세상을 벗어나고 싶었던 것이다. 하지만 '저 너머'로의 끌림에 의해 이 세상을 벗어난다고 그가 다른 세상으로 가는 것은 아니다. 이러한 풍경의 열림은 그로 하여금 세상 속에 존재하는 닫히고 폐쇄된 것, 그리하여 실망스러운 것, 가혹한 것, 겁나는 것으로부터 벗어나게 해 주었던 것이다. 그리 소중히 여기던 부인이 세상을 뜬 이후,

---

37) *Songshu*, chap. 93 속의 그의 전기에 나온 내용이다.

그는 당시 중국에 퍼지기 시작하던 불교에 입문하게 된다. 그런데 그는, 한 손에 아우구스티누스의 『고백록』을 들고 방투 산에 올라 산 정상에서 눈 아래 펼쳐진 '광경'들이 내보이는 허영심에 대해 탄식을 한 페트라르카[38]처럼(이는 기록에 남아 있는 첫 유럽 등반이다) 행동한 적이 없다. 이 중국 식자의 경험은 이와 정반대이다. 그는 바로 풍경 속에서, 풍경에 의해서 초월의 경지에 닿았던 것이다.

이 학자는 4~5세기 중국의 초기 화가들 중 한 명인 종병[39]으로, 한 페이지 분량의 첫 풍경화 개론을 썼던 인물이기도 하다. 종병의 이 글은 풍경을 어떻게 생각해야 하는지에 대한 방법을 개척한 사상 최초의 글로, 유럽에서 이 개념이 나오기 천 년도 더 전에 쓰인 것이다.[40] 그런데 그가 남긴 진술을 보면 처음에 그가 매우 단호한 태도를 취하고 있음을 알 수 있다. 그는 "풍경", 즉 "산수를 보니" "그 안에는 물질성이 있으나 결과적으로는 정신적인 것으로 가고 있다[質有而趣靈]"라고 적었다. 풍경은 '물리적인 성질'로 이루어져 있지만, 동시에 정신적인 면으로 흡수되는 것이기도 하다. 그리하여 풍경은 본질적으로 무력함이 아니라 솟구치는 활기찬 힘을 갖게 되는 것이다. 이 둘(물질적인 것과 정신적인 것)은 분명 구분되는 것이나, 우리는 그 사이를, 한편에서 다른 한편으로 끊임없이 오간다.

---

38) (역주) 프란체스코 페트라르카(Francesco Petrarca, 1304~1374)는 이탈리아의 대문인이자 인문주의자였다.

39) (역주) 종병(宗炳, 374~443)은 남북조 시대 송나라의 화가이다.

40) *Hua shan shui xu*, in *Leibian*, *op. cit.*, p.583.

바로 풍경을 *통해서* 말이다. 사물의 물질성[質]과 비교했을 때, 영(靈)이란 용어는 긴장 상태에 있으면서 수그러지지 않는 열망을 뜻한다. 바로 이러한 영의 역할로 인해, 풍경 속에서 우리가 하는 경험은 우리를 이끄는 강한 선구자 역할을 하게 되고 그 속에서 초월성이 만들어져 *즉각적으로* 우리에게 새로운 것을 보여 주는 것이다.

하지만 정말 어떻게 풍경은 그 자체로 '초월'의 장소가 될 수 있는 것일까? 초월성을 넌지시 넘보는 데에서 나아가 어떻게 그 속에 들어갈 수 있을까? 종병은 한없이 풍경을 만들어 내는 것을 찬찬히 살피며 이에 답하니, 곧 "숭산(嵩山)과 화산(華山)"을 언급한다. 그에 따르면 실제로 그곳에서는 초월성이 감지되고 인지된다고 하는데, 그렇다고 이러한 초월성이 "장관"으로 나타난다고 하지는 않는다. 높고도 눈부신 이 산들은 한편에서는 빛을 통해 드높은 자태[秀]를 드러내며 그 윤곽을 뚜렷이 보여 주고 있지만, 동시에 빛이 들지 않는 어두운 다른 한편에는 모태 속의 어두운 홈처럼 태초의 비어 있음을 담고 있다. 이것은 바로 노자가 생명 생산의 힘에서 생긴 "정신의 활력"이라 칭한 것과 같은 것이다[玄牝之靈]. 풍경, 그 안에 있는 산의 봉우리와 움푹 팬 곳, 산의 밝은 정상과 그늘진 골짜기(양과 음은 본래 각각 산의 양지바른 비탈과 응달진 사면을 가리킨다)는 바로 저 너머로 열려있는 이 세상의 긴장감이 나타난 것이다. 희미한 빛이 드는 계곡에서 산의 능선은 빛을 받아 눈부시게 자신을 드러나며 산들을 하나하나 구분해 주지만, 그렇다고 각 산의 형상이 확실하게 드러나는 것은 아니니 이들은 아직도 서로 뒤섞인 모습을 보여 주는 것이다. 바로 이렇게 풍경 그 안에 끝도 없는 무한한 자산, 태초의 흐름과 물질적 흐름으로 이루어진 그 자산이 투명하게 드러난다. 이로 인해 세상은 끊임없는 변화를 이어 나갈 수 있게 된다. 풍경은 이렇게 물리적으로, 아니 보다 현상학적으로 "하늘과 땅 사이[天地之間]"에, 즉 존재를 끊임없이 발전시키면서 결국 그 *세상을 빠져나가도록 만드는* 기초적인 상호 작용 속에 우리를 밀어 넣는다.

5

이렇게 우리는 *풍경을 통해* '정신'에 접근하게 된다. 풍경이 안에 담고 있는, 그 물질성 안에 품고 있는, 솟구치는 무한한 그것을 가까이 하게 된다는 것이다. 정신은, 한편으론 풍경을 촘촘히 이루고 있는 수많은 자극들에 '동요되어' 증진되는 것으로, 무엇보다 인간이 지니고 있는 것이다. 뒤이어 종병은 "정신이 초월하고[神超]" "사물의 이치에 닿는다[理得]"고 썼다. 그런데 정신은 *기*가 질적으로 정제되고 고조된 것이라고만 생각해야 할까? 분명 종병은 어느 순간부터 불교의 영향을 받았던 만큼 이러한 추진력과 근본적인 힘에 대한 생각을 정신의 비물질성(이는 우리 유럽인들이 알고 있는 "성령"이 지닌 종교적 의미를 연상시킨다)과 연결시킨다. 마치 우리가 이를 노자와 연결시켜 생각하는 것처럼 말이다. 여기 이 문구는 아직도 매우 어렵게 느껴지지만, 그래도 그 의미를 최대한 살려 옮겨 보고자 한다. "근본적으로 정신에는 한계라는 것이 없다[神本亡端]. 정신은 교감을 일으키며[感類] 감성의 구현 속에 머물고[栖形], (그리하여) 사물의 이치는 그늘과 흔적 속으로 스며든다[理入影迹].”

내가 보기에, 우리는 *풍경 안에서* 형이상학적인 것과 아슬아슬하게 맞닿아 있다. 현실 속 두 개의 질서가 분리되는 곳 바로 옆에 있으면서, 그 구분의 선을 넘지는 않고 있는 것이다. 형이상학적인 것이 나타난 그 *단절된 틈*으로 빠져들지 않는다는 것이다. 사실 이러한 구분은 실제로 세상의 구분으로 이어지지는 않는다. 이는 한쪽과 다른 한쪽을 동시에 생각하도록 만든다. 즉 정신의 초월과, 풍경이 그러한 초월성의 표현이라는 것을 동시에, 어느 한쪽에 대한 모자람도 없이 생각할 수 있게 만드는 것이다. 만약 우리가 이러한 이중적 요구를 지켜 내면서 이 개념들의 활용에 전문성 부족을 보충하려 노력한다고 해도, 이러한 중국의 사유는 유럽으로 쉽게 받아들여지지 않으리라. 한편에서 정신은 절대적 가치를 갖게 되고 현상적인 것을 축소시키면서 감성의 실현 저 너머에 '뿌리를 내리게' 된다. 다른 한편에서 정신은 그 안의 지속적인 힘을 유지하면서 감성적인 것 속에 편하게 '자리를 잡으니', 그 결과 대응점들이 유발되어 감성적인 것을 통한 소통의 고리가 만들어지게 되고, 그 가운데 이뤄지는 각각의 개별화는 (대응의) '흔적'을 지니게 된다. 이처럼 풍경이란 상관관계가 있는 요인들을 서로에게 끊임없이 열어 놓고 극성이 이루어지도록 함으로써 정신의 이러한 '초월성'이 *세상에 자연스럽게* 표현되도록 만든다. 그리고 될 수 있는 한 가장 넓고 가장 강하게 표현되도록 만든다.

풍경은 그것이 비롯된 내재성 속에 정신의 *초월성*을 담고 있다. 5

세기 초 중국에서 발생한 이 풍경에 대한 사유는 절대적인 것을 뚫고 그 속으로 침투해 들어가는 사명을 지니고 있었다 해도 과언이 아니다. 그렇다고 세상과의 연을 끊기를 요구하지는 않으니, 이것이 바로 풍경의 '목적'인 것이다. 말하자면 여기 이 사유는 종교에 비할 만한 것으로, 종교적인 것과 섞이기도 하지만 동시에 종교를 대체하면서 저쪽의 다른 세상에 대한 교리와 믿음을 전달해 주기도 한다. 풍경은 이곳에 있지만, 저 너머와 통해 있는 것이다. 풍경에 대한 사유를 그리도 중시하는 이유는 바로 풍경이란 것이 물질성을 열어 펼치기 때문에, 저 끝 보이지 않는 세계까지 펼쳐 열어 놓기 때문이다. 너무 실질적인(존재론적인) 것에만 집중하게 하는 "~하는 것(ce qui)"이란 표현을 빼고, 중국에서는 누구나 알고 있는 "길[道]"이라는 모티브를 가져와 생각해 보라. 풍경이라는 '길을 통해' 우리는 보이지 않는 저 세계가 지닌 끝도 없는 깊음을 본질적으로 감지하게 되는 것이다.

그리하여 우리는 '육체'와 '정신'이라는 두 용어를 연결하면서만 풍경에 대해 사유할 수 있게 되었고, (풍경에 대한 위대한 철학가 왕미[41]가 남긴) 소중한 글귀를 읽을 수밖에 없다. "물질적인 것의 실현 속에 뿌리내리고 있는 것, 그 안에 정신적인 것이 녹아 들어가 있다." [太乎形者融靈][42] "녹인다"는 단어를 살펴보자.(이는 용해되어 서로

41) (역주) 왕미(王微, 415~443)는 위진남북조 시대의 산수화가이자 산수화 이론가이다.

42) Wang Wei, Xu hua, in *Leibian*, *op. cit.*, p.585. (역주) 원문을 직역하자면 "본래 형(形)이라는 것에는 영(靈)이 융합되어 있다" 정도로 옮길 수 있다.

섞이면서 결합된다는 뜻이다.) 이 한 단어가 상호 침투하여 모든 것을 공유한다는 의미와 단단한 것이 유동적인 것이 된다는 의미를 동시에 담아낸다. 이 용어는 특히 구분하지 않는다는 뜻을 지니고 있으며, 그리하여 이원적 체계를 밀어내고 있다 할 수 있다.(플라톤 학파가 제시한 저 유명한 "분할하다(temnein, τεμνεῖν)"의 반대의 뜻을 지니고 있는 것이다.) 동시에 이 단어는 명사로서, 중국 풍경에서 볼 수 있는 골짜기 저 안에서부터 피어오르는 따뜻한 수증기, 사물의 윤곽을 흐리게 하면서 *아우라*처럼 사라져 버리는 안개를 가리키기도 한다.

시를 가지고 이야기를 해 보자. 다음은 우리가 이미 다룬 바 있던 중국의 첫 번째 산수 시인이자 앞서 거론된 화가들과의 동시대를 산 사령운의 시다. 여기서 우리는 산과 물 사이에 얽힌 상관관계의 작용부터 풍경 안에서 '나타나는' '정신적인 활동'까지, 그가 관심을 쏟고 있는 것을 계속 따라가게 된다. 이 시에서 산은 더 이상 그 맥을 따라 물이 흐르는 곳이 아니라, 장강의 휘몰아치는 물줄기 중심에 우뚝 솟아 있는 곳이다.(시의 제목은 '강 속의 외로운 섬에 올라'[43]이다.[44])

雲日相輝映(운일상휘영) : 구름과 해는 서로 환히 빛나고
空水共澄鮮(공수공징선) : 하늘과 강물은 함께 맑고도 곱다

43) ≪Deng jiang zhong gu yu≫.
44) (역주) 원문 제목은 '등강중고서(登江中孤嶼)'이다.

表靈物莫賞(표령물막상) : 사물 사이에 정신적 활동이 나타나나 그 누구도 감상하지 않는다

(…)[45]

두 행의 중간에 등장하는 "서로[相]"와 "함께[共]"를 살펴보자. 요소들의 조화는 그들의 소통을 도우면서, 각각을 각자의 사물성으로부터(힘의 뻗어 나가는 성질이 아니라 그 정지된 성질로부터) 벗어나도록 만든다. 이때부터, 풍경이 만들어진다는 것은 물질성이 그 자체에 빠져들어 어둠 속에 갇혀 정체되는 것이 아니라, (해와 구름처럼) 빛나면서 투명하여 관통될 수 있으며 (하늘과 강물처럼) 맑고 명확해지는 것이 된다. 초월성이란 바로 이러한 증진의 상태에 담겨 있는 것으로, 이때의 증진이란 다른 쪽으로 열리면서 그 고유성에 있어 사물화를 뛰어넘는 다음 단계로 향하는 것이다. 시인은 풍경이 이를 "나타낸다(표출한다, 表)"고 표현하고 있다. 그렇다면 이는 감성적인 것 속에서 내재적으로 계속 펼쳐지면서 감성을 증진시키는 그 초월성과는 다른 종류의 초월성일까? 시인이 결론에서 말하려는 "현인(이를 뜻하는 중국 한자인 '仙'의 모양을 보면 인간과 산을 합한 것이다)"들에 관해 살펴보면 이에 대한 답을 알 수 있다. 현인(또는 신선)들은 저 먼 산속에 은둔해 살고 있는, 삶을 구속하는 인

45) (역주) 생략된 마지막 행은 다음과 같다. 蘊眞誰爲傳(온진수위전) : 감춰진 진리를 누가 전할 것인가.

과적 연관 관계에서 자유로운 이들로, 자연 속에서 "생명을 강하게 이어 나감"으로써 거의 "영생"에 이르게 되는 이들이다. 그런데 중국에서는 우리 서구에서 그랬던 것처럼 이들의 '영원성'을 가지고 공상에 빠지거나 하지 않는다. 왜냐하면 여기 중국엔 존재와 정체성이라는 도구가 존재하지 않기 때문이다.

6

*아우라*의 개념을 사유하는 데에는 항상 몇 가지 어려움이 있다. 발터 베냐민이 이미 이 개념을 썼음에도 말이다. 이는 '아우라'가 '신비한 힘'이나 '숨'과 같은, 우리가 구시대적이라 여기는 옛날의 생리학하고만 관련이 있는 것이 아니기 때문이다. 아우라는 신체에서 발산되는 것, 즉 물질에서 조심히 빠져나가 그 물질을 분산, 확산시켜 버리는 것을 가리키기도 한다. 또한 아우라가 어떤 존재들의 몸을 후광으로 뒤덮고 이를 믿는 자들만이 그것을 볼 수 있다고 할 때, 이때의 아우라는 위험하게도 신비주의와 연관되어 이야기되기도 한다. 서구에서 만장일치로 채택되었던 분리의 사유가 가장 경멸하는 것, 아니 가장 혐오하는 것이, 이렇게 불분명한 방식으로 거론되고 있는 것이다. *명확하지 못한 것*, 즉 분리될 수 없고 증명될 수도 없는 부정확하고 애매한 것 말이다. 이는 다시 말해 어느 범주에도 속하지 않는 것이고, 사이의 경계를 희미하게 만들어 버리는 것이다. 이쪽과 저쪽의 질서 중 하나와만, 즉 육체적인 것과 정신적인 것 중 하나와만 관련

을 가지지 않고, 둘을 분리하지 않는 것이다. 분위기나 영향력과 같이 경계 없이 퍼져 확산되는 모든 것이 그러하듯, *아우라* 또한 존재에 대한 사유와 가장 반대되는 것과 연관성을 가지고 있고, 그렇기에 한계의 압박을 피할 수 있게 되었다. 그 결과 *아우라*는 존재에 대한 사유가 다루기 원치 않는 부분이 되어 버린 것이다.

그런데 골짜기 저 아래에서 피어올라 산의 굽이친 모양새를 흐리고 희미하게 만들면서 하늘로 사라져 버리는 이 희뿌연 수증기의 이미지, 극동 아시아 어디에서나 볼 수 있는 이 광경을 보게 되면, *아우라*의 개념을 떠올리지 않을 수 없다. *아우라*의 개념이란 바로 한정된 것, 정의되어 표시된 것, 존재론적인 것을 해체하는 것이기 때문이다. 다시 말해 이는 풍경이 물질적인 것을 넘어선 곳으로 나아가면서 지니고 있던 거대한 무게를 흐트러뜨리는 방식을 말하는 것이다. 중국의 시학에서 언급하는 것처럼 "맛 너머에 맛[味外味]"(사공도[46])이 있듯, "풍경 너머에 풍경[景外景]" 또한 있는 것이다. "따뜻한 볕 (아래) 푸른 들이 있고, (숨어 있는) 아름다운 옥에서 안개가 피어난다. 이를 (멀리서) 바라볼 수는 있으나, 눈에 그대로 담지는 않는다."[47] 중국어 그대로를 풀이하자면 풍경이 그가 지닌 물질성으로부터 *빠져나온다*는 뜻으로, 풍경 속의 딴딴함(묵직함, 응집됨)이 덜함으로 인해 빠져나와 생겨난 것들이 강화되면서 풍경으로 발전하게 된다는 의

46) (역주) 사공도(司空圖, 837~908)는 중국 당나라의 시인이다.

47) Sikong Tu, ≪Yu Ji Pu shu≫, *in* Guo Shaoyu, *Zhongguo lidai wenlunxuan*, Zhonghua shuju, t.1, p.500.

미이다. 풍경은 응고된 것들과 동떨어져 있는 것이 아니라 그 응고물에서 *추출된* 것이니, 이는 마치 꽃에서 향기가 추출되는 것과 같은 원리이다. 즉 이는 '자신을 정련하고' '스며들도록 하는 것', 다시 말해 어떠한 성격의 물질성 안에도 갇히는 것이 아니라 *걸러져 맑아진다는* 의미이다.

여기서 우리는 중국 산수화에서 관용구가 되어 버린 한 표현과 함께 아우라 개념을 자세히 생각해 볼 수 있을 것 같다. 이 표현에 따르면 풍경이 지닌 물질성이 더 이상 방해하지 않을 때, 그 속의 두터운 어두움이 흩어져 버릴 때, 그 불투명함이 그것을 넘어서는 어떠한 힘에 의해 관통되어 버릴 때, 그리고 이러한 민감한 움직임이 사방으로 퍼져 나갈 때, 바로 그때에야 풍경이 생긴다고 한다. 이 문구를 한자씩 풀이해 보자면, "실현된 형태"를 칭하는 형(形), "움직이는 힘"을 가리키는 세(勢), "에너지의 흐름"을 나타내는 기(氣), "지각할 수 있는 표현"을 말하는 상(象)이다. 여기서 다시 한 번 이 매끈한 공식을 뒤흔들어, 분석적으로 분해해 보자. "실현된 형태"의 "형"이란 물질적인 형상으로 개별화되어 있는 것을 말한다. "움직이는 힘"의 "세"는 이러한 형상들을 가로지르면서 이들을 쭉 펼쳐 전개하는 힘의 선들을 구성하는 것이다. 그리고 여기에 쏟아 부은 "기"는 점점 그 속에서 퍼져 나가 이 형태들에게 힘을 주는 것이다. "지각할 수 있는 표현"인 "상"은 풍경 전체를 감싸 안고 이를 외관상으로 표현하는 것, 그러면서 그 풍경에 우리가 말로 다 표현할 수 없는 것을 부여하는 무언가라 하겠다. 이는 곧 '분위기(air)'를 말하는 것으로, 얼굴의 "분위기"라 말하듯 우리는 풍경의 "분위기"라 표현할 수 있는 것이다.

이 네 개의 글자를 두 개씩 끊어서 "형세"와 "기상(분위기-인상)"으로 읽을 수도 있다. 전자는 무엇보다 (지형의) 굽이치는 모양과 관계가 있고, 후자는 날씨가 만들어 내는 순간과 관계가 있다. "풍경은 하늘과 땅이 지닌 형태와 힘(형세)이요, 바람, 비, 어두움, 밝음의 작용은 풍경이 가지는 분위기(기상)이다."(석도[48]) 하지만 보통 이 네 개의 글자는 하나씩 이어서 차례로 읽어 내려가는 것이 관례이니, 이 네 개가 하나의 진행 과정이 되어 '아우라'적인 풍경을 구성하는 것이다. 이 공식을 뒤흔들지 않고 우리가 지닌 형이상학적 사유를 깨뜨리면서 설명해 보면, 풍경이 지닌 물질성에서부터(形) 힘의 줄기가 뻗어 나오니(勢), 이 힘의 줄기는 바로 에너지-호흡(氣)의 요소들로, 이 요소들은 무한히 펼쳐지면서 감지될 수 있게 형태로 표현된다(象)는 의미이다.(곽희[49]) 이렇게 맑아진 부분만을 걸러 내는 과정을 통해 생긴 풍경의 아우라라는 것은, 마찬가지로 내적인 판단의 '정제' 과정을 거쳐서만 이해될 수 있다. 곽희가 이르길 "나무와 샘의 정신"으로 풍경을 대한다면 그 풍경의 가치는 높아질 것이나, "경시하는 눈길로" 대한다면 그것은 아무런 가치도 지니지 못한다 하였다.

풍경이란, 한정되고 확실하게 표식이 되어 정지되어 버린 특성 때문이 아니라, 풍경을 가로지르면서 결과적으로 그것에서 발산되어

48) (역주) 석도(石濤, 1642~1707)는 명말 청초의 화가이다.

49) *Linquan gaozhi*, *op. cit.*, p.17.

나와 경계 없이 널리 퍼져 나가는 것, 바로 이러한 특성으로 인해 "가치를 가지는 것이다." 다시 한 번 말하지만, 우리는 이 시점에서 모든 것을 실체화시키는 "것"을 포기하고 언어를 수정해야만 한다. 풍경에 대해 사유하고 싶다면, 일치와 귀속에 얽매인 어휘(더 나아가 문법)를 깨뜨려야 하고, '존재하는' 것과 '존재하지 않는' 것 사이의 차이, 그리고 능동적인 것과 수동적인 것 사이의 차이까지 성큼 뛰어넘어야 한다. 이래야만 우리는 '서로에게 종속되지' 않는 영역, 다시 말해 본질적으로 '관여성'을 갖지 않는 영역으로 들어갈 수 있는 것이다. 이때의 영역이란 더 이상 본질을 가지지 않는 영역, 즉 바로 유동설(mobilisme)이 말하는 "모든 것이 움직여 흐르는" 상태를 말한다. '존재'의 영역이 아닌 '*~사이*'의 영역, 관통하는 것, 뚫고 들어가는 것, 발산하면서 흡수되어 들어가는, 사라지면서 뒤덮어 버리는 것의 영역을 말하는 것이다.

7

풍경을 아우라의 형태로 펼쳐지게 하는 이 정제 과정에 대한 표현을, 우리는 이미 중국의 산수화의 특징을 처음으로 논했던 글들 속에서 찾을 수 있다. 풍경에 대한 사유를 처음으로 시도했던 종병은 바로 산수화의 특징 속에 이러한 과정이 담겨 있음을 보여 주고 있다. 곤륜산맥의 산들은 거대하나 우리의 눈은 너무 작기에, 아무리 눈을 가까이 가져간다 해도 이 산들의 형태는 제대로 파악되지 않는다. 그런데 반대로 산에서 멀어지다 보면 그 드넓은 풍경이 비로소 한눈에 들어오게 된다. 광활하게 뻗어 있는 산들이 한 폭의 종이에 그려지는 것도 이와 같은 원리로 이루어진다. 풍경이란 멀찌감치 떨어져 있을 때 인지되는 것이고 그림이란 이처럼 *멀리 벗어남*을 그 속에 담고 있는 것이니, 풍경이란 그 자체로 윤리적 가르침보다도 더 나은 '교육'인 것이다. 종병이 이르길 "구름으로 뒤덮인 산들"을 그리는 것은 가장 오래된 고전들 속에 적힌 원칙들을 "찾아내어 읽는 것"보다, 또는 그 책들의 어구 속에서 나온 한없이 복잡한 의미 속에 "빠져드는 것" 보다 현명함에 이르는 확실한 방법이라고 했다. 그리하여, 만약 그림이 풍경에 이르게 하는 확실한 매개물이라면, 풍경은 현명함, 깨우침에 이르게 하는 *확실한 매개물*이라 할 수 있는 것이다.

이러하기에 중국이 풍경에 대해 말하는 것을 주의 깊게 들어야만 한다. 부풀리거나 과장하는, 아주 작은 '문학'적 표현도 그냥 넘어감이 없어야 한다. 종병에 따르면, 풍경은 우리에게 절대적인 것에 이르는 길을 가르쳐 주면서 깨달음에 이르게 한다. 현명함(깨달음)과 풍경이 서로 대응을 이루고 있다는 것이다. (부처가 가르친 것과 같은) 현명함에 이르는 길과 (그림이 표현하는 것과 같은) 풍경이 가지고 태어난 특성 사이에 유사성이 있다는 것이다. 현자와 풍경은 서로를 마주 보며 완성되어 간다.

현자는　　그 정신을 통해　　　　　　도(道)에게 형상을 입힌다.
산과 물은　현실 속 그들의 형태를 통해　도(道)에게 마음이 가도록 만든다.

풍경은 현자의 가르침을 이어받아 감성 속에서 표현하면서, 그의 가르침을 매력적으로, "사람을 끌도록[媚]" 만든다. 이에 대해서는 이미 머리말에서 언급했으니, 도를 품고 있는 현자는 세상에 존재하는 모든 것을 그 속의 빛으로 밝힐 수 있는 인물로, 이렇게 자신의 내부적 판단력을 정화하는 인물은 세상의 현상성을 "맛볼 수 있는[味象]" 자인 것이다. 종병의 이 위대한 글 끝에 설명되어 있듯이, 풍경이 지닌 일만 개의 특성[萬趣]은 모든 세대를 비추는 현자의 가르침의 영향을 받아 생긴 생각을 조화롭게 담아낸다. 여기 쓰인 "조화롭게 담아낸다"는 것은 이미 앞에서 이원론을 방해하는 데 쓰였던 동사인 융(融)을 가리킨다. 즉 풍경이란 끊임없이 움직이는 속에서 끝없는 다양함을 지니게 되면서, 절대적인 것을 감성적인 것과 '융합되도록' 만드는 것, 이들을 혼합하고, 섞고, 합치는 것이다.

이 복잡한 의례와 교리 속에서 가르침을 얻었다고 했을 때, (부처와 같은) 현자에게서 결국 무엇을 배우게 되는가? 그것은 바로 각자가 스스로 부처의 본성에 다다를 수 있다는 것이고, 우리가 정신을 펼쳐서 '인식하는(réaliser)' 것의 바깥에는 '현실'(즉 진실, 이상, 또는 절대적인 것이라 불리는 그것)이 없다는 것, 거기까지가 다라는 것이다.[暢神而已] 또한 이는 모든 관계, 모든 맺음, 자기 정신과 맺어진 관계까지 포함한 모든 관계에서 벗어날 때 가능하다는 것이다. 그렇다면 우리가 *분출*에 의해 풍경에 다다르게 될 때, 이 풍경이 우리로 하여금 느끼게(경험하게) 하는 것은 무엇인가? 그것은 바로 산과 물의 상관관계를 통해 실현되는 모든 것, 즉 돌의 모양, 물 흐르는 소리, '바람'과 '빛'의 미세한 떨림에 이르는 이 모든 것이 순간에, 바로 그 자리에서 우리로 하여금 현실적인 것을 깨닫도록 만든다는 것이다. 아니 이보다 "현실이 되어 가고 있는 것"이라고 표현하자. *현실이 되어 가는* 그 순간부터 *현실이 되어 가고 있는 것*에는 부족한 것이 없으니, 풍경은 바로 이것이 물리적으로 표출되도록 한다. 사실 이 순간부터 어떠한 것도 존재하지 않게 된다. 우주의 기운을 표현하는 기(氣)의 원형인 "구름의 형태", 그 이상의 어떠한 것도 존재하지 않는다. 이러할 때 우리는 우리의 정신을 뽑아낼 수 있다. 마치 풍경이 정화되면서 아우라의 형태로, 더는 무기력한 상태가 아니라 긴장된 상태로 그 모습을 드러내게 되는 것처럼 말이다.

6. 긴장 상태

1

사실 프랑스어로 "풍경(paysage)"이란 단어는 괜찮은 단어이다. 아마도 비슷한 구성을 지닌 유럽 타 언어의 풍경이란 단어들보다 훨씬 더 그러할 것이다. 음성적으로 훨씬 부드럽게 이어지고, 단어 내의 흐름이 훨씬 편안하다. '풍경(Paysage)'은 '고장(pays)'의 바깥에서 편안하게 안으로 끼어들어 와서는, 꾸물대는 유충의 몸이 번데기로 변하고 이어서 나비로 탈피하듯, 바로 고장에서부터 만개하는 것이다. '고장'-'풍경'. 유럽에서의 이 단어의 정의(즉, 관찰자의 시선에 의해 잘린 펼쳐짐)에 대한 비판으로 이 글을 시작했지만, 이 단어의 유래에 대한 비판은 하지 않았다. 사실 그 유래의 의미 역시 풍부하다. '풍경'이란 '고장'의 지루한 확장에서 떨어져 나왔으며 그 '고장'에서부터 발전한 것이다. 하지만 '고장'에서 '풍경'으로 가는 과정을 보면 무엇을 얻게 되는지를 확실하게 볼 수 없으니, 겉으로 보기에만 그렇다는 것이 아니라 전체적으로 평가해 보아도 그렇다. 그러한 가운데 어떠한 자원이 발견되니, 이는 시각적으로도 아름다울 뿐만 아니라 원천적인 힘으로 작용하며 *삶*에 영향을 준다.

사랑하는 이들이 그 안에서 속삭이고 있는 풍경에 대한 위대한 글에서 루소가 보여 주려 한 것은 바로 이것이다.(『신엘로이즈』에서 남자 주인공이 애인에게 말을 걸 때 가장 먼저 언급하는 것이 바로 풍경이다.) 여기서 루소는 고장, 공간의 확장 그리고 관찰자라는 주제로 시작한다. "나는 아마도 몇 년에 걸쳐 둘러볼 수 있는 어떤 고장을 8일 만에 다 둘러보았다." 그런 다음 그는 고장에서 풍경을 끄집어내면서, 오발레에 관한 이 짧은 부분을 다음과 같이 마무리한다. 하나가 다른 하나를 낳는 것이다. "여행의 모든 시간을 풍경이라는 단 하나뿐인 마법 속에서 보내고 싶었는데…." "풍경(paysage)"이 "여행(voyage)"이라는 단어와 운을 맞추기 시작함과 동시에(이후 스탕달은 이러한 일치의 폭을 좁히며 "오로지" "이 아름다운 풍경"을 위해서 "나는 여행했다"고 말한다), "마법"은 팽창하는 만족감이 극단에 다다른 상태를 뜻한다. 여기서 말하는 극단의 상태란, 순간적으로 눈에 들어오는 것, 어떠한 '광경'을 보는 것 안에 존재하는 것이기보다는 우리를 다른 상태, 한없이 더 우월한 상태에 다다르게 만들어 주는 것을 말한다. 다시 말해 우리가 풍경에 대해 더는 주도권을 지니지 못하는 상황이 된다는 의미이고, 풍경이 우리가 생각지도 못했던, 상상조차 할 수 없었던 세계로 우리를 데려 간다는 의미이다. '산과 물'(또는 '바람과 빛')이 중국어로 *상관관계*에 있는 풍경을 뜻한다면, 유럽어로 풍경이란 *향상*하도록 만들어 주는 풍경을 뜻한다 하겠다.

고장에서 풍경으로. 중국학자였던 폴 드미에빌(Paul Demiéville)은 1940년 6월 프랑스 군이 패주할 당시, 옛 중국 시인이 남긴 유명 시구(두보[50]가 남긴 國破山河在라는 시구)를 괴롭게 떠올리며 이를 다음과 같이 번역한다.

나라는 무너졌는데, 풍경은 그대로구나.

(Le pays est brisé, reste le paysage)

그런데 "고장(pays)"에서 "풍경(paysage)"으로 가면서, 접미사는 무엇을 더하고 있는가? "-age"라는 접미사가 풍경이라는 단어를 만들어 내고, 이것이 프랑스어에서 ('집합', '행위', '행위의 결과'라는) 세 가지 가치를 내포하고 있는 만큼, "고장"이란 단어, 즉 "pays" 에만 관심을 가져서는 안 되지 않을까? 우리는 풍경을 "고장을 전반적으로 인식하는 것"이라 정의한다.(물론 이는 관찰자의 지배적인 시점을 기반으로 한 것이다.) 풍경이란 간단히 말해 '조합'이다.(보들레르는 "그러한 나무와 산과, 물, 집들의 결합을 두고 우리는 풍경이라 부른

50) (역주) 두보(杜甫, 712~770)는 중국 당나라 때의 시인으로, 중국 고대 시에 지대한 영향을 미쳐 시성(詩聖)이라 불린다.

다"라고 말했다.) 그리하여 우리는 이러한 논리를 좇아 풍경이라는 것을 "시선, 아니 정신이 전체적인 의미 속에 모아 놓은" "서로 분리되어 있고 일정치 않은 모양의 요소들의 결합"이라 정의하게 되었다. 이와 관련하여 프랑수아즈 슈네포즈라는 이러한 식의 정의가 "주체의 문화적, 언어적인 배경을 중시하는 데서부터 시작되었다"51)는 결론을 내리기도 했다.

그런데 나는 오늘날 누구나 다 찬성할 것 같은 이러한 정의가 명백한 것인 양 받아들여지는 것이 그러한 정의를 이끌어 낸 선입견을 덮어 두고 잊어버렸기에 가능한 것이 아니었나 하는 의문을 가지게 된다. 사실 이 정의는 중립적이면서 뒤에 이미 정리되어 있는 "-age"의 의미만을 내포한 것 아닌가? 다시 말해 풍경이라 했을 때 *구성*의 집합성, 즉 행위 주체의 시선에 의해 만들어진 수동적 '집합'이라는 의미를 떠올리게 되는 건 바로 이 접미사 덕분이 아닌가? 아니면 ('행위'와 '행위의 결과'를 내포하는) 보다 조작적인 의미, 하지만 그 자체로서 풍경과 관계를 지니면서 자체적 효과 속에서 발생한 의미로 이 정의를 이해해야 할까? 내가 말하고자 하는 바는, 본 용어의 잠재성을 감안했을 때, 풍경이라는 용어가 이 정의가 담고자 하는 의미에서 암묵적으로 벗어나려는 것은 아닌지 의심스럽다는 것이다.

내가 여기서 제안하는 바는, 풍경을 이루는 것이 시선에 의해, 즉

---

51) Françoise Chenet-Faugeras, ≪Le paysage comme parti pris≫, *in La Théorie du paysage en France, 1974~1994*(sous la dir. d'Alain Roger), Seyssel, Champ Vallon, 1995, p.275.

시선 속에 정신이 투영되면서 만들어지기도 하겠지만, *풍경의 효과*라는 것 — 그러니까 "풍경적 행위(paysagement)"라는 것 — 또한 존재함을 생각해 보자는 것이다. 다시 말해 고장에서 풍경을 추출해 내자는 것이고, 고장에서부터 풍경을 발전시키자는 것이다. 이는 흔히 말하는 '구조화'의 원칙을 따른다기보다는, 내가 이제 주장하기 시작한 *증대(intensification)*의 원칙을 따른 것이다. 고장이 *긴장 관계에* 놓일 때, 그리하여 그 안의 서로 다른 요소들이 상호 작용을 시작하면서 극성을 띠고 거기로부터 힘의 명백한 증가가 나타날 때, 바로 풍경이 생기는 것이다. 우리는 '순간의 효과'라는 것이 흐르는 시간의 단조로운 흐름을 강화하면서 지속됨을 무너뜨리는 것임을 알고 있다. 이와 마찬가지로 풍경적 행위라 특징지어질 수 있는 효과는 공간의 지루한 확장을 강화하는 동시에 그 자체 내에 확장됨을 끌어 모으면서, 그 범주를 무너뜨린다. 우리의 생명력은 바로 이러한 풍경의 효과와 연결되어 있는 것이다.

2

사실 '긴장(tension)'이란 철학적인 개념의 범주에 들어가지 않는다. 너무 기초적인 개념인 걸까? 그리하여 우리는 이 개념 속에서 다른 가능한 의미를 발견하지 못한 채, 기술적, 물리학적, 생리학적 의미에서만 사용해 왔다. 그러다 보니 이 개념의 더 넓은 사용은 기대하지도 않았다. 존재와 생성의 저 위대한 마주침에서 존재론적 사명을 찾지 못하였고, 행위의 관점에서도 윤리적 사명을 찾아내지 못했기에, *긴장*이라는 개념은 정신의 구축에 전혀 참여할 수 없었다. 결국 이 개념이 순수한 현상과의 관계 속에만 붙들려 있다 보니, 우리는 (그 속에 이론을 세우려는) 궁극적인 목적성을 가지고 이를 이끌어 갈 수도, 사유를 위한 — 논쟁의 — 시작점을 찾을 수도 없었다.

그런데 그 수많은 문화들이 이어져 오는 동안에, 하나의 이념 구조가 다른 구조로 바뀌어 온 그 수세기 동안에 축적된 모든 가치론적 흔적들을 들춰 보니, "사는 것(vivre)"의 개념이 끈질기게 존재해 오고 있음을 알게 된다. 긴장이 없다면, 죽음만이 남을 뿐이다. 긴장 상태에 놓인다는 것, 긴장감 *아래* 놓인다는 것은 무언가가 나타나 어떠한 일이 발생해 무기력함에서 벗어나게 하고, 그 결과가 어떠한 작용을 일으켜 무언가가 출현하게 하는 것이다. 이는 바로 내가 글쓰기를 하는 이 순간에 일어나는 일 아닌가? 텍스트가 '성립'되기 시작하기 위해서, (프로이드가 "Bewusstseinseffekt"라 부른) '의식의 결과'가 나타나기 시작하기 위해서, 사유가 유발되어 문장이 무감각에서 벗어나 흥을 가지게 하기 위해서는, 다시 말해 한 페이지가 형성되도록 하기 위해서는 일종의 (의미적, 수사학적, 무엇보다 개념적인) 긴장이 형성되어야 하는 것이다. 글의 구조의 구축, 또는 올바른 '구성'만으로는 충분치 않다. 그런데 풍경도 마찬가지이다.

나는 집의 창문을 통해 앞산을 바라볼 때마다 다음과 같은 것들을 살핀다. 산의 반대쪽 비탈에, 약간 경사진 곳 위에, 언덕의 구렁에, 자그마한 양 우리가 있는지, 특히 조그마한 포도밭과 몇 그루의 사이프

러스가 있는지를. 이러한 것들이 없다면 이는 훼손된 풍경이다. 풍경이 힘을 잃었다 할 수 있고, 어쩌면 더 이상 풍경이 아니라고까지 말할 수 있다. 이는 여전히 '고장'이니, 풍경의 원천이 여기서는 고갈된 것이다. 풍경이 덩어리째 접힌 채 자체 내에 빠져든 것이다. 그런데 프로방스 지방의 자연에 대한 부드러우면서도 소박한 기억은, 그것 하나만으로도 그곳 식물들의 푹신푹신한 두터움의 질감을 긴장감 아래 놓이게 한다. 그런데 이는 단지 대응이나, 다른 것에 응하는 어떠한 요소, 또는 서로를 가치 있게 만드는 것과만 관계된 것이 아니다. 여기서는 산 전체가 풍경 속에서 힘을 얻고 자신을 받치는 힘점을 찾게 된다. 산은 어떠한 조그만 홈에서부터 *뻗어* 나간 것이다. 바로 이 힘점이 산을 계속 뻗어 나가도록, 그러다가 그 자체 내에 빠져들도록 만들기도 하지만, 어떠한 상호 작용이 일어나게 만들기도 하고, 또는 *사라짐*이 산에 활기를 부여하기도 한다. 여기서 "활기를 부여한다(animer)"는 것은 단지 은유적인 의미만을 지니고 있지 않으니, 자연에 '연결된' 우리는 그 안의 생명력에 기대어 그 생명력을 실질적으로 이용해 왔기 때문이다.

여기서 우리는 중국의 사유가 대립-상관관계라는 고유의 내적 행위를 통해 이러한 긴장 관계를 아주 자연스럽게 강조하는 것 아닌가 생각해 볼 수 있다. 18세기 중국의 위대한 철학자 중 한 명인 석도[52]는 풍경, 즉 '산수'는 "하늘과 땅 사이의 긴장이 만든 모양[形]"이라고

52) (역주) 석도(石濤, 1642~1707)는 청나라 초기의 승려 화가이다.

밝히면서, 그러한 긴장된 관계들을 풍경의 다양함 속에 펼쳐 놓는다.[53]

바람과 비는, 어둠과 밝음처럼, 풍경이 지닌 기의 현상이다.

흩어짐과 모임, 깊이와 거리, 모두 풍경이 만든 도식이다.

수직적인 것과 수평적인 것, 팬 것과 튀어 나온 것이 풍경의 박자를 만든다.

빛이 든 쪽과 그늘진 쪽, 색이 옅은 쪽과 짙은 쪽은 풍경의 정신을 압축해 놓은 것이다.

물과 구름, 모여듦과 흩어짐은 풍경이 지닌 부드러움이다.

이리 굽었다 저리 굽었다, 이리로 왔다가 저리로 가는 것은 풍경이 나아갔다 뒤로 물러남을 의미한다.

'풍경을 만드는' 것은 이렇게 끊겼다 이어졌다 하는 수많은 긴장 관계의 시스템으로, *모든 것이* 풍경 안에서 이러한 원칙을 따르고 이에 협력하면서 이루어진다. 고장의 평범함으로부터 벗어나게 되면서, 풍경은 보통, 세상에 더 많이 분산되어 있는 이러한 긴장 상태를 집약하여 한 곳으로 모은다.

여기에서 얻을 수 있는 결론은, 어찌 되었든 이러한 풍경의 효과가 우리가 숱하게 말했던 것처럼 단지 '조화'로만 설명되지 않는다는 것

53) Shitao, chap. ≪Shan chuan≫.

이다. 조화란 서로에 대한 일치와 적응을 꾀하면서 '모여 있는 것'이라 할 수 있고, 서로의 사이에서 무언가가 만들어지도록 하는 것이 아니라 그 사이의 간격을 흐릿하게 만드는 것이다. 풍경의 효과란 물리적인 표출에 보다 합리적인 구조화를 더한, 기저에 깔린 기하학으로 설명되는 것도 아니다. 니체는 놀랍게도 이 점에 관해 플라톤주의적인 입장을 취하지만, 이는 잘못된 것이다. "나는 나와 지속적으로 교감하는 모든 장소들이 *그 다양함 뒤에 단순하면서도 기하학적인, 선형의 스키마를 가지고 있다는 것을 알게 되었다.* 이러한 수학적인 기반 없다면, 어떠한 풍경도 예술적 즐거움의 대상이 되지 못할 것이다."(『여행자와 그의 그림자』, 115장). 그런데 왜 니체는 풍경을 다루며 '숨겨진 것', 즉 그렇게도 증오하던, 삶과 감성 속에 담긴 당장의 것을 배척하는 이 수학적이고 형이상학적인 것을 세상에 드러내 보이려 하는가? 그는 왜 플라톤 철학이 지닌 단조로움을 다시금 내놓는가? 이는 서로 짝을 이루는 조화와 기하학이 여전히 *구성*의 논리, 다시 말해 부분들을 하나의 전체로 통합시켜 버리는 것, 유럽의 사유가 오래전에 행한 선택 중의 하나인 이 논리와 관계가 있기 때문이리라. 그런데 여기서 우리가 다루고 있는 논리란 통합의 논리가 아닌 바로 *강화(intensification)*의 논리이다. 유념해야 할 것은 풍경이 질서에 대한 요청이 아닌 활성화에 대한 요청에 응한다는 것이다. 풍경은 우리가 그 속에서 형상과 도식, 이상의 모델화를 인지하게 되는 순간, 또한 풍경을 정원으로 이해하게 되는 순간 사라지고 쇠퇴해 버리는 — 긴장을 잃게 되는 — 것이다.

3

나의 일탈로 인해 점점 벌어지게 된 이러한 개념적 차이는 더 이상 좁혀지지 않는 틈이 되고 말았다. 한편에서 나는 풍경이 나의 시각적 견해로부터 나오는 것, 달리 말해 나의 인지 능력으로부터, 즉 풍경을 '풍경'으로 만들 수 있는 나만의 능력으로부터 만들어지는 것이라 생각한다. 이 경우 풍경은 나의 행위에서부터 만들어진, 나의 스키마에 연결되어 있는 어떠한 생산의 결과물이라 할 수 있다. 결론적으로 말하자면, 풍경은 "이미 결정된 것"으로부터 나온다는 것이다.(프랑수아즈 슈네포즈라) 다시 말해 일련의 미적, 상업적, 이념적 가치들을 모두 모아 둔 '묶음'을 두고서 우리는 '풍경'이라 명명한다는 것이다. 요컨대 모든 '고장'이 '풍경'이 될 수 있다는 것이니, 대신 그 속에서 나의 시선을 만들어 내기만 하면 되는 것이다. 그리하여 풍경은 그 자체로 지니는 가치보다 문화적으로 더 많은 가치를 지니게 된다. 다른 한편에서 나는 풍경이란 것이, 내가 인지한 것의 구축일 뿐만 아니라 풍경 고유의 효과와 관계를 지닌 채 세상을, 산과 물(묵직한 것과 유동적인 것, 명백한 것과 뚜렷하지 않은 것…)을 만들어 낸다고 생각한다. 즉 풍경을 '고장'이 긴장 관계에 놓이면서 — 또는 강화되면서 — 나온 것이라 생각하는 것이다. 고장이 풍경으로 승격되는 것은 그 *풍경 안에서,* 아니 그 풍경을 통해, 그 풍경의 *사이*에서 이루어지는 것으로, 그 안에서의 활동은 보다 눈에 띄고 더 다양하게 행해진다. 이러한 가운데 극성들이 서로 엮이며 활동을, 아니 '작용'을 하게 되는 것이다. 이렇게 열려 있는 *긴장의 장(場)*이 내놓은 첫 번째 결론은 다음과 같다. 풍경이란 *삶*과도, 그리고 '시선'과도 관련이 없다는 것이다.

우리는 유럽에서 풍경의 문화적 발명에 대해 우리가 알고 있는 모든 것을 얻게 된 것이 바로 (위에 제시된) 이 첫 번째 가정 덕분이라 생각한다. (어떠한 것과도 관련을 맺지 못하던) 풍경이 끊임없이 새로운 영역을 정복해 나감에 따라 우리들의 판단 기준도 함께 변형되어 온 것이다. 물론 알랭 로제(Alain Roger)가 언급한 것을 기억해 보면, '풍경'은 초기에는 시골, 밭, 전원까지를 의미하는 것으로, 18세기 이전까지만 해도 산은 혼란스럽게 이리저리 뭉쳐 있는 "보기 흉한 지역"에 지나지 않았다.(티롤 지역을 지나면서 이에 대해 언급하던 몽테스키외를 기억해 보라.) 또한 바다는 대홍수의 저주를 입은 대상으로 두려움의 대상일 뿐, 볼 만한 것으로 여겨지지 않았다. 후일 시선에 입혀진 고정관념이 해체된 후에야 — 이러한 눈가리개가 하나둘씩 떨어져 나간 후에야 — 풍경이라는 것이 나타나기 시작했다. 특히 할러가 알프스에 관한 저 위대한 시를 쓴 후에야,[54] 루소가 자연을 배경으로 사랑을 나누는 연인들에 대한 소설을 쓴 후에야, 비위생적이고 메마른 지역으로 치부되던 산은 마침내 '아름다

54) (역주) 스위스 태생의 알브레히트 폰 할러(Albrecht von Haller, 1708~1777)는 의사이자 과학자인 동시에 철학가, 문학 비평가였으며, 「알프스(Die Alpen)」라는 유명한 시를 남겼다.

운 경치'로 바뀌어 여행객의 관심을 끌기 시작한다. 또한 모순어법의 논리를 고정시키며 수사학에서 꽃의 아름다움을 끄집어내면서 '숭고함'을 '아름다움'까지 격상시킨 후에야 풍부한 의미의 대립이 나타나 인정을 받게 되니, 이때의 대립은 끊임없는 조화를 만들어내는 것이었다. '불쾌한 것'이 동시에 '매력적'으로 보이고, '혐오스러운 것'이 '세련된 것'과 섞이게 되면서, 저 넓은 바다는 더 이상 몸을 내맡기기에 위험한 망망대해가 아닌 광활함이 드러나는 무한의 공간이 되었던 것이다.

이후 시선에 대한 지속적인 교육이 이루어지면서, 우리는 경계를 더 멀리까지 가져가는 것을 그만두었다. 다시 말해 배워 왔던 풍경을 해체하는 것도, 합의되었던 것을 폭로하는 것도 그만두었고, 풍경에 숲이나 늪, 사막을 집어넣는 것도 그만두었던 것이다. 사실 모든 것이 '풍경이 될 만한' 것 아니겠는가? 풍경의 모든 곳을, '감탄하며 바라볼 만한' 풍경 속의 모든 곳을 찾아내려면, 이제 근대성에 발맞추어 자신의 문화적 지각을 발전시키기만 하면 된다고 흔히들 말한다. 게다가 찾아가기 가장 주저되는 곳(감탄을 자아내기 가장 어려운 곳)이 가장 많은 것을 선사해 줄 수 있는 곳이 되었다. 이러한 상황은 단지 과학의 발전으로 인해 눈으로 볼 수 있게 된 새로운 지평선들, 아마도 더 많은 아름다움을 숨기고 있을 것만 같은 새로운 지평선(저 깊은 바다의 바닥 또는 다른 행성에서 본 지구의 모습을 떠올려 보라)들을 발견함으로 인해 생긴 것만은 아니다. 이는 부르주아의 미학에 꽤 오랫동안 저항했던 행위와도 관계가 있지만, 예술이 관여하는 작금의 상황, 예술이 창조자의 역할을 하고 있는 오늘날의 상황과도 관계가 있다. 즉 이는 희미한 영토, 누구에게도 속하지 않는 영토(no man's land), 도시 외곽 지역, 하역장, 고속도로 교차점, 황폐한 벌판 등과도 관계가 있는 것이다. 신의 축복을 받고 만들어졌을 것만 같은 우편엽서 속 풍경의 시대는 이제 끝났다. 시선을 어디에 두는지는 중요치 않다. 스스로를 다시금 교육시켜야 한다. 그편이 실질적으로 유익하다. 틀을 부수어 다시금 진실이 떠오르도록 하는 것이 낫다.

4

고백하건대, 이것은 그리 쉽게 흔들리지 않는 입장으로, 전체적으로 봤을 때 (경계의 폐지와 같은) 현재의 이념과도 상통한다. 그런데 거기서 그칠 것인가? 사실 우리는 풍경이 가지는 문화적인 한계를 항상 더 멀리까지 밀어붙이면서, 세상의 미화 그리고 고장 전체의 미화를 확장시키려 했지만, (알랭 로제가 말했듯이) 산이 풍경의 일부가 되도록 무엇보다 힘썼던 화가들이 곧 이를 포기하는 것을 목격하게 된다. 왜 그랬을까? 이것이 그리 중요하지 않았나? 실제로 그림은 거기에서, 산비탈의 중간쯤에서 멈추고는 더 높이 올라가지 않는다. 마치 화가들이 산을 올라가는 것을 스스로에게 금하기라도 한 듯 말이다. "더 높이 올라갈수록, 그림으로 그려지는 장면은 적다."[55] 회화의 뒤를 이어 산 위로 올라간 것은 때마침 출현한 사진술이었다. "이러한 좌절은 결정적인 것이었으니, 사실 이는 예술사에서 매우 중요한 사건이었다." 유럽에서 풍경이 발명되었던 것이 바로 그림과 함께, 아니 그림 속에서, 그림을 통해서였던 만큼, 이는 매우 중대한 사건이 아닐 수 없었다. 그런데 왜 회화는 산의 정상 너머로 가지 않았을까? 분명 회화가 중간 정도에 만족을 했다거나, 극도의 것, 한계의 도전을 두려워했다거나 한 것은 아니리라. 그렇다면 왜일까? 화가들이 그림과 풍경 사이에, 이 끝없는 미화와 풍경 사이에 일치하지 않음이 있다는 것을 증명해 주는, 그리도 은밀하게 감춰져 있던 경계선을 알아차려 버린 것 아닐까? 이러한 갈라짐을 앞에 두고서, 우리는 '풍경을 만드는' 것의 본질을 다시금 생각하게 된다.

이전의 구분으로 되돌아와서, 나는 다음과 같은 물음을 던지려 한다. 고개 저 너머의 눈 덮인 산봉우리들이 이룬 파노라마가 — 또는 바다와 하늘의 광대함이 — 그 무구한 힘 속에서 너무나도 아름다운 극한의 *전경*, 숨을 막히게 할 만큼 아름다운, 꿈꿀 수조차 없을 정도로 아름다운 전망은 만들어 내면서, 풍경은 만들어 내지 못하는 것 아닌가 하고 말이다. (알랭 로제가 인용한) 알트만(Altmann)은 다음과 같이 말한다. "우리가 자연에서 상상할 수 있는 가장 아름다운 장관 중 하나는 바로 얼음으로 뒤덮인 바다이다. (…) 이것은 놀랍도록 아름다운 조망을 선사한다." 조망, 아름다움, 그리고 숭고함을 접하는 것, 그러면 그 다음은 무엇인가? 에메 시비알(Aimé Civiale)이

55) Alain Roger, *Court traité du paysage*, Paris, Gallimard, 1997, p.95.

아즈피글리아 봉우리를 정면에서 찍은 사진은 마치 노트르담 대성당을 교회당의 후진(後陣)에서 바라보고 있는 장면처럼 보인다. 여기에서는 전경이 독점적이고, 시선이 고정되어 더 이상 어느 쪽으로든 진전하지 않으며, 모든 것이 절대성 안으로 귀결된다. 시선이 정복되어 버리는 것이다. 이는 "장관 같은(spectaculaire)"이라는 수식어에서 나타나듯, 정말 순수한 '장관'인 것이다. 예전만 하더라도 우리는 쫙 펼쳐진 바다나 산봉우리들을 보면서 *장관(spectacula)*이라 여길 줄도 몰랐다. 이러한 장관들 앞에서는, 시선을 고정시키기만 하면 된다. 놀란 채로 시선을 가만히 멈춰 정지시켜 놓기만 하면 되는 것이다.

바다 한가운데서, 또는 산의 정상을 마주한 상황에서 풍경은 고갈되어 버린다. 자취를 감추어 버리는 것이다. 시야에 들어오는 것이 적극적으로 인지되고, 평가되고, 미화된다고 해서 풍경이 만들어지는 것은 아니다. 쫙 펼쳐진 바다가 아닌 바다 기슭이 풍경이고, 산 정상이 아닌 산 전체가 풍경인 것이다. 바다나 산 정상이 풍경이 될 수 없는 이유는, 아무도 거기서 살기를 원치 않고(살기가 불가능하고), 무엇보다 그곳에는 다양하면서도 풍부한 강화 현상, 변화에 의해 작용하고 자신만의 관계망을 만들어 나가면서 자신에게 삶이 연결되도록 하는 강화 현상이 더 이상 존재하지 않기 때문이다. 바닷가는 곶(串)과 만(灣)으로 끊긴 연안과 이를 뒤덮은 식물들, 집, 섬들과 어울려 풍경이 된다. 카프리 섬 없는 나폴리 만은 있을 수 없는 것이다. 이렇게 해안가 기슭은 끊임없는 긴장 관계를 만들어 낸다. 땅과 바다를, 높은 것과 낮은 것을, 유한한 것과 무한한 것을, 식물과 물을, 변화하는 것과 정지된 것을, 사는 곳과 살 만하지 아닌 곳을 서로 대립 관계에 놓았다가 연결시켰다가 하면서 말이다. 바다 한가운데 있어 보면, 바다란 그 짝인 하늘과 대조를 이룰 수밖에 없는 바다라는 요소, 또는 하늘과 부드럽게 어우러진 바다라는 요소일 뿐이다. 다시 말해 우리가 *보고 있는 것, 전경*은 이러한 유일한 긴장감에 의해 독점당하는 것이다.

마찬가지로 산 정상은 얼음일 뿐이고, 높이일 뿐이다. 어디나 그러하다. 거기에는 높음과 낮음이 이루는 긴장, 또는 바위와 풀, 우거진 숲과 건조한 땅, 빽빽함과 듬성듬성함, 구불구불함과 곧게 떨어짐, 흐릿함과 뚜렷함이 만드는 긴장이 없다. 산 정상에서는 산 전체가 밑에서부터 쭉 뻗어 나가면서 높이 솟아 가는 것도 느낄 수가 없다. 중국 화가들이 보던 '산'의 웅장함을 만드는 *공존 가능성*은 여기에 없는 것이다. 자연이 극한에 치달아 첨예화되고 독점적 위치에 오르면, 우리는 그 안에서는 어디서나 평등하고 보편화된, 동일한 강도를 감지하게 된다. 하지만 강화 효과를 감지하지는 못한다. 다시 말해 긴장감이 만들어지는 것 또는 긴장감이 올라가는 것은 인지하지 못하는 것이다. 여기서 말하는 긴장의 관계(강화 효과)란 모든 것을 드러내고, 연속적으로 시선이 가까운 곳에서 먼 곳까지 계속 이어지게 하면서, 이 '모든 것'으로 하나의 세상을 만든다. 그리하여 조용한 *발산*을 통해, 풍경이 고장으로부터 추출되어 나오는 것이다.

5

파괴의 힘이 극에 달했던 2차 세계 대전이 끝난 후, 하나의 단어가 만들어졌다. '풍경'이라는 단어가 출현한지 약 4세기 후, (1964년에) 이 단어는 프랑스어로 표기되기 시작했다. 이 단어의 출현 또한 ('풍경'의 경우처럼) 변화를 기원하는 분명한 요구에 따라 이루어진 것이라 할 수 있다. 이 단어는 네덜란드 화가들이 만들어 낸 것이 아니라 미국의 자연 보호 운동에서 발생한 용어라 할 수 있으니, 바로 "환경(environnement)"이라는 단어이다. 이 단어는 그동안 단지 시야와만 관련이 있고 미화하는 작업에서만 중요하게 여겨지던 풍경의 개념, 그 개념이 간과하던 모든 것을 포함하게 된다. '환경'은 슬프게도 예술과는 관련이 없는 기술주의적 대체 용어로, ('주체'가 지배자의 입장에 서서 세상을 둘러보는 가운데 이루어진) 행복한 발명에서 비롯되어 나타난 것이 아니라, (주체의 지배권이 과도한 변화를 주며 강요한 것으로부터 지구를 지켜야 한다는 주장에 따라 이루어진) 재생의 과정에서 만들어진 것이다. 분명한 것은 이 용어가 풍경을 삶에 연결시키는 데 사용되었다는 것이다. 그런데 우리는 이러한 이전이 일어났다는 것을 확실히 알고 있는가? 실제로, 시각에만 한정되어 있고 '아름다움'만을 보도록 하는 '풍경'은 우리가 세상을 바라보는 방식에 결함을 만들어 놓았지만, '환경'이라는 단어가 이러한 결함과 부족함을 채워 주었다 할 수 있다.

환경은 살아 있는 유기체와 인간의 활동에 영향을 줄 수도 있는 물리적이면서 화학적이고 생물학적인, 또한 문화적이면서 사회적인 모든 자연적 조건을 가리키는 것으로, 풍경 속에 살고 있는 인간을 그저 지나쳐 가는 '관찰자'라 여기는 대신 그 속에 안착시킨다. 뿐만 아니라 환경은 여기저기에서 일어나는 일, 즉 '주위(milieu)'('주변, environs')에서 일어나는 일을 가리키는 것으로, 여기서의 주위란 의식을 가진 존재, 생명체, 즉 살아 있는 것의 주위를 말하는 것이 아니다. '환경'은 현대의 이념에 조심스럽게 중요한 이동을 일으켰다. 이 개념은 먼저 사회적, 정치적, 권리 요구적인 면을 통해 소개된 후, 경영과 관련된 분야로 넘어가고, 이와 관련된 법적 조치나 법 조항들이 만들어지면서 자리를 잡게 되었다. 그렇기에 우리는 환경의 개념이 함축하는 것을, 이론적 혁명의 차원에서 인정해야만 한다.

여기서의 '환경'은, 무엇보다 그것에 "한계를 짓는"(그리스어로 horizein, ὁρίζειν) 지평선, 시선이 자신의 자리에서 그어 버리는 지평선에 의해 한정되지 않는다. 하지만 여기서 말하는 '주위'의 한계는 어쨌든 애매모호한 것으로, 이러한 주위와 주변은 표기된 경계를 갖지 못한다 할 수 있다. 게다가 우리가 다루고 있는 이 관계는, 작동 중인 나의 인지 능력, 즉 주도권을 지니고 있는 '나'로부터 만들어진 것이 아니라, 유기체가 수동적으로 따라야 하는 한없이 다양한 영향력 그리고 너무나도 자주 우리의 관심을 벗어나는 지속적인 교환으로부터 만들어진 것이다. 환경의 개념과 풍경의 개념이 유사한 용도로 쓰이면서, 전자는 후자를 쫓아 버리게 된다. 풍경에 대해 우리가 이미 아는 것들, 적어도 전통적인 이성이 쟁취했던 것들, 결정의 힘과 주체의 자율성을 뒤집어 엎어버리면서 말이다. 환경의 개념은, 자신의 인지적 구성의 주인이며 풍경에 대한 유럽적 사유의 시작점이라 할 수 있는, 지식과 욕구를 지닌 이 고립된 *자아(ego)*와 마주하면서 이에서 벗어남을 의미하는 것으로, 이로 인해 풍경에 대한 유럽의 사유가 그동안 억제해 왔던 것은 밖으로 드러날 수 있게 되었다. 즉 *침입적인(invasif)* 것이 가지는 불확정적인 함축성뿐만 아니라 살아 있는 것과 그를 이루는 '요소'들의 분리되지 않음 또한 환경의 개념을 통해 드러나게 된 것이다.

그렇기에 우리는 풍경이 지닌 순수한 미적인 개념을 지지하는 이들이 환경과 풍경의 개념 사이의 모든 혼돈을 비난하면서, 풍경의 개념이 환경의 개념에 의해 오염되었다는 것을 조금이라도 보여 주는 모든 것을 규탄하고 나서는 상황을 이해할 수 있다. 또한 이들이 자연 보호에 대한 걱정이 예술적 즐거움과 함께 어울리는 것을 불신의 눈초리로 바라보는 것도 이해한다. 그렇다면 서로에게 개입하지 않고 서로를 막지 않는, 사물에 대한 분리된 두 개의 질서가 있음을 인정하도록 하자.(이는 알랭 로제가 결과적으로 취한 입장이다.) 그런데 나는 이러한 분리를 내세우는 주장 안에서, 우리 유럽에서 풍경의 정의가 억제해 왔던 것이 보여 주던 증상을 감지하게 된다. 아주 자연스럽게 원칙의 구분으로 이어지게 된다고 우리가 결과를 평가했던 그 증상을 말이다. 다시 말해, 한편에는 "본래의 자리에 놓인(in situ)" 풍경이 있으니, 우리는 이러한 풍경을 기술로써 날마다 파괴해가고 있다. 동시에 다른 한편에는 "우리의 인지 안에 존재하는(in visu)" 풍경이 있으니, 이때의 인지란 우리가 우리의 인지적 스키마를 변형시켜 가면서 언제나 변화시키고 훈련시키고 전복할 수 있는 것이다. 그리하여 우리는 오늘날 갑작스럽게 난입하여 우리의 합의된 견해를 혼란스럽게 만들어 놓는 것을 다시 미화시킬 수 있는 것이다. 그런데 이렇게 말은 하고 있지만, 과연 우리는 이러한 이중분열로 인해 풍경과 *삶* 사이에 *균열*이 나타난 이 상황을 받아들일 수 있는가? (형이상학이라는 전통적 행위에 따라 이루어진) *단절*, 또 이것만이 유일한 해결책일까?

사실 내가 보기엔 여기서 중요한 것은 모든 것이 미화되고 예술화되고 시적으로 표현될 수 있느냐가 아니라, 내 인식 속에서 아름답다고 평가된다고 '풍경'이 만들어질 수 있느냐 하는 것이다. 사실 우리는 황폐화된 것, 아무도 살지 않는 것, 해체된 것, 버려진 것, 즉 패배와 고독이라는 단어와 같이 접두사 "dé-"로 시작되는 모든 단어들이 지닌 힘, 전에는 잘 알려지지 않았던 이 힘을 이미 오래전에 예술 안으로 통합시켜 버렸다. 이를 되살리려는 노력은 부정적인 것에 대한 보편적인 요구, 즉 우리의 근대성의 형성에 큰 부분을 차지했던 이 요구와 관계가 있다. 우리는 낭만주의 이후로 추함을 미화하는 작업, 즉 취향과 조화의 규범에 맞서고, 이미 습득된 것과 합의된 것은 밀어내며 미(美)를 무기력한 상태에서 깨우는 작업을 해 왔다. 이를 보다 가치 있는 일이라 여겼으니, 추함에서 아름다움을 추출해 내는 일이 더욱 많은 수고를 요하기 때문이리라. 이러한 상황일진데, 우리 정신 속에 이렇듯 재정립된 추함을 풍경으로 격상시키는 것을 무엇이 막아서고 있는가? 빈민 구역의 빈곤함일까? 아니다. 왜냐하면 사람들은 오히려 이러한 곳을 추가적인 미화 작업을 벌일 수 있는 기회의 장소로 보기 때문이다. 질서나 규칙성, 균형미 등의 부족도 아닐 것이다. 그런데 빌라나 건물들이 균등한 간격으로 줄을 맞춰 질서정연하게 늘어서서 넓은 전망을 제공하는 지역, 즉 도시 계획의 결과로 지어진 구역들이 많지만, 사실 이러한 곳은 도저히 살 만한 곳이 아니지 않는가? 적어도 나에게는 그러하다. 이러한 곳은 '*풍경이 될 수 없는(impaysageables)*' 곳들이라고 할 수 있다.

6

그곳에는 '고장'만이 있을 뿐이다. 극성이 출현하지 않고, 강도가 여기저기로 분배되지 않고, 차별적인 것이 형성되지 않아 인자들이 서로의 사이에서 활동하지 않는다면, 풍경은 없는 것이다. 모든 것이 거기에 그냥 나열되듯 놓여 있을 뿐이다. 무기력한 상태인 것이다. 이 모든 구성 요소들은 있는 그대로, 할 수 있을 만큼만 그 구성 요소로서 자신에게만 집중하니, 서로를 마주하면서도 서로에 대해 반응을 하지 않는다. 긴장 관계에 놓이지 못하는 것이다. 그들 사이에 움직임이 없다 보니, 이 요소들은 어떠한 '주체'를 움직이게 만들 수도 없고, 이에 주체는 '명상에 잠기기'만을 원하게 된다. 이 장소는 음울한 곳, 다시 말하면 '무력한' 곳일 뿐이다. 무력한 풍경이란 존재할 수 없는 것이다. 풍경이 슬플 수는 있지만 우울한 풍경이란 존재하지 않는다. 풍경은 고장에서 떨어져 나온 것으로, 일종의 *집약된 것(intensif)*이라 할 수 있다. 그의 반대가 바로 무력함으로, 이는 삶을 만들어 내는 긴장감이 존재하지 않는 상태를 말한다.

토노스(긴장, Tonos)는 세상의 관심 밖에 놓인 채로 전해져 오던 그리스의 개념으로, 이는 칼로스(Kallos, καλλὸς), 즉 '아름다움'이란 개념이 절대적인 자리를 차지해 왔기 때문이라 할 수 있다. 풍경을 명확히 이해하기 위해서는 형이상학이 눈에 띄지 않는 곳에 숨겨 놓았던 바로 이 개념이 필요하다. 아름다움은 서양의 사유를 지배했던, 최고의 권위를 지닌 개념이었다. 이는 바로 미(美) 안에서, 오로지 그 안에서만 관념적인 것이 빛났기 때문이기도 했거니와, 아름다움이 감성의 한가운데를 찔러 틈을 내면 바로 이 틈을 통해 그리 갈구되었던 관념성이 나타나기 때문이기도 했다. 하지만 칼로스를 격상시키고, 칼로스의 힘을 절대화하여 구원의 길을 만들게 되면서, 칼로스의 은밀한 경쟁자였던 토노스는 갑자기 육체적이고 물질적인 사용, 기술적인 사용, 즉 멸시받고 집약되어 있지 못한 사용 쪽으로 밀려나게 되었고, '당기는' 성질을 지닌 이런저런 현실을 나타내는 데 사용되게 되었다. 그러니까 인대, 가죽띠, 그물의 꼬인 실, 기계의 로프 또는 힘줄과 인간 신체의 근육을 나타내는 데 말이다. 또한 그리스어에서는 리라 현에 대해서, 영혼에 대해서, 숨결, 노력, 목소리, 감정, 문체, 시의 리듬, 또는 언어의 강약에 대해서도 "팽팽함"이라는 표현을 사용하게 되었다.

이렇게 형이상학의 위대한 빛이 밝혀 주는 것과는 멀리 떨어져, 모호함 속에서, 높낮이와 강세가 지닌 *긴장* 속에서, *내부*를 이루는 모든 것은 서로 연결되어 있는 것이다. 이와 관련된 현상적인 면이 어떠하든지 간에, 즉 무언가가 길게 이어져 펼쳐지거나 또는 작동되거나 간에, 활동성과 조작성이 가능하든 아니든 간에 말이다. 하지만 그리스 지성의 발전에 큰 원동력이었던 원인에 대한 설명, 외부적 요인에 대한 설명이 이 안에 없었기에, 또 초월성에 대해 일반화하는 관점이 끼어들 여지가 없었기에, 이 '긴장'이라는 용어는, 플라톤식의 지성이 아닌 플루타르코스식의 지성을 좇아, 전형적으로 묘사하는 데만 쓰이면서 개념으로는 성립될 수 없었다. 그 사용 범위가 아주 넓었음에도 말이다. 그리하여 근본적으로 형이상학적이 아니라 물리적인 개념이여야 했던 아름다움은, 이후 유혹의 원천으로 *에로스*를 요구하게 된다. 내부적 긴장감을 생각할 수 없었기에, 관계를 확실히 만들기 위해서는 에로스를 끌어들여야 했던 것이다. 그리하여 위대한 중재자 역할을 위해 외부로부터 들여온 사랑이 우리를 아름다움에까지 '끌어올렸던' 것이다.

그런데 풍경은 우리를 아름다움과 사랑이라는 관념을 통해 만들어진 형이상학적 구조에서 벗어나게 해 주는 특성을 지니고 있다. 풍경이란 것은 관념화되지 않는다. 단, 상징적인 것 안에 빠질 수는 있다.(하지만 상징은 풍경을 말살시키고 만다.) 반면, 세상이 긴장 상태에서 성장해 나감에 따라 풍경이 생겨날 수는 있다. 다양하고 내재적인 방식으로 풍경 속에 긴장 관계가 조성되기도 하고, 고장이 힘을 입어 감에 따라 긴장 관계가 만들어지기도 하는 것이다. 풍경을 두고

"아름답다"고 탄성을 지른다는 것, 아름답다는 형용사가 풍경에 항상 꼬리표나 이름표처럼 따라붙는다는 것은, 바로 풍경을 시각적인 면에 한정시키면서 사유할 만한 것들에 대해 고민하지 않으려 할 때 일어나는 일이다. 그 풍경의 개념이 한없이 넘쳐날 경우, 풍경은 풍부하게 표현된다.

7

이러한 측면에서 봤을 때 *풍경*과 *정원* 사이에도 구분해야 할 것이 있다. 정원은 내부, 한정된 것을 연상시키며 사적인 것, 거주함의 의미를 발전시킨다. 풍경은 외부에 속하고 여행의 욕구를 불러일으키는 곳으로 단지 지나치는 곳이다. 이렇게 정원과 풍경은 대립을 이루나, 보통 정원을 풍경이 압축된 것이라 여기는 것이 일반적인 생각이다. 풍경을 단단하게 '예술화'한 것이 정원이라는 것이다. 게다가 각각이 그림에 대해 맺고 있는 특별한 관계 또한 이 둘을 연결시킨다고도 할 수 있다. 그런데 나는 무엇보다 이렇게 안과 겉으로 나누는 구분이 과연 정당한 것인지(나라면 갇힌 곳과 열린 곳으로 구분하리라), 이 역시 여전히 시각적 인식 안에서, 분리와 거리라는 특징에 근거해서 풍경을 규정지으려는 것은 아닌지 의문을 품게 된다. 또한 사람들이 저 멀리 풍경을 '바라보면서' 정말 저기에서 살고 싶다는 꿈을 꾸는지도 의심스럽다. 사람들은 그저 저 곳에 한번 들러 봤으면 좋겠다고만 생각하는 것 아닐까? 이렇게 해도 풍경과 관계를 맺는 것은 마찬가지인데 말이다.

사실, 구분을 하려면 정원의 두 개의 모델을 두고서 해야 할 것이다. 이 둘 사이의 대조는 이제 전형적인 것으로 받아들여지고 있긴 하지만, 거기에는 여전히 깊게 생각할 만한 것이 담겨 있다. 실제로 이러한 대조는 본보기가 되고 있고, 쉽게 예로 제시되기도 한다. 그렇다면 조금 전의 저 조급했던 요약적 설명을 한번 확인해 보자. 하나는 프랑스식이라 명명된 정원으로, 이는 사실 나의 지각이 구축된 것이며, 관점과 파노라마를 선호한다. 이 정원은 일단 *보기 위한* 것으로, 주체는 지배적 시선을 통해 그만의 질서를 자연에게 강요한다.(생시몽[56]은 베르사유 궁을 두고 "여기 정원은 자연을 강압하는 거만한 즐거움을 보여 준다"라고 했다.) 그리하여 프랑스식 정원은 기하학에 의해 '고장'에서 확연하게 거리를 두게 되었고, 모델화되면서 풍경에서 분리되게 된다. 특히 대응 관계는 정원을 추상적인 것으로 정돈해 놓게 되니, 이는 긴장 관계에 있는 극성과는 영 반대의 것이라 할 수 있겠다.

다른 하나는 — 정반대의 것이랄까 — 중국식 정원으로, 이는 무엇보다 우리 안의 에너지를 보충하는 기능을 한다 하겠다. 중국식 정원은 *구성*의 균형과 대칭에 도취된 시선이 선호하는 나열과 조망으로 이루어진 것이 아니다. 그렇다고 '바람을 쐬고' 산책할 수 있는 넓은

56) (역주) 생시몽 백작, 클로드 앙리 드 루브루아(Claude Henri de Rouvroy, comte de Saint-Simon, 1760~1825)는 프랑스의 사상가이자 경제학자로, 그의 사상은 마르크스와 엥겔스의 사회주의 이념 형성에 영향을 주었다.

산책로로 구성된 것 또한 아니다. 이 정원은 마치 용의 몸뚱이처럼, 최대한 다양한 교체를 통해 차츰차츰 자신을 *긴장시켜 나간다.* 비어 있음과 차 있음, 구불구불함과 똑바름, 자갈이 많은 것과 풀이 무성한 것, 물로 차 있는 것과 광물로 차 있는 것, 높이 솟은 것과 아래로 험하게 깎인 것, 그늘진 것과 빛이 환하게 비추는 것 사이에서 교환이 일어나며 팽팽한 긴장이 만들어지는 것이다. 즉, 중국식 정원은 '산과 물'의 저 위대한 상관관계를 되풀이하면서 이를 압축시킨 것이라 할 수 있다. 중국의 정원은 이성이 지닌 초월적인 질서를 수용하는 것이 아니라, 최대한의 극성을 살려 풍경을 (알프레트 슈테인[57]의 저 아름다운 책 제목인) "작은 세상"처럼 농축시키는 것이다. 한편에서 다른 한편으로, 또는 *양쪽으로* 편하게 흐르듯 움직이면서[遊], 우리는 이 속에서 우리 안에 있는 생명의 긴장감을 되살리게 된다. 중국식 정원은 이러한 대립 사이에서 쉬지 않고 변화해 가니, 꾸준히 이어지는 숨의 교환 속에서 자체적으로 조성되면서 무기력함을 내쫓고 삶에 "힘을 더한다."

8

그런데 왜 풍경에 결함이 있거나 이것과 단절되었을 때 삶은 위기

57) (역주) 롤프 알프레트 슈타인(Rolf Alfred Stein, 1911~1999)은 중국과 티베트를 연구한 학자로, 20세기의 석학 중 한 명이다.

에 처하게 되는 걸까? 왜 우리는 우리가 제일 좋아했던, 집 꼭대기에 붙은 창문에서 올리브 나무 사이로 보이는 풍경을 바라보면서, 이 풍경을 가로지르는 송전선을 그리고 없애 버리기를 원했던가? 툭 터놓고 말해 보자. 그 송전선은 왜 그렇게 우리를 힘들게, 우리가 '살아가는 것'을 힘들게 만들었을까? 잘 만들어진 단단한 이성적 사유를 지닌 우리인데, 왜 이 전깃줄이 모든 것을 망쳐 놓는가 말이다. 이는 '눈에' 거슬리는 것도 있었겠지만, 바로 이 선 하나가 주위의 자유로운 솟아오름을 두 쪽으로 가르면서 그 풍경을 억압하고 압박했기 때문이기도 하다. 그게 아니라면 우리가 무엇 때문에 힘들어 했겠는가? — 이 '고통'은 단지 정신적인 것일까? 저 거대한 송전탑에 이어진 전깃줄이 우리를 다른 시대와 연결시켜 주면서, 하필이면 적절치 못하게 산업적 근대성과 거기서 비롯된 약탈적인 경제를 상기시켜 주었기 때문은 아닐 것이다. 이는 전깃줄 그 자체가 만들어 낸 상황 때문이라 할 수 있다. 다시 말해 송전선은 이 모든 풍경 안에서, 자신이 손상시킨 이 풍경의 '모든 것' 안에서 어느 것 하고도 연결되어 있지 않은 것이다. 즉, 어떤 것 하고도 *긴장 관계를 이루고* 있지 않다는 의미이다. 전깃줄은 풍경 내에 변화를 주는 추가적 요소가 아니라, 이를 훼손하는 침입적인 요소인 것이다.

풍경이 교육받은 시선의 예술적 개입이 낳은 결과물일 뿐이라는 주장을 펼치는 이들은, 우리가 "흉터"라 부르는 것에 대한 되풀이되는 탄식을 비웃기에 딱 좋은 위치에 서 있다. 이때의 흉터란 마을이나 들판에 위치하고 있으면서 그곳의 미관을 '해치는' 것, 즉 철탑이

나, 변압기, 창고 등을 가리킨다. 이보다 더한 것도 있으니, 바로 나란히 쳐진 울타리를 따라 개성 없이 놓여 있는 "페닉스 주택(maison Phénix)[58]"이다. 또는 오래된 마을의 조그마한 광장 위에 줄지어 놓인, 페튜니아를 심은 수많은 시멘트 화분들도 그 예로 들 수 있겠다. 흔히들 이렇게 갑작스레 솟아오른 것, 갑작스러운 수직성이 지니고 있는 미학을 볼 줄 알아야 하고, 이러한 선형성이 가진 예리함을 볼 줄 알아야 한다고, 그러면서 이런 선들이 만드는 기하학을 받아들여야 한다고 말한다. 이러한 형태들 또한 발명되었다는 것이다. 이것을 이제는 보충적 요소가 아닌 새로운 구성 요소로 봐야 한다고 말한다. 이상적인 풍경, 배워 왔던 풍경을 잊으라는 것이다. 코로[59]를 잊으라는 것이다. 하지만 이것에 익숙해지라는 말이 아니다. 그게 아니라 이를 우리의 지각 속으로 들어가게 해서, 이를 가지고 고장을 '풍경'으로 만드는 것을 새롭게 구성해 보라는 말이다.

그러나 나는 이 문제가 이리 쉽게 해결될 수 있는 문제인지, 또한 이러한 영리한 항변만으로 충분히 해결될 수 있는 것인지 확신을 가질 수 없다. 분명 과거와 뒤섞여 이를 되살리는 현대의 생산물들에게 그만의 미학이 있다고는 하나, 수많은 경험 속에서 조용히 쌓

58) (역주) 페닉스 주택은 1946년 설립된 건축 회사 메종 페닉스(Maisons Phénix)가 건설한 개인 주택을 가리키는 것으로, 1980년대 들어 이 회사 이름은 낮은 가격의 주택을 일컫는 상징적인 표현이 되었다.

59) (역주) 장 바티스트 카미유 코로(Jean-Baptiste-Camille Corot, 1796~1875)는 프랑스의 풍경화가이다.

여 온 지식은 우리에게 풍경에서 중요한 것이 '사물 자체'가 아님을 알려 주었다. 이미 앞에서 썼던 은유인 '흉터'를 살펴보자. 이 흉터를 내는 것은 '사물'이 아니다. 송전 철탑은 흉하지 않으며, 오히려 위엄 있는 구조물이다. 풍력 터빈은 우아하기까지 하다. '흉터'는 바로 이 문제의 사물이 풍경을 엮어 내는 긴장의 장을 깨뜨리고, 흩뜨려 놓고, 여기에 구멍을 내고, 그리하여 풍경의 힘이 손실되도록 하면서 생기는 것이다.

빽빽한 전깃줄이, 고속도로 교차점이 풍경을 이룰 수 있다는 것을 우리는 잘 알고 있다. 또한 이곳에서의 활동, 작업, 많은 인구, 소음들이 전원 속의 양 우리만큼이나 수많은 긴장 관계를 조성하며 풍경을 만들어 낸다는 것도 잘 알고 있다. 하지만 문제는 이러한 것들이 모여서 극(極)을 형성할 만큼 그 자체 내에 충분한 *끈끈함*을 가지고 있지 못할 때 생겨난다. 이 모든 것들이, 존재하고 있는 풍경과 *상관관계*를 맺지 못할 때, 즉 풍경에 동참하지 못할 때 문제가 생기는 것이다. 하지만 이러한 긴장 관계가 조성되든 아니든 간에, 새로운 관계가 만들어지든 아니든 간에, 이들은 모두 풍경 만들기의 요인이자 변수들이다. 그 갈등이 '동시대성' 또는 그것의 개입과 관계있는 것이 아닌 만큼, (옛것을) 보전하느냐 마느냐의 문제가 아님을 우리는 알고 있다. 베네치아를 마주하고 있는, 석호 저편의, 마치 저 유명한 맨해튼 유조선[60]의 모양과 같은, 메스트레[61] 위로 솟아 있는 쭉 뻗은

60) (역주) '맨해튼(Mahattan)'은 미국에서 1960년대에 건조되어 사용되었던 유조선의

철탑과 파이프들 또한 풍경을 만들어 내는 것이다.

나는 센 강가의 마레 지구 끝자락에 아무렇지도 않게 떡하니 자리 잡고 있는 쉴리모를랑 행정부 건물을 보면서 언제나 괴로움을 느꼈다. 아니 괴로움을 *몸소 체험했다*. 양쪽에 두 개의 건물을 날개처럼 끼고 있는 모양이, 약간 소련식의 기능주의적 구조를 가진 그 건물 모양이 '흉하다'는 이유에서가 아니다. 1960년대의 모더니즘을 구현한 이 건물이 주위의 보다 고전적인 형식의 건물들과 조화를 이루지 못하기 때문도 아니다. 바로 이 건물이 덩그러니 혼자 동떨어져 있으면서 '눈치도 없이' 거대하기만 하고 일관성도 없는 데다(에펠 탑이나 보부르가 그러했듯이) 극을 이루어 떨어져 나가지도 못하기 때문에, 즉 주위 어느 것하고도 긴장 관계를 이루지 못하기 때문이다. 그리고 어느 날 이와 비슷한 모양을 가진 세 개의 작은 건물이 그 곁에 나란히 세워졌다. 지붕이 완전히 납작하고 전체적으로 보다 세련된 선을 지닌 건물들이 말이다. 이 건물들은 갑자기 일종의 상관관계를 만들어 냈고, 그들과 본래의 거대한 건물 사이에 옛 파리 위를 덮는 새로운 망을 펼쳐 놓았다. 그러면서 그곳의 '흉터'는 지워졌다.

우리가 "좀먹기"라 부르는 것에서도 이와 비슷한 교훈을, 하지만 이번에 역방향으로 읽어 낼 수 있다. "좀먹기"이란 용어는 신조어로, 역시 은유적 의미가 강하다. 이 단어는 조경사와 환경 전문가들이 풍

이름이다.

61) (역주) 이탈리아 베네치아 시의 중심 지구이다.

경 조성에 대한 새로운 위협에 대처하기 위해 만들어 낸 것이다. 이는 산발적으로 일어나는 건설에 의해 풍경이 좀먹은 천 조각처럼 여기저기 구멍이 뚫려 가는 것을 말한다. 한편에서 보면 이는 '흉터' 또는 '결점'이 긴장의 장에 구멍을 내고는, 갑자기 이 찢어진 곳을 통해 그 힘을 내버리는 것과 같다. 다른 한편에서는 좀먹기가 새로운 건설의 진출로 보이니, 이런 가운데에서는 더 이상 긴장 관계가 생기지 않는다. 옛날의 마을을 보면 교회나 성 주위로 주거지를 밀집시키고 주위의 자연과 간격을 벌리면서 긴장감을 끌어올리는 것을 볼 수 있다. 바로 여기에서 풍경의 힘이 솟아나는 것이다. 반면 건물을 여기저기 흩뿌리듯 짓는 '좀먹기'는 그 분할성으로 인해, 상관관계에 들어갈 수 있을 만큼 충분히 밀도 있는 반대편을 만들어 내지 못한다. 다시 말해 *한쪽*이 충분히 집결되어 있지 않으면 *다른 한쪽*은 출현하지 못하는 것이다. 이 속에서 긴장 관계는 부서지고, 극성은 흐트러져 버린다. 그리하여 풍경의 효과는 사라져 버린다. 그 *도약의 힘*이 사라지는 것이다.

7. 특이화, 변화, 먼 곳

1

고장을 풍경으로 승격시키는 강화의 효과에 대해서 찬찬히 설명할 필요가 있겠다. 일단 적어도 세 가지 요인, 서로 질서 있게 모여서 협동하는, 제목에서 언급된 세 요인들이 이 효과에 기여한다고 할 수 있다. — 이를 가지고 *풍경의 시스템*을 만들어 보면 어떨까? 풍경은 먼저 나의 관심을 사로잡는 *특이함(singularisation)*에서부터 발생한다. 예를 들어, 차로 타고 이동하고 있는데 갑자기 더 이상 저쪽으로 가고 싶지 않고, 그 길로 계속 가고 싶지 않을 때가 있다. 풍경을 지나치지 않고 멈추고 싶을 때가 있는 것이다. 이는 단지 '관심' 때문일까? 사실 여기서 말하는 특이성이란 바로 거기서만 볼 수 있는 것, 다른 어디에서도 만날 수 없는 것으로, 풍경이 가진 유일함을 강조하면서 풍경이 보통 사물로서 가지는 익명성과 무기력함에서 빠져나오도록 한다. 특이성은 풍경을 끊임없이 이어지는 단조로운 펼쳐짐에서 떼어 놓을 뿐만 아니라, 특히 그 속에서 개별화를 일으켜 장소와 시간의 연속이 뒤덮었던 것을 눈에 띄도록 만들고 이를 '되살려 놓는다.' 다시 말해 내가 정말 이곳에 — 다시 살아난 '그곳'에 — 있다는 갑작스러운 느낌, 독일어로 da-sein이라 표현하는 이 느낌, 그리고 내가 *존재한다*는 느낌을 우리에게 주는 것이다.

그런데 풍경이 가지는 이러한 특이함 자체는 결과적이다. 풍경은 그 주위의 고장과 간격을 만들며 긴장 관계를 조성하기도 하지만, 무엇보다 그 풍경 속에서, 내부적 *상호 관계* 안에서부터 긴장 관계를 만들어 간다. 이것이 바로 내부적 *변화(variation)*로, 이는 그 풍경 속에서 극성을 압축하고 잠재적 가능성을 집결시킨 후, 뒤이어 활성화 현상을 일으킨다. 그리하여 여기에서 변화는 *생명*의 매개체가 된다. 이러한 순환적 교체는 숨을 만들어 낼 뿐만 아니라 재생으로 이어지기도 한다. (변화에 의해) '살고' (특이성에 의해) '존재하는' 것이다. 다시 말해 풍경은 이 둘을 동시에 만들어 낸다. 이 둘을 어떻게 구분할지, 그리고 어떻게 연결시킬지에 대해서는 생각해 봐야 할 것이다.

풍경의 마지막 매개물은 풍경이 이어져 가는 *머나먼 곳(lointain)*으로, 이는 '저 너머'의 세계로까지 펼쳐져 이어지지만 그 끝이 지워지고 흐려지면서 결국 아우라의 차원으로 이어진다. 풍경은 제한된 성격을 지닌 선들을 없애 버리면서 이것을 희미하게 만들어 버리는데, 그로 인해 이 선들은 불확실한 초월의 요인이 되면서 결국 거기에 도달하고자 하는 갈망을 일으킨다 할 수 있다. 그런데 다른 세상으로 흘러감과 변화함 또한 삶의 속성 아닌가? 어찌 되었든 여기 이 세 개의 항과 관련해서, 풍경 전체가 동의를 해야만 하는 조건들이 있다. 바로 이 조건들로 인해 풍경은 주관적인 예술화와만 관계를 가지는 것이 아니라 자체적인 효과를 통해 만들어지게 되고, 그리하여 실제의 *원천적인 힘*으로 평가받게 되는 것이다.

2

먼저 *특이성*이 풍경 속에서 확연히 나타날 때 풍경이 생긴다고 했는데, 여기서 말하는 이 '특이함'이란 무엇을 뜻하는가? 특이하다는 것은 극한의 것을 말하는 것이 아니다. 우리도 알다시피, (사막이나 바다, 산이 보여 주는) 극한의 전망이 풍경을 만들어 내는 것은 아니다. 놀라운 것을 말하는 것도 아니다. 풍경이란 보기 드물다고 만들어지는 것도 아니다. 풍경이란 그 풍경이 명확히 드러나도록 만드는 개별화가 그 안에서 강조될 때 만들어진다. 그 속의 고유의 것이 나타나야 하는 것이다. 그렇다고 이 특이함이 따로 동떨어져 있거나 특수한 것은 아니니, 바로 이점에서 풍경은, 다시 한 번 말하지만, '전망'과 구별되는 것이다. 전망이란 "~의 전망", "~로 향한 전망" 등 이미 초반에 언급했듯이 항상 위치의 결정과 연결되어 있다. 하지만 풍경은 그 안에서 자신의 지점을 초월하면서 이 지점을 세상에 대한 매개물로 만든다. 풍경은 다른 것과 분리되는 '하나의' 풍경인 동시에 '모든 것', 즉 세계가 되는 것이다. 다시 말해 바로 이 장소가 동시에 세계가 될 수 있을 때, 그 장소만의 특수성 안에서 '세상'을 만들어 내는 것이 펼쳐지고 열리고 드러날 때에야 풍경이 생성되는 것이다.

이에 대해, 언제나 유용하게 쓰였던 헤겔식의 사유 방식을 적용해 보면, (이런저런 '전망'이 지닌) '특수함(particulier, das Besondere)'이란 '공통의 것(gemein)'에서 빠져나온 것으로, 편파적인 성격 그리고 자기 안에 머무르는 성격이 강하다. 반면 이러한 특수함이 스스로를 탈피하여 색다른 것, '유일한 것(das Einzelne)'으로 변하게 되면, 이는 동시에 자연의 '보편적인 것', 천성적으로 보편적인 것으로 발전한다. 또한 그러면서 *실질적인* 것이 되어 간다. 우리는 이미 풍경이 결코 세상의 "구석진 부분"이 아니라고, 풍경은 그 단일성 안에 모든 것을, 즉 중국어로 '산과 물'이나 '바람과 빛'이 의미하는 것을 담아내고 있기에 풍경이 될 수 있었다고 말한 바 있으니, 이렇게 말한다는 것 자체가 이미 특이함의 고유한 역할을 인정한 것이라 할 수 있다. 그런데 풍경이 지닌 이런 특이함이란, '고장'이라는 결정된 존재가 그 특수성 안에 '공통된 모든 것(allegmein)'을 가지고 오는 그 '순간'에 일어나는 일과 같은 것이니, 이는 바로 개체화를 통해 자신이 *존재한다는* 것을 표시하는 것, 눈에 띄게 하는 것을 가리킨다 하겠다.

우리는 존재란 "개별적인 특이함이 만들어 낸 것(existentia est singularium)"임을 알고 있다. 이는 스콜라 철학자들이 아리스토텔레스로부터 인용했던 내용이다. 과학 담론의 기초를 이루는 일반성과 달리, "각각(kath'hekaston)"의 분류법에 따라 존재는 개별적이라는 것이다. 달리 말해 *개별적인(특이한) 것만이 존재한다*는 것이다.(아리스토텔레스, 소크라테스, 또는 칼리아스가 말하지 않았던가. 우리는 여기 이 사람을 보살피는 것이지, "인류" 전체를 보살피는 것이 아니라고.) 즉 특이화(개별화)라는 것은 실질적으로 *존재를 드러나게 하는 것*이고, 그렇기에 강력히 요구되어야 한다. 유일함을 요구하는 것은 곧 기독교에 의해 절대성으로 이어졌으니, 이를 바탕으로 키르케고르의 '실존주의'가 탄생한 것이다.(헤겔과 키르케고르는 이 점에 관해 그토록 반대되는 입장을 취한 것일까?) 그런데 바로 여기에 풍경이 우리로 하여금 체험하게 하려는 것이 있다. 풍경은 고장이 자신을 개별적으로 특이화하며 실질적으로 '존재함'을 표현할 때 생성된다. 풍경이 *하는 일*이란, 의식에 맞서면서 존재가 물리적으로 드러나도록 하는 것으로, 이는 풍경을 고장이 지닌 반복성과 진부함, '일반성'(단조로움)으로부터 떼어 놓는 개체화(individuation) 작용으로 인해 일어나는 일이라 할 수 있다.

여기서 한번 조심스레 뒤돌아서 가 보자. 어떤 풍경을 봤을 때, 실체를 서서히 드러내는 특이함(유일함) 속에 들어갈 때, 익명의 '남'과는 다른 어떠한 '타자'를 만나는 것처럼 풍경을 '만나게' 될 때, 우리는 스스로 특이한(유일한) 존재임을 느낀다. 그저 그렇게 존재하는 (무기력하고 잊힐 만한) 것이 아니라 '실질적'으로 존재하는 그러한 존재 말이다. 풍경이 우리를 저 끝없는 펼쳐짐, 고장에 대해 의식하지 못하는 저 상황에서 빠져나오도록 이끌어 주는 한, 우리는 풍경 안에서 또 풍경을 통해 우리가 존재함을 느낄 수 있다. 또는 이렇게 말할 수도 있을 것이다. 풍경은 자신의 특이화(singularisation) 과정 속에서 우리로 하여금 그 존재를 느끼게 만드는데, 그 속에서 풍경은 우리 개개인의 존재를 부각시키기도 하고, 우리가 존재한다는 느낌을 우리 안에 불러일으키기도 한다고 말이다. (사령운의 시와 같은) 풍경에 관한 시는 이러한 논리를 펼쳐 놓은 것이다. 어떠한 풍경이 가진 특이함(유일함)을 언급한 뒤 자신의 삶을 뒤돌아보는 주체의 명상으로 이어지는 것이 바로 풍경시의 논리이다. 여기서 풍경은 편리하고 쉽고 언제나 사용할 수 있는 대상, 합의된 주관화의 대상이 아니다. 또한 낭만주의에서 그리도 많이 쓰였던 투영의 장치도 아니다. 여기서의 풍경은, 지금 여기에서 풍경을 개별적으로 만나는 주체인 나의 존재 안으로 나를 되돌려 놓으려 하는 것이고, 나로 하여금 나의 존재를 드러내도록 만드는, 바로 그러한 것이다.

3

따라서 (풍경시에서) 풍경을 말하는 것이, 문장으로 풍경의 특이성이 드러나도록 하는 것도, 그 풍경을 '묘사하는 것'도 아니라는 사실에 놀랄 필요가 없다. 중국은 추상화 과정에서 존재한다는 느낌이 없어져 버릴 수도 있음을 무엇보다 걱정하며, 그 특이함이 발현되도록 하는 대립의 시스템을 만들어 냈으니, 바로 이 시스템이 유형학으로 발전한다. 중국 남동쪽의 산들이 웅장하고 높다 하지만, 이는 곽희의 말처럼[62] "하늘과 땅이 산을 특별히 대해 주었기" 때문이 아니다. 그곳의 땅이 매우 낮고, 씻긴 듯 그 위에 아무것도 없는 데다, 토양의 지면이 깊지 않기 때문이다. 그리하여 이 산들은 정상이 가파르게 솟아올라 있고, 절벽은 깎아지른 듯하며, 폭포들도 현기증이 날 만큼 높은 곳에서 떨어진다. 이런 면에서 남동쪽의 산들은 북서쪽의 산들과 완벽한 대조를 이룬다 할 수 있다. 북서쪽의 산들은 무게가 있고 육중하니, 그 지면은 매우 두껍고 물은 그 안으로 구불구불한 홈을 파면서 흐른다. 또한 이 산들은 몇 천 리에 걸쳐 끊임없이 펼쳐져 있다. 이 역시 곽희가 말한 것처럼 "하늘과 땅이 이곳을 차별적으로 대했기" 때문이 아니다. 이는 산들이 특이화된 것이다.

해안가, 예를 들어 (프랑스) 랑그도크의 해안가를 따라 걸을 때, 나는 몇 시간을 걸어도 그곳을 *특이하게 만드는* 어떠한 것도 인지하지 못한다. 그 고유의 것, 또는 풍경이 나타나게 할 만큼 특이한(유일한) 어떠한 것도 인지하지 못하는 것이다. 육지와 바다가 이어져 서로의 가장자리를 맞대면서 나란히 놓여 있을 뿐이다. 이렇게 단조롭게 이어져 나가는 상황은 깨지지 않는다. 긴장 관계에 들어가지도, 유일한 것이 나타나지도 않는 것이다. 이러한 펼쳐짐 속에서, 존재한다는 느낌은 고개도 들지 못하고 그냥 사라져 버린다. 바다가 육지로 강하게 밀고 들어와야 하고, 산은 뻗어 나가야 하며, 거친 바위들은 매끈함에 맞서야 한다. 무엇보다 울퉁불퉁함이 형성되어야 하고, '돌출됨'이 끊임없이 이어지는 수평을 교차하며 끊어 주어야 한다. 그래야만 풍

62) *Linquan gaozhi*, ≪Shan shui xun≫, *op. cit.*, p.20.

경이 나타난다. 그래야만 실질적으로 '거기에 있다(Dasein)'는 느낌이 생겨날 수 있는 것이다. 기차로, 자동차로 저 넓게 펼쳐진 곳을 돌아다니면서 이러한 특이함을 기대하지 않는 사람이 있을까? (야수파) 화가들이 콜리우르나 에스타크 해안가를 그릴 때 그 양쪽 끝을 다갈색으로 칠한 건 틀린 것이 아니다. 하지만 오늘날 풍경이란 우리가 보듯이, 아니 체험하듯이 결국 완전히 지워져 버리고 말았다.

풍경이라는 자격을 부여하는 이 특이화 작업은 고장을, 그리고 다른 풍경들을 잘라 내면서 이루어진다. 풍경이 개별적인 특이성을 가지게 되면서 — 그 자체로 확실해지면서 — 다른 것들을 밀어내기까지 하는 것이다. 마치 하나의 풍경이 다른 풍경들을 비현실적으로, 즉 현실감이 없게 만들어 버리는 것 같은 것이다. 예를 들어 보자. 나는 지중해 연안에 있을 때, 브르타뉴 지방을 까맣게 잊는다. 솔직히 나는 브르타뉴를 상상조차 하지 않거나 아니면 또 다른 세상으로 여기면서 내가 또 하나의 다른 삶을 산다는 생각에 빠진다.(만약 브르타뉴가 석회, 화강암, 청회색 기와가 만드는 그 차가운 분위기의 결합을 버리고, 황토색 겉칠로 자신을 꾸미면서 '남프랑스'가 되려 했다면 이는 브르타뉴를 망쳤을 것이다.) 브르타뉴와 노르망디의 경우도 서로 맞닿아 있지만, 그만큼 그 차이는 더욱 잘 보이고 부각된다. 그래서 우리는 한쪽에서 다른 쪽으로 가면서, 쾌적한 한편에서 음울한 다른 한편으로 이동하면서 우리의 감각과 사유가 어떻게 변하는지를 스스로에게 물어보기까지 한다. 사실 해안이 계속 이어지는 가운데 조용한 변화를 통해, 실제로는 단절 속에서 발생하는 것을 견뎌 내고 참아 내기 위해, 정신적인 측면에서나 물질적인 존재 안에서 얼마나 많은 혼란이 일어나겠는가? 한편에서 다른 한편으로 넘어가면 연장이 된다. 하지만 *모든 것, 전체가* 바뀐다. — 각각의 풍경은 하나의 '전체'가 된다. 그리고 전체는 이러한 변화를 중시한다.

그렇다면 우리도 언젠가는 이러한 '전체', 즉 변화하는 것의 전체, 풍경의 독특함을 만드는 것의 전체에 대해 이야기할 수 있지 않을까? 이 '전체'를 형성하다 보면, 그것을 간파할 수 있게 되지 않을까? 우리가 한쪽에서 다른 한쪽으로 옮겨 갈 때는 단지 석회질 암석이 화강암으로, 짚으로 엮은 지붕이 청회색 기와지붕으로, 기복 심한 계곡이 얕은 굴곡으로, 그리고 ("보기 좋게") 개방적인 것이 딱딱하고 수축되고 동떨어진 것으로 변하는 변화만 있는 것이 아니다. 부댕[63]의 그림에서나 볼 법한 노르망디 하늘 또한 저 요동치는 브르타뉴의 거대한 단색 하늘로 바뀌게 되는 것이다. 노르망디는 '인상주의적'이지만 브르타뉴는 '원시주의적'이다.(세뤼지에[64]의 〈부적〉이란 작품을 보라.) 즉 한쪽에서는 감정을 섬세하게 표현하지만, 다른 한쪽에서는 이를 과격하게 몰고 가거나 부숴 버리는 것이다. 이제는 땅에 대해 말해 보자. 여기선 하늘과의 대립을 강조하면서 언급하고자 하니, 이곳에선 마치 풍경을 만들어 내는 특이화가 땅을 본질적인 것으

---

63) (역주) 외젠 루이 부댕(Eugène-Louis Boudin, 1824~1898)은 프랑스의 풍경화가이다.

64) (역주) 폴 세뤼지에(Paul Sérusier, 1864~1927)는 프랑스의 후기 인상주의 화가 중 한 명이다.

로 만드는 듯하다. 노르망디 지방은 바람이 세고 비가 많이 오긴 하지만 그럼에도 온화하고, 조화롭고, 부드러운 곳이다. 또한 사람들은 이곳이 "여유롭다"고 말하기도 하는데, 사실 이러한 특징들이 그리 큰 의미가 없음을 우리는 잘 알고 있다. 그럼에도 이것이 강한 인상을 남기는 것은 사실이다. 노르망디와 접해 있는 브르타뉴는 이와 반대로 극단적이다. 해안가는 들쭉날쭉하고, 주위에 초원도 없다. 가시양골담초와 파도 소리만이 있을 뿐이다. 경치, 냄새, 감촉 또한 모두 거칠다. 한낮인데도 어두컴컴하기까지 하다. 볕이 좋은 날에는 모든 것을 만천하에 드러내니, 날씨가 너무 아름답고 하늘은 너무 파란 나머지 브르타뉴는 더욱 신비스러워지기까지 한다. 브르타뉴 지방은 숭고하다. 노르망디는 전혀 그러하지 않다. 프로방스 지방도 (매력적이긴 하지만) 그렇지 못하다. 브르타뉴가 (우편엽서에서나 볼 듯한) 너무 강한 특징의 이미지를 지닌 곳이기 때문일까, 아니면 그곳 언어에 대한 고정관념이 아직 너무 강하게 자리 잡고 있어서 그런 걸까? 차문을 열고 움푹한 길에 발을 내딛자마자, 우리는 그 특이함의 *전체*를 — 보기보다는 — '들이켜게' 된다.

4

고장이 풍경이 되는 데 작용하는 또 다른 요인은 *변화(variation)*의 효과이다. 변화는 다른 것들과의 간격을 벌리면서 이뤄지는 것이 아니니, 이러한 간격 벌리기는 사실 (앞에서 본) 특이화 과정의 특징이다. 변화는 풍경 속 긴장 관계를 확대시키는 과정에서 생기는 차이에 의해 발생하는 것이다. 풍경의 효과란 고장을 단조로움에서, 또는 그 무기력함에서 꺼내는 것이기 때문에, 내부적 차이가 고장을 손봐 주지 않는다면, 이 고장은 그저 그렇게, 아무런 긴장감 없이 펼쳐져 나가게 되고 우리의 감각은 더 이상 발전할 수 없게 된다. 게다가 그 안의 삶은 무기력한 채로 남을 수밖에 없다. 인생이 끝없는 반복 속에 매몰되어 버리는 것이다. 그리하여 그곳의 삶은 다른 것을 만나지도 못하고 시들어 가게 된다. 광활한 평야를 기차로 가로지르는 것, 또는 브르타뉴 지방을 4차선 도로를 통해 가로질러 가는 것 등이 이러한 결과를 낳는다. 더 자세히 말해 보자. 고속도로는 직선으로 나고, 돌출된 부분을 허용하지 않는다.(브르타뉴에서 고속도로가 작은 만으로 이어지지는 않는 것이다.) 즉, 도로는 이러한 차이를 없애 버리거나 이와는 멀리 떨어진 경로를 따라 뻗어 나가는 것이다. 이렇게 고속도로는 풍경을 말려 버리고 '고갈시켜 버린다.' 그리하여 무기력한 상태가 되어 버리니, 이는 이곳에 더 볼 것이 없어서가 아니라, 생명력이 연결될 수 있는 가능성의 부위를 알려 주는 어떠한 것도 존재하지 않기 때문이다. 바로 이 부위를 통해 생명력이 솟아나는데 말이다. 만약 우리가 고속도로에서 존다면, 이는 무엇보다 풍경에 의해 자극을 받지 못한, 그 변화에 의해 힘을 받지 못한 불확실한 상태에 있기 때문이다.

동일함의 지배 아래 있는 이 세계화 시대에 다음을 상기시켜 봄도 나쁘지 않을 듯하다. 세상을 만들기 위해서는 '모든 것(전체, de tout)'

이 필요하다고 한다. 이는 옛 스토아 철학자들부터 시작해 교부(教父)에 이르기까지 계속 주장되는 내용이다. 그런데 이때 말하는 '전체'는 '다양한 종류로 이루어진(varié)' 전체를 의미한다. 이것이 바로 그리스인들이 포이킬리아(poikilia, ποικιλία)라 불렀던 것이 요구하던 바였다. 이것이 아니라면 반복과 무익한 복제를 통해 넘칠 때까지 '채우는 것'으로 이 '전체'를 이해해야 할 것이니, 그렇게 되면 이는 가득 채우는 것(sumplêrôsis)일 뿐, 다양한 아름다움을 지닌 '세계', 즉 *코스모스(cosmos)*를 가리키는 것이 아니게 된다. 이는 천지창조에서의 악의 존재를 정당화하고 신을 변론하기 위해 몇 천 년간 아주 끈질기게, 변신론을 통해 반복적으로 말해 왔던 것과 같은 논지의 것이다. 즉, 그림 속에는 '음영'이 있어야 한다는 것이다. 이 음영이 다른 것과 대조를 이뤄 감에 따라 그림의 색들이 부각된다는 것이다. 또한 데카르트 경우, 내 자신이 불완전하다는 사실에 의해 세상은 더욱 완전해진다고 말하기도 한다. 나의 결점을 통해, 다시 말해 내부적 차이(écart interne)를 내가 받아들임을 통해, 나는 세상 전체의 변화에 기여하게 된다는 것이다.

그런데 '세상'은 그 '자체'로 만들어지는 것이 아니라 한쪽이 다른 한쪽에 필요할 때, 더 정확히 말해 한편에 의해, 이 한편 덕분에 나머지 하나가 존재할 때 만들어지는 것이니, 이것이 바로 '풍경'으로 발전하려는 '고장'이 변화를 통해 보여 주어야 하는 것이다. 실제로 *서로서로는* 그저 옆에 나란히 놓여 있는 것 이상의 것이 되어야 한다. 그래야 풍경이 태어나는 것이다. 중국의 사유는 이미 일찍부터 이를 깨달았으니, 이에 따르면 (*음*과 *양*처럼) '하나'는 '다른 하나'에 의해서만 존재하고, 이 '하나'로부터 '다른 하나'는 그의 존재 가능성을 끌어낸다는 것이다. 따라서 중국에는 '자신(kath'hauto)' 그 자체를 생각하는 존재론과 같은 것이 없다. 대신 풍경에 관한 사유가 있을 뿐이다. 이 하나는 그 상대가 있을 때 긴장을 하고 그 모습을 드러내면서 눈에 띄고 '뚜렷'해진다. '존재'하게 되는 것이다. 낮은 것(물)이 있을 때 높은 것(산)이 있고, 저 유동성이 있어 이 단단함이 존재할 수 있으며, 산 정상의 빛이 어두운 골짜기로 인해 더욱 강조되는 것이다.

여기서 우리는 풍경과 관련하여 내가 존재론[65]을 해체하기 위해 이미 유용하게 사용했던 개념인 '간격(écart)'과 '사이(entre)'를 다시 살펴볼 필요가 있을 듯싶다. 먼저 *간격*과 *차이(différence)* 간의 차이점을 알아보자. 차이라는 것은 세세한 구별을 통한 분류와 명시의 작업으로, 외관과 속성에 따라 대상을 나란히 정리해 놓아두는 것에 불과하다. 여러 종류의 나무들, 광물, 꽃, 그리고 구름 등을 두고 우리는 차이를 말한다. 간격은 완전히 다른 것이다. 이는 구별이 아닌 떨어져 있음을 말하는 것으로, 간격은 자신이 분리해 놓은 것 사이에 긴장 관계를 만들어 놓는다. 이렇게 하면서 간격은 *사이*를 열어 놓는다. 하지만 '사이'는 그 '자체의 것'은 아니다. 높은 것(산)과 낮은 것(물) 간에, 부동의 것과 움직이는 것 간에, 어두운 것과 투명한 것, 뚜

65) François Jullien, *L'Ecart et l'Entre. Leçon inaugurale de la Chaire sur l'altérité*, Paris, Galilee, 2012.

렷한 형태를 가진 것과 졸졸 소리를 내는 것 간에 열려 있는 *사이* 속에서, 아니 *사이에 의해서* 풍경이 펼쳐지는 것이다. 엄밀히 따져 말하면 풍경이란 이미 강조했듯이 분리될 수 있는 곳도, 지정될 수 있는 장소도 아니기에, 어느 곳이 될 수 없다. 풍경이란 바로 '사이'인 것이다. 그리하여 풍경은 본질과 분리, '속성'과 '부여된 것'에 대한, 결과적으로는 "이것은 무엇인가"라는(정체성 파악을 위한) 질문에 대한 존재론의 정복을 피해 갈 수 있었던 것이다. 그런데 고장이 풍경으로 변해 가는 것, 이것은 *사이*에서, 뒤이어 상호 작용과 강화 현상에서 발생한 것에 의한 것이라 할 수 있다.

풍경을 긴장 관계로 밀어 넣는 이 *변화*라는 개념은 '대조'나 '다양함'으로 요약될 수 없다. 이 둘은 존재론과 관계된 평범한 개념이다. '대조'는 지나치게 외관적인 것에 한정되어 있다. 너무 정적이고 결과에만 집중하고 있는 것이다. 또한 대조는 대상을 나란히 놓으려 한다. '다양함'이란 표현은 유럽에서 풍경을 설명하기 위해 쓴 첫 번째 속사라고는 하나, 사실 이 또한 불충분한 개념이며(퐁트넬[66]은 "다양함이 풍경의 매력이다"라고 표현했다) 열거에 한정되어 있다. 이로 인해 다양함은 풍경을 *대상*들을 모아 놓은 일종의 수집물의 집합처럼 그 의미를 축소시켜 버린다.(『트레부 사전』[67] 속에 인용

66) (역주) 베르나르 퐁트넬(Bernard Le Bovier de Fontenelle, 1657~1757)은 프랑스 백과전서파의 한 명으로, 계몽주의 사상가이자 문학자이다.

67) (역주) 『트레부 사전(Dictionnaire de Trévous)』은 17세기에 프랑스에서 출간된 사전들을 예수회가 정리하여 총괄해 놓은 책이다.

된 퓌르티에르[68]의 설명에 따르면, "아름다운 풍경이란 눈을 즐겁게 하는 아주 많은 대상들에 의해, 즉 언덕, 계곡, 밭, 초원, 숲, 포도나무들에 의해 다양화된 것으로 (…) 풍경에 다양한 대상들이 많으면 많을수록, 풍경은 더욱 아름답다.") 반면 *변화*는 펼쳐짐을 전제로 한다. 이 개념은 눈에 잘 띄게 표로 나타낼 수 있는 것이 아니라, 과정적인 것이다. (음악에서 변주곡이 그런 것처럼 말이다.) 달리 말해, 다양함은 '펼쳐서 진열하는 것'이고, 변화는 '긴장 관계를 만드는 것'이다.(그리고 바로 여기에서 *구성*이 만들어진다.) 또한 다양함이 (사물이나 본체의) 정체성을 전제로 하는 반면, 변화는 '존재'라는 모든 도구를 해체하면서 *진행 중인* 것만을, '실행'만을 표현한다. 바로 이러한 연유로 풍경은 '사이'라 할 수 있는 것이다.

『신엘로이즈』의 저 유명한 편지를 읽다 보면, 루소가 고장을 거쳐 풍경으로 넘어가고 있음을 볼 수 있다. 이때의 풍경이란 바로 고장이 승격된 것이다. 이 편지에서 루소가 보여 주는 것은 '다양함'이지만, 내 생각에 루소는 오로지 변화를 통해서만 풍경을 만들어 내고 있다. 이는 그가 풍경을 한 폭의 그림('경치', 묘사, 파노라마)이 아닌 펼쳐지는 과정(여행, 그러니까 서술)으로 설명할 줄 아는 능력을 지녔었기에 가능했던 것이리라. 사실 그가 풍경에 대한 다른 개념을 지니고 있던 것은 아니며, 단지 교차만으로 풍경을 구성했을 뿐이다. "때론

68) (역주) 앙투안 퓌르티에르(Antoine Furetière, 1619~1688)는 프랑스의 시인이자 소설가이며, 사전을 출간하기도 했다.

거대한 바위들이··· 때론 높고 웅장한 소리의 폭포들이··· 때론 끝도 없는 급류가···." "때로 울창한 숲 속의 그 어둠 속에서 길을 잃기도 했다. 어쩔 땐 깊은 구렁에서 빠져나가는데, 갑자기 아름다운 들판이 나타나 나의 눈을 즐거움으로 물들였다." 여기서 루소는 계속 '다양함'만을 보여 주면서 '섞임', '대조', '정경'에 대해서만, 무엇보다 '관찰자'에 대해서만 말하고 있다. 과장되면서도 연극적인 옛날 수사학의 문체를 따라 하면서 말이다. 그럼에도 루소는 그 속에서 지속적이면서도 체계적인 긴장 관계가 이루어 내는 풍경 만들기(paysagement)의 효과를 놓치지 않고 있다. "동굴 옆에서 우리는 집들을 발견했다"는 문장을 보라. 바로 루소와 함께, 그리고 그 산과 함께, 우리 유럽은 풍경'으로 살아가는 것'이 무엇인지를 실질적으로 알아내기 시작했다고 할 수 있다.

5

8세기 당나라의 위대한 시인이자 화가였던 왕유(王維)가 남긴 「산수결(山水訣)」이라는 매우 뛰어난 글이 있다. 이는 변화(variation)를 어떻게 해야 하는지를 처음부터 끝까지 자세히 설명한 개론이다.[69] 이 글에서 왕유는 곧바로 본론에 들어가니, 풍경화의 기술이란 상반되는 것을 다 모으면서 세상의 긴장을 압축시키는 것이라 말한다.

69) ≪Shanshuilun≫, in *Leibian*, p. 596.

"네모난 다리 하나가 받치고 있는 판자 위에 몇 천 리의 풍경을 그려 보아라. 동서남북이 바로 우리 눈앞에 있는 것처럼 말이다. 봄, 여름, 가을, 겨울이 붓 아래서 태어나는 것이다."(앞에서 언급한 루소의 편지가 다시 생각난다. "동쪽에는 봄의 꽃들이, 남쪽에는 가을의 열매가, 북쪽에는 겨울의 얼음이 있다. 자연은 모든 계절을 같은 순간 안에 모아 놓았고, 모든 기후를 같은 장소에 모아 놓았다.") 왕유는 이어서 말한다. "물가를 세우는 것부터 시작해라. 산이 물 가는 대로 따라가지 않도록 해야 한다." 그러니까 전망에 대한 틀을 세우는 것부터 시작하는 것이 아니라, 산과 물 사이의 첫 번째 긴장과 변화가 잘 자리를 잡도록 하는 것부터 시작하라는 소리이다. "그런 다음, 길이 갈라지는 지점을 잡되, 길이 계속 이어져 나가도록 그려서는 안 된다." 이 길들이 그림 속에서 사라졌다가 뒤쪽에 다시 나타나도록 해야 한다는 것이다. 길을 끊는 것은 단조로움에 변화를 주면서 이를 깨고자 하는 것으로, 이러한 끊어짐은 일부가 빠지게 함으로써 입체감을 주는 것이라 하겠다.

가장 작은 것에서 가장 큰 것으로 향하는, 점진적인 단계에 따라 각 부분들을 배열하고 모으면서 이루어지는 알베르티 방식의 구성과는 달리, 왕유의 그림은 한쪽 끝에서 다른 끝으로, *변화에 의한 긴장*을 몰래 야기하는 상반된 것들의 상관관계에 의해 진행된다.

주가 되는 봉우리는 높이 오르는 듯 그려야 하고

객이 되는 봉우리들은 주봉을 향하 내달려야 한다.

인가(人家)에 대해서는 다음과 같이 썼다.

산으로 둘러싸인 곳에 암자를 배치할 수 있고,
물가의 육지에는 인가를 둘 수 있다.

하나는 다른 하나에 호응하니, 하나는 자신이 변화를 받아들이고 상대와의 긴장을 받아들일 때만 정당화되는 것이다. 풍경이 열리는 그곳, 즉 강가에 활동적 삶을 배치하고, 풍경이 닫힌 그곳, 즉 산골에 은둔의 삶을 배치한다. 그림 전체가 이렇게 연달아 이어지는 극성에 의해 전개되는 것이다. 아무것도 없지만, 모든 것이 상호 작용하고 있고, 문장 속 두 요소의 결합이 내놓는 새로운 연결 관계는 새로운 긴장 관계를 만들어 내며 다른 긴장 관계와 엇갈리게 된다.

시골 마을 가에는 나무들을 모아 숲을 만들어야 하는데,
가지가 반드시 나뭇등걸을 감싸야 한다.
산골짜기에는 한 줄기 물을 모아 폭포가 쏟아지게 해야 하는데,
물줄기가 어지럽게 흘러서는 안 된다.

여기에 풍경을 '조합하는' 다른 방법이 있는 것은 아니니, 숨을 순환시키는 이러한 이항 조합들을 통해 변화가 사방으로 형성되면서 퍼져 나가는 것이다. 여기에서는 하나가 다수(나무들, 한 줄기 물)와 조합하고, 인가가 야생(마을, 골짜기)과 조합되고 있다. 이와 같은 조합에 대한 요구는 묘사가 진행됨에 따라 지속되면서, 묘사되는 대상들이 내부적으로 소통하도록 한다. 각각의 극은 내부적 밀착에 의한 *점성(끈끈함)*을 충분히 가지고 있어야 한다.(나뭇등걸은 가지가 감싸 안아야 하고, 물줄기는 흐트러져서는 안 된다고 하지 않았는가.) 그래야 그들 사이에 팽팽한 긴장이 조성될 수 있는 것이다.

풍경이 서로 엮이도록 하면서 팽팽한 관계를 맺게 해 주는 이 '변화'는 두 가지 측면을 지니고 있다. 하나는 변화의 폭, 즉 변화가 지닌 간격의 힘이다. 산과 물 사이를 생각하면 된다. 다른 하나는 변화의 다양함이니, 수많은 간격들이 거기서 서로 마주치고 교차하면서 *빽빽하게 들어서는 것*을 말한다. 변화라는 것은 강한 힘과 다양함을 통해 그 진가를 드러낸다. 바다와 하늘의 대립과 같은 하나의 거대한 대립만으로는 충분하지 않다. 바다 한가운데에서 하늘과 물만을 보고 있을 때, 거기에는 단순함의 극치를 보여 주는 감탄할 만한 경치가 있다. 하지만 이것이 풍경을 만들어 내는지에 대해서는 개인적으로 답을 할 수가 없다.(만약 내가 선원이었어도 말이다.) 풍경은, 변화가 거미줄처럼 펼쳐지면서 하나의 망을 만들어 나감에 따라 한 단계 승격하게 된다. 중국에는, 모든 대립들의 집결지인 산이 바로 이러한 현상에 기여한다. 실제로 산에는 그늘진 면과 양지바른 면의 대립뿐만 아니라, 둔중한 몸체와 뾰족한 정상 사이의 대립, 숲이 우거진 곳과 잔잔한 풀로 덮인 곳, 암석으로 뒤덮인 곳과 수풀이 우거진 곳, 드러나 있는 곳과 숨겨져 있는 곳, 인적이 없는 곳과 사람이 사는 곳, 뚜렷하게 드러난 곳과 구름으로 가린 곳 등이 만들어 내는 대립들이 집결되어 있다. 산은 붓으로 그려지면서 점성 또한 획득하게 되니, 이는 붓이 수묵화 안에서 비어 있음과 차 있음, 빽빽함과 흩어짐, 흐릿함과 진함, 가벼운 것과 강한 것 등을 번갈아 표현하면서 산을 끝없이 변화하게 만들기에 가능한 것이라 할 수 있다.

이러한 변화는 *생기를 불어넣어 준다.* 교환 작용을 자극하고, 활기를 주면서 이 작용을 발전시키는 것이다. 이는 변화 그 자체에 의해서, 즉 변화가 극성을 팽팽하게 만들어 교대를 통해 새로운 모습으로의 탈바꿈을 일으키면서 일어나는 것이다.(중국이 시각적인 인지를 호흡만큼 중요하게 생각하지 않음을 기억하자.) 풍경을 있게 만드는 특이화 작용이 우리에게 존재한다는 느낌을 일으킨다면, 풍경을 긴장 관계에 놓는 변화는 *살아 있다*는 느낌을 강하게 담고 있다.('살다'와 '존재하다'를 두고 봤을 때, 후자는 형이상학적인 면으로 이어지는 반면, 전자는 유기적인 것과 연결된다.) 따라서 변화는 풍경을 확장시켜 가고, 동시에 내부의 긴장을 되살리면서 살아 있다는 느낌을 강화한다. 이러한 연유로 — 무엇보다 — 우리는 "풍경으로(을 원천으로 삼고) 살아간다"고 말할 수 있는 것이다. 루소는 앞에서 언급된 그 유명한 대목에서 이를 말하려고 했던 것 아닐까? 그가 단지 산 정상의 공기가 더 "맑고 섬세하다"는 것만을 말하려 한 것은 아니지 않겠는가? 누구든 간에 그가 연달아 언급한 모든 대조들이 이러한 생명력을 활발히 일으키는 작업에 동참하고 있음은 쉽게 인정하리라. 물론 이는 아주 조용히 진행된다. 그 과정을 인지할 수 없지만, 그 안에서 생리적인 의식이 구별되지는 않지만, 실질적으로 일어나는 것이다.

풍경이 지니고 있는, 이렇게 생명력을 강화하는 변화는, 중국에서 주거의 기술에까지 영향을 주었다. 개인적으로, 당대의 문인이며 왕유와 동시대 인물인 유종원[70]이 자신이 살 집을 구상한 방식이 특히나 마음에 든다. 그는 세상을 "잊게 만들 만한" 풍경 속에 그 집을 세우면서 이를 하루의 때에 따라 달리 표현하였다.[71] "집의 북쪽에 방을 잡아, 오른쪽으로 향하게 하니, 이는 저녁의 방이 되는구나. 집의 동쪽에 방을 잡아, 왼쪽을 향하게 하니, 아침의 방이 되는구나. 북쪽으로 방을 향하게 하니 이는 응달진 방이 되고, 북쪽 창 아래 방 하나를 만드니, 빛의 방이 되는구나. 집을 중심에 세우니, 이가 중심 방이구나." 그런데 여기서는 방의 용도를 뒤바꾸면서 가능한 상황을 두 배로 늘릴 수도 있다. 즉 아침의 방은 저녁에 거주하는 방이 되고, 저녁 방은 아침에 거주하는 방이 되며, 중심 방은 낮에 거주하는 곳이 되는 것이다. 왜냐하면 "응달진 방에서, 나는 더운 바람을 피하고, 양지바른 방에서, 나는 추운 바람을 피하기" 때문이다. "하지만 큰 추위도, 큰 더위도 없을 때에는, 아침과 저녁이 자신의 자리로 돌아간다." 집은 고정됨과 안정됨의 상징이지만, 그 각 부분의 다각적 구성으로 인해 풍경 속으로의 여행이 가능하

70) (역주) 유종원(柳宗元, 773년~819)은 당나라의 문장가이자 시인이다.

71) *Liu He dong ji*, ≪Liu zhou dong ting ji≫, p.472.

다. 여기서는 집의 '구성'이 기능에 따른 서열의 차이에 따라 통합적으로 이루어진 것이 아니라, 완전히 나란한 병렬식으로, 하나가 다른 하나를 대체하는 방식으로 이루어져 있다. 마치 서로 다른 낱개들이 균형에 맞게 나열되어 *변화*를 증가시키는 시스템 같은 것이다.

6

변화를 주는 것은 풍경에 꼭 필요한 것으로, 회화에 대한 모든 중국의 개론들은 '가까운 것'에 대한 변화와 '먼 것'에 대한 변화, 즉 근원(近遠)을 강조한다. 실제로 풍경을 만들기 위해서는 세 가지가 필요하다. 보다 개체적임을 드러내 보이면서 '존재한다'는 것을 발전시키는 *특이화* 과정이 필요하고, 긴장 관계를 만들고 교환과 변환을 만들어 냄으로써 생명력을 일으키는 *변화*가 필요하며, 마지막으로 빠져나가는 길을 만들어 저 너머로 넘어가도록 하는 *먼 곳*이 필요하다. 이 먼 곳은 열림을 만들고, 길게 연장되면서 더 멀리까지 옮겨 가도록 한다. 또한 무언가를 제거하고 걸러 내면서 불확실함, 무한으로 나아가게 한다. 그러면서 존재와 비존재 사이, '어렴풋함'에 그 자리를 마련한다. 바로 이를 통해 먼 곳은 '꿈꾸게' 만들고 '상상하게' 만들면서, 사유가 시작되도록 하는 것이다. 이러한 것이 바로 '삶'에 영향을 주는 풍경의 사명이니, 풍경은 펼쳐 놓았다가 떼어 내는 일을 하는 것이다. 살아 있다는 것은 신진대사에서 말하는 단순한 교대-교환만을 뜻하는 것이 아니다. 한번 원하는 대로 표현해 보자면, 살아 있다는 것은 끊임없이 다른 쪽으로 옮겨 가는 것, 자기를 떠나 '자신'에게서 멀어지는 것, 저 너머에 가까워지면서 더 멀리까지 한계를 밀어내는 것, 경계를 없애며 동시에 변화해 가는 것을 의미한다 하겠다. 풍경의 먼 곳이란, 우리의 언어로는 잘 표현되지 않는 불확실함과 갈망이라는 것을 그 속에 *담고 있다.*

앞선 논의를 다시 이어 가자면, 바로 이러한 점에서 풍경의 정의는 무엇보다 정원의 그것과 반대되는 의미를 지니고 있다 하겠다. 정원이란 먼 곳이 없어도 무방하다.(저 "사제 정원"[72]을 보라.) 인도 유럽어족의 언어들 속에 있는 정원이란 단어의 어원(ghorto, 라틴어로는 hortus)을 보면, 정원은 우선적으로 닫힌 장소이다. 이는 사실 다른 문화권에서도 유사하다. 정원은 주위의 고장에서 분리되고 끊기면서 내부를 만들어 낸다. 이는 본질적으로 경계를 필요로 하니, 이 경계로 인해 그 안의 자연은 보호를 받고, 그리하여 자체적으로 완성되면서 다듬어져 간다. 그러니까 정원과 풍경을 구분할 때 따져야 할 것은 크기가 아니라 바로 *가장자리*인 것이다. 다시 말해 정원은 스스로를 억제하면서 격리되는 것이다. 반면 풍경은 소명을 받들어 울타리를 치지도, 자신을 억제하지도 않는다. 열림, 공간의 뻗어 나감, 저 너머로의 이동이 있어야만 풍경이 나타날 수 있기 때문이다.

---

72) (역주) "사제 정원(jardin de curé)"은 교회나 사제관에 딸린 폐쇄된 정원으로, 채소나 과일을 얻기 위해 식물을 기르던 일종의 식용 채소 정원이다.

이에 이어서, 보통 유럽에서는 '지평선'을 기준으로 풍경에 경계를 지우는데, 나는 이때마다 우리가 그 풍경의 범위를 제한하려 드는 것은 아닌지, 우리가 지평선이란 단어의 의미를 정확하게 이해하고는 있는지, 즉 어느 주체의 자리에서 시작하여 시선이 뒤덮을 수 있는 범위의 경계라는 그 의미를 정확하게 이해하고 있는지 자문하게 된다. 지평선은 경계 또는 한정(horismos, ὁρισμός)을 말하니, 이는 이미 일종의 담장이라 할 수 있다. 그런데 그러한 경계에서부터 풍경을 이해한다는 것, 그 너머로는 아무것도 보이지 않으며, 보이는 곳과 보이지 않는 곳, 완전히 별개인 이 두 공간을 갑자기 분리하는 이 경계선을 중심으로 풍경을 이해한다는 것은, *계속 이어지는 먼 곳*, 계속 진행되며 깊이까지 연결되는 것이라는 의미를 이미 놓쳐 버린 것이라 할 수 있다. 여기의 먼 곳이란 점진적인 펼쳐짐에 의해 윤곽을 지우면서 존재를 '희미한 것'으로 흩뜨려 버리는 그러한 것이다.

이러한 경계선의 채택은 우연히, 그러니까 아무런 의도도 개입되지 않은 채 일어난 일이 아니다. 풍경에까지 영향을 준, 한계에 대한 사유가 자연스레 만들어진 것이 아니라는 의미이다. 아마도 이러한 연유로 그리스인들이 풍경에 대한 사유를 발전시키지 못한 것은 아닐까 하는 생각까지 해 본다. 실제로 그리스인들의 윤리와 지식은 그들로 하여금 단숨에 '경계(peras)'를 짓도록 만들었고, 그리하여 이들을 불명확함으로부터, 그리고 무제한(apeiron, ἄπειρον 또는 hubris, ὕβρις)의 취약함으로부터 구해 주었다 할 수 있다. 경계가 지어져 있지 않은 상황은 이들을 불안하게 만들었던 것이다. 이들은 사물의 처음과 끝(arché-télos)을 표시하면서만 이를 알 수 있었고 다룰 수 있었다. 또한 그래야 *이성(logos)*이 정당화될 수 있었다. 이들은 '한정을 지으면서' 이해를 하였고, 알 수 있는 것과 알 수 없는 것, 존재와 비존재, 또는 보이는 것과 보이지 않는 것 사이에 곧장 분리선을 그을 수 있다고 믿게 되었다. 이들은 평면의 교차를 통해 공간을 구축하는 기하학에 관심을 가지고 있었고(플라톤의 『티마이오스』에 나오는 각도와 면적에 관한 이야기를 떠올려 보라), 동시에 보이지 않는 것을 감성과 분리시켜 이에 관념적인 지위를 부여하는 형이상학적 고찰에도 관심을 가지고 있었던 만큼, 보이는 것 또한 쉽게 분리하여 그 담장 안에 가두어 버릴 수 있다고 여겼다. 이것이 그들이 알고 있는, 세상을 정리하는 유일한 방식이었던 것이다. 그리하여 이들은 사후 세계와는 분리된 '저 곳(là-bas, ekei)'을 생각해 내어 거기에 부재의 의미를 부여했고, 플라톤주의자들은 이를 (구원과 진실이 존재하는) 또 다른 세상으로 구현하기도 했다. 그러나 그리스인들은 여기 가까운 곳에서부터 시작되어 멀어지면서 점점 식별이 불가능해지는 과정, 점진적으로 펼쳐지는 먼 곳을 생각해 내지는 못했다.

7

왜 우리는 다른 것에 대해서는 늘 그래 왔으면서 풍경에 대해서는 점진적인 펼쳐짐을 느끼지 못하고 경계선에서, 그 테두리에서 붙잡혀 버리는가? 풍경은 최극단에서 갑자기 그것을 멈춰 서게 하는 지평선에 의해 경계가 지어지는 것이 아니라, 자신을 더 깊이 밀고 나가 — 끝없이 파고들어 — 시선이 닿지 않는 곳까지 나아간다. 그렇다면 그렇게 하기 위해서는 산봉우리와 해안이 쪽빛 바다 위로 뚜렷이 구분되어 있는 그리스의 풍경에서 산이 습기로 젖어 있고 계곡에서 피어오르는 안개가 사물의 형태를 흐릿하게 만드는[融] 계절풍 속의 풍경으로 옮겨 가야만 하는가? 그런데 나는 유럽어로 번역해 놓은 회화에 대한 옛 중국 개론서에 "지평선"이란 단어가 나오는 것을 보고 원서를 찾아 그 부분을 비교해 봤는데, 그때마다 중국어 문장에 이 단어가 없음을 확인했다. 그리고 이로 인해 의문이 생겼다. 이렇게 중국어에 '없다는 것'은 우리에게 (우리가 생각할 수 없는) 무엇인가를 감추고 있다는 것일까? 아니면 어떠한 간격을 은밀하게 보여주면서 우리로 하여금 그 간격이 만든 단절을 살펴보도록 하는 것일까?

예를 들어 중국에서는 흔히 "높이 올라가 눈이 닿는 데까지 한없이 본다(登高極目)"라는 표현을 쓴다. 그런데 여기서, 활동의 관점에서 봤을 때 중심이 되는 것은 볼 가능성을 끝까지 끌고 가는 눈이지, 지평선으로 최후의 차원이 표시되어 있는 땅, 눈이 바라보고 있는 영토가 아니다. 이렇게 '먼 산'으로의 점진적인 전개 속에서는 "산을 바라보는 이들이 최극단까지 시선을 밀고 나가며 이 풍경을 찬찬히 바라보도록 해야 한다."[73] "그러다 보면 그들 안에 무언가가 떠오르니 "저

73) Zhang Dai, *Hui shi fa wei*, in *Congkan*, vol. 1, p.248.

멀리 있는 바다의 모퉁이와 하늘의 가장자리에 대한 생각(海角天涯)"이 바로 그것이다. 그리고 "바로 이때에야 이들은 멀리 있는 산들을 음미하기 시작한다." 이 표현들은 한정된 풍경의 한계를 나타내는 지평선에 대해 말하고 있는 것이 아니니, 여기 나오는 세상의 끝, 경계는 바라보고 있는 저 풍경을 그림 속에서조차도 최극단으로까지, 아니 그 너머로까지 열어 놓는다 하겠다. 이로 인해 우리는 풍경에 '싫증을 내지 않게' 되고, 이 풍경을 '음미하며' 상상에 빠지게 되며, 풍경에 대한 '몽상가'가 되는 것이다.

여기에는 '지평선'의 개념을 반대하면서 먼 곳을 *끊임없이 연장된 것*으로 생각하도록 하는 문화적인 경험이 있다. 화가인 곽희는 "산의 봉우리와 정상이 서로 겹치면서 쌓여 가는" 저 "먼 곳의 경치"를 언급하며 이미 이를 표현한 바 있다. 바로 이렇게 연달은 이어짐 속에서 "풍경은 계속 나아가며 흩어져 버리게 되니", "우리는 이러한 멀어짐에 지치지 않고" "우리의 눈은 광대함의 끝으로 열리게 된다." 이처럼 먼 곳이란 무한으로 이어지며 시선의 길을 잃게 만드는 연속된 경치들의 펼쳐짐이기에, *지식*이 이용하고 있는 한계선이 아닌 태초의 혼돈 상태와 같은 것이기에, 풍경은 자연의 시작점이 될 수 있었고, 명상의 수단이 될 수 있었던 것이다. 위대한 산수시인 사령운의 시 하나는 다음과 같이 시작한다.[74]

---

74) Xie Lingyun, poème ≪Wan chu xi shi tang shi≫.

걸어 나가 서쪽을 향하니 성벽과 문이 있다
저 멀리 바라보니 성벽이 있고 서쪽에는 봉우리들이 보이는구나
이어진 연속된 경치들로 채워져 있으니 반복되면서 겹치는구나
초록빛 푸른빛 서로 뒤섞여 그 속으로 깊숙이 잠기어 간다

점차 사라져 가면서 끝도 없이 *파고들어 가는* 이러한 전개 과정을 잘 따라야 한다. 원문 속의 한자의 순서가 도와줄 것이다. 여기서 지평선은 눈으로 구별되지 않으니, 끝없이 섞여 가는 산들의 층이 만드는 무한대의 펼쳐짐만이 있을 뿐이다. 그리고 바로 이 산의 펼쳐짐 속으로, 경치뿐만 아니라 생각도 흡수되어 들어가는 것이다. 이렇게 지평선이 만드는 경계선을 희미하게 지우는 것은 '자신'으로의 회귀를 일으키는 연동 장치 역할을 하나, 시의 다음 부분에서 보듯 그는 '자신'을 뛰어넘어 그의 경험으로 되돌아온다. 사실 여기서 회귀라는 것은 무한한 세상에의 빠져듦과 비교해 봤을 때, 우리의 삶이 가지는 불안정성, 즉 고독해짐, 늙어 감, 허약함으로의 회귀를 말한다. 이렇게 사물이 가지고 있는 기본적인 혼란 안으로 끝까지 밀고 들어가는 것에 대해서는 도덕적 차원의 거창한 단어가 필요 없으니, 시인조차도 그리 결론을 짓는다. "따로 떨어져", "키타라의 연주에 몸을 싣는다"라고 표현할 뿐이다. 변주 하나에 자기를 맡겨 자신의 내면으로 들어간다는 것이다. 또 다른 대문호 혜강[75]도 이와 같은 내용을 다뤘으니, 그가 남긴 다음의 이 시 구절은 먼 곳과 가까운 곳 사이의 대립을 잘 보여 주는 내용으로 유명하다.('시야'와 '손'의 대립은 극성을 이룬다.) "손은 다섯 개의 현을 스쳐 지나가고 / 눈은 날아가는 기러기를 좇는다."

8

「산수결」을 보면 왕유도 먼 곳 그리기를 달리 이해하지 않았음을 알 수 있다.[76]

산봉우리들이 계곡에서 올라오는 안개에 휩싸인 채 모여 있고
먼 하늘과 물의 반짝임이 빛을 주고받는다.

여기에도 역시 경계선이 없으니, 희미한 먼 곳은 오히려 교환과 융합을 일으킨다. "저 먼 곳의 광경은 안개에 싸여 있고 구름은 수직으로 떨어진 골짜기를 덮는" 것이다. 그리하여 이 먼 곳은 경계를 짓는 선이 아닌 *흐려짐*으로써 그려진다. 후대에 계승되어 온, 왕유가 남긴 회화의 공식은 다음과 같다.[77]

75) (역주) 혜강(嵇康, 223~262)은 중국 삼국 시대 위나라의 음악가이자 작가, 시인이다.

76) Wang Wei, ≪Shanshuijue≫, in *Leibian*, p.592.

77) Wang Wei, ≪Shanshuilun≫, in *Leibian*, p.596.

멀리 있는 사람은 눈이 없고
멀리 있는 나무는 가지가 없으며
멀리 있는 산은 돌이 없으니
이는 어렴풋하게 눈썹과 같이 그려야 한다.
멀리 있는 물은 파도가 없으니
높이를 구름과 가지런히 그려야 한다.

그러니까 먼 곳이란 (지평선이 표시하는) 보이지 않는 것의 경계로 이어지는 것이 아니라, (매우 가는 눈썹처럼) *겨우 알아차릴 수 있는 것*으로, 다시 말해 흐려짐의 가장자리로 이어지는 것이다.

우리가 "내부적 지평선"(미셸 콜로)이라 부르는 것, 즉 눈에 보이지 않지만 시야 안에 있는 존재하는 부분에 대해서도 마찬가지이다. 왕유는 이것을 일관적으로 사용하니, 이는 형상화를 비현실적으로 만들고 거기에 부재를 표시하여 간격을 만들어서 이것이 저 너머로까지 이어지도록 하기 위해서이다.[78]

산의 옆면은 눈으로 막혔고,
기암절벽은 폭포로 막혔으며,
망루와 노대는 나무로 막혔고,

78) *Ibid.*

대로와 오솔길은 사람들로 막혔구나.

이렇게 *덮여 있음*(시선을 막고 가리는 것[塞])은 사람으로 하여금 예측하게 만들면서 연상 작용을 일으킨다. 이는 존재성을 강요하기보다는, 이러한 존재성을 희미하고 암시적으로 만들면서 정신적인 측면과 아우라를 강조한다. 온전히 존재한다는 것은 이처럼 불명확함이라는 특징을 가지고 있으니, 이 온전히 존재함은 이제부터 '이것'일 뿐인 바로 그 존재 안에서 움직이지 않는다. 이러한 연유로 왕유는 "있는 듯 없는 듯" 그려야 한다고 말했다. 물러남에 의해 존재함이 나타나도록 하는 방식으로 그려야 한다는 말이다.[79)]

흙더미와 제방은 반만 드러나게 하고
갈대로 만든 초가집과 정자는 벽면 하나, 기둥 위쪽의 장식만 보여주어야 한다.

이렇게 멀리 있는 것을 흐리게 그리거나 가까이 있는 것을 숨기는 것은 결국 같은 것이다. 이는 보이는 것과 보이지 않는 것을 대립시키는 것이 아니라, 보이는 것을 그것을 둘러싸고 고정시키려는 것으로부터 자유롭게 해방시키는 것이다. 또한 보이는 것을 그 고유의 '존재' 안에 제한하려 하고 '사물'의 무게 안에 가두면서 '무기력함' 안

---

79) ≪Shanshuijue≫, in *Leibian*, p.592.

으로 몰아넣으려는 것으로부터 구해 내는 것이다. 보이는 것이 그것을 관통하면서 자기 안의 보이지 않는 무한한 내면과 교감하게 하는 힘이 그 속에 다시 나타나도록 하기 위해서 말이다.

보이는 것과 보이지 않는 것 사이에는 단절이 없고, 따라서 이미지와 재현이라 할 수 있는 존재의 이 두 가지 차원 사이에 장면의 끊어짐이 없는 만큼, 보이는 것의 이러한 초월은 상징적인 것이라고만은 할 수 없다. 이때의 초월이란 (보이는 것/관념적인 것과 같은, 상징의 가능성을 낳는) 양분(兩分), 즉 둘로 나눔에 의해서가 아니라 *넘쳐흐름*을 통해 이루어진다. 바로 이러한 점진적인 넘쳐흐름을 일으키는 데에는, 먼 곳의 경계를 지우는 일뿐만 아니라, 가까움 바로 그 안에서 과감하게 먼 곳을 여는 일 또한 필요한 것이다. 그렇게 생기는 내부적인 간격은 풍경을 그 안에서부터 열어 주면서, 사실성으로부터 떼어 놓는다. 그렇다고 풍경에 대한 감각적인 성격을 단념하는 것은 아니다. 그런데 나는 이 문인들이 풍경에 관해서 그리고 풍경을 통해서, 중국 철학이 발전시켜 온 가장 흥미로운 사상 중 하나를 생각해 냈다는 사실에 감탄을 금치 못한다. 이들이 벌어짐을 통한 내부적 초월, 즉 감각적인 것의 한계를 뛰어넘으면서도 그 감각을 단념하지 않는 내부적 초월을 생각해 낸 데 대해서 말이다.

왕유가 그린 "눈 속의 파초", 〈설중파초도(雪中芭草圖)〉 80)에 관해 이야기해 보자. 여기서 또한 감각 내의 부조화는 열개(裂開),

80) Wang Shizhen, *Daijingtang shihua*, ≪Zhu xing lei≫, §4, p.68.

즉 찢어져 벌어짐의 효과를 내면서 사물들이 본래의 환경에서 떨어져 나가도록 만든다. 하지만 그렇다고 그 형상화가 비유적이고 상징적인 방식으로만 이해할 수 있는 어떤 다른 것의 재현으로 빠져들도록 하지는 않는다. 그런데 17세기의 시인 왕사정(王士禎)이 그의 작품을 통해 보여 주는 바도 이와 같으니, 그의 시들 또한 한 시선으로 잡아내기엔 너무 멀리 떨어진 장소들을 하나의 풍경으로 엮어 내고 있다. 이러한 공간상의 불가능함은 "지형학적이 아닌(몇 킬로미터 떨어져 있는지를 재는 기계를 이용한 것이 아닌) 다른 방법으로"[81] 이와 같은 풍경에 접근하도록 한다. 풍경을 구성하는(고장을 풍경으로 만들어 주는) 행위라고 우리가 이미 알고 있는 *조합(assemblage)*은 시각적인 것으로 축소되지도 않고, 관념적인(추상적인) 것 또한 아니니, 이는 중국식 표현에 따르면 "섬세한 초월"을 통해 "만남"을 일으키는 "선동"에서 비롯된 것이다. 풍경을 구성하는 만남의 힘으로 인해, 이 풍경은 공간적인 협소함에 갇힌 상태로부터 빠져나오는 것이다. 그 자체의 내부로 열려 있는 이러한 먼 곳이 가지고 온 효과로 인해, 풍경은 느슨해지면서 지평선의 제한으로부터 벗어난다. 바로 이를 통해 풍경은 분할이 아닌, 그것의 자유로운 발전 속에서 보이는 것을 복원하게 된다. 이와 함께 풍경이 더 이상 세상의 한 '귀퉁이'가 아니라는 사실이 확실해진다 하겠다.

중국의 한 시인은 장자(壯者)가 남긴 다음의 문구를 명구로 내세운

81) *Ibid.*, § 3.

다. "절벽에서부터 풍경을 쫓던 자들은 되돌아간다/ 풍경은 쫓는 순간 멀어진다."[82] "멀어진다"는 것, 이는 범위를 확장해 간다는 것이다. 어디로 향하는지는 언급되어 있지 않다. 아마도 '향하는 어딘가'가 없을 수도 있다. 그런데 왜 이 먼 곳의 *시작*에 가치를 부여하는가? 이 *떠남*으로 인해 무슨 일이 *생기는가*? 여기서의 *떠남*이란 바로 보통 세상에 대한 포기, 즉 홀로 떠나감을 말하는 것이다. 이는 세상을 빠져나가게 해 주고 이 세상의 한계를 없애 주면서, 세상을 고갈되지 않는 무한의 상태로 만들고, 세상이 그 자신으로부터 떨어져 나오도록 하고는, 이를 "한없이 음미할 수 있는" 곳으로 만들어 주는 것이다. 가까움 안에서 먼 곳이 생길 수 있도록 하는 이러한 방법 속에, 세상을 저 너머의 아우라를 통해 드러나도록 하는, 하지만 이원론에 대한 믿음을 바탕으로 한 저 너머 세계는 만들지 않으면서 이 세상을 드러나게 하는 이러한 방법 속에는, 바로 아주 세심하게 이루어진 결합이 들어 있는 것이다. 이때의 결합이란 *삶*의 전개와 관계있는 것으로, 이를 두고 우리는 "삶의 기술"이라 표현할 수 있다. 사실 이는 우리가 다시 꺼내 써야만 하는, 그동안 사장되었던 표현으로 장자의 철학에서부터 발전되어 회화와 시에 대한 사유에 많은 영향을 주었다. 아니면 이렇게 말할 수도 있을 것이다. 이것이 아주 교묘한 전략, 세상을 침체에서 벗어나게 하고 삶을 무기력함에서 벗어나게 하려는, 깊이 연구된 전략과 관계된 것이라고 말이다.

---

82) Wang Shizhen, *Daijingtang shihua*, ≪Zhu xing lei≫, §1, p.69.

9

그런데 6세기의 문인이며 시의 소재로 풍경이 쓰이기 시작한 것에 대해 논평을 썼던 유협(劉協)에 따르면[83] "장자의 가르침이 사라지기 시작하면서" — 다시 말해 도교가 한나라의 몰락 이후 갈가리 찢어진 관료주의의 질서를 벗어나서, 즉 세상을 벗어나서 은둔하는 것만을 해결책으로 삼음으로 인해 3세기 때처럼 열정적인 가르침과 토론의 대상이 되지 못하던 그때부터 — "풍경이 주된 관심의 대상이 되기 시작한다." 다시 말해 보이는 것의 펼쳐져 나감 그리고 시각적으로 보이는 것 내에 먼 것을 펼치는 것과 같은 풍경에 대한 사유의 발전은, 도교의 가르침을 이어받으면서 그 도교의 초월에 대한 열망을 우리가 이제는 자연이라 부르는 것 안으로 가져왔다 할 수 있다. 즉 중국에도 풍경이 출현한 *순간*(4~5세기)이 존재했다 볼 수 있는 것이다. 마치 유럽에서, 중국과는 다른 방식으로 그리고 완전히 다른 이유로 15세기에 풍경이 출현했듯이 말이다. 우리 유럽의 풍경에 대한 사유는 이후 이러지도 저러지도 못하고 항상 제자리에 멈춰 있었던 것 아닐까? 나는 더 이상 다음의 질문 제기를 피하고만 있을 수는 없을 것 같다. 유럽의 존재론 이전부터 있었던 이러한 중국의 풍경에 대한 사상을 우리의 생각 안으로 끌어들일

---

83) (원주) ≪Qing yan lei≫, § 1, p. 69에 Wang Shizhen에 의해 주해가 되어 있다.

수 있을까? 이 사상이 우리 사상과 완전히 분리된 것인지, 그 속에 포함될 수 있는 것인지, 너무 구식의 사상이 된 것은 아닌지를 한번 살펴보자는 말이다.

이쯤에서 우리는 풍경에 대한 사유가, 서로 분리되어 있는 개별적인 문화적 시기, 풍경을 자신만의 세상에 가두고 있는 개개의 문화적 시기 고유의 것인지 아닌지를 살펴봐야 할 것이다. 4~5세기 중국의 문인들은 초월에 대한 그들의 사유를, 혼란스러워져 가는 정치적 환경에서 '산과 물'을 받아들이는 거대한 힘 안으로 옮겨 놓았다. 르네상스 시대 유럽의 주체는 균질한 펼쳐짐을 시선으로 장악하고는, 지평선을 그의 입장에서 한정지어 완전히 결정지어 버렸다. 이렇게 (풍경에 대한 동양과 서양의 사유가) 이념적으로나 역사적으로나 분산되어 있는데, 하나의 *풍경에 대한 개념*을 만들어 낼 수 있을까? "풍경의 원인들"(오귀스탱 베르크)은 (서구 물리학의 영향을 받아 근대성이 나타났듯이) 이전과 이후로 분리되어 연속적으로 밀려오는 경향들처럼 각각 자신 안에 갇혀 있어야만 하고, 중국의 사유는 새로운 지식에 짓눌린 채로 있어야만 하는 것인가?

중국에서 풍경은 감성을 외면하지 않는 세계, 오히려 감성을 활기 있고 강하게 만드는 세계로 향하는 출입문 역할을 한다. 반면 유럽에서는 풍경이 개인의 시야가 정복할 영역, 시야를 더 넓힐 수 있는 영역으로 간주되었으니, 여기서 개인은 원근법이나 기하학의 도움으로 풍경을 관찰하고 이를 객관적으로 '재현'하거나, 잃어버린 자아를 대신하여 풍경을 감동적인(향수를 불러일으키는) 방식으로 투입하기도 한다. 그런데 만약 우리가 풍경에 대한 단일한 개념을, 즉 아주 다양한 문화적 원근법들을 섞어 놓고 하나하나를 대조하여, 하나에 비추어 다른 하나를 생각하는 과정을 거치면서 이 풍경을 모든 인류가 체험할 수 있는 경험으로 만들어 낼 개념을 세우게 된다면, 우리는 풍경을 다루는 중국의 사유 체계가, 유럽에서는 우리의 이론적 선택 방향으로 인해 제대로 숙고될 수 없었던 '풍경을 만드는' 것에 대한 측면들을 명확히 밝혀 줄 수 있을지 생각하게 될 것이다. 그런데 (동서양 사이에) 풍경의 일관성을 발전시키게 되면, 우리의 철학적 이성은 *자신을 개방하면서* 이득을 볼 수 있다. 우리의 철학적 이성이 '자신을 열 수만' 있다면 말이다. 다시 말해 우리의 철학이 스스로의 언어나 카테고리를 무너뜨려 자신에게 접근하기 쉽도록 만들기만 한다면 말이다. 그러지 않으면 이러한 중국의 지혜가 유럽 물리학의 승리에 눌려 정말 구식이 될 위기에 처할 수도 있을 것이다. 아니면 그저 하나의 매력적인 이국적 관점으로만 치부될 수도 있다. 실제로 유럽에서는 자기들의 과학이 가지고 있는 객관성의 너무 '딱딱한' 부분을 감추려 할 때마다 이러한 중국의 사유를 가져다 쓰고 있다.

10

다음의 내용은 풍경이 문화적, 역사적으로 한정된 예술화 작용의 결과라는 생각에 만족하지 않고, 풍경에 대한 하나의 개념, 즉 모든 문화를 가로지르면서 모든 역사를 초월하고 철학적으로도 사용될 수 있는 하나의 개념을 만들 수 있다는 주장을 지지한다. 이 책에서 언급한 *긴장 관계*로서의 풍경에 대한 개념을, 유럽에서 풍경을 언급한 글들 속에서, 다시 말해 유럽 작가들이 풍경을 접근하는 방식 속에서 발견하는 것이 어렵지 않다는 사실이 이러한 개념의 구축 가능성을 뒷받침한다. 이러한 긴밀한 결합은 자신의 주제만을 발전시켜 온 각각의 이론적 사고 안에서는 분명히 드러나지 않을 것이고, 또한 그동안 각각이 ('시선', '주체', '지평선' 등과 같은) 자신만의 편파적 시각을 따랐기에 서로가 서로를 방해할 수도 있겠지만, 그래도 나는 이 주장을 밀고 나가고자 한다. 사실, 나는 나의 이러한 입장으로 인해 유럽의 '풍경'을 다시 읽기 시작했다. 유럽식 정의와 거리를 두고 풍경에 접근하거나, 유럽의 풍경이 지닌 테두리를 벗어나면서 접근하기 시작한 것이다. 감히 말하자면 '중국식'으로 접근한 것이다. 이때의 중국식 접근이란, 풍경 안에 *살고는* 있지만 뚜렷이 보이지는 않는 그것을 찾아내는 것이다. 또한 이 풍경의 시스템을 이루지만 한순간 예고도 없이 지나치듯 나타나는 그것을 찾아내는 것이다. 내가 루소의 작품을 두고 시도했던 것이 바로 이것이다.

나는 스탕달의 작품을 읽으며 이를 시도해 보았다. 『적과 흑(le Rouge et le Noir)』을 읽으면서 늘 그랬듯 첫 번째 페이지의 글이 너무 묘사적이고 경치만 전달하려는 건조한 분위기여서 큰 실망감을 느꼈었지만, 그의 또 다른 소설 『파르마의 수도원(La Chartreuse de Parme)』에서 코모 호수를 언급하는 부분은 전자와는 완전히 다른 느낌을 준다. 여기서 호수에 대한 *언급*은 아주 자연스럽게 이어지는데,

이는 *만남*, 아니 재회의 흥분에 이끌려 자연스레 나온 것이다.(백작 부인이 그녀의 어린 시절을 보낸 장소로 되돌아온 것이다). 감성이 긴장 관계 속으로 들어갔고, 이러한 긴장 관계가 펴지면서 이는 이전에 고려되었던 모든 효과들을 서로 모이도록 만들었다. 스탕달이 코모 호수를 가지고 자신만의 풍경을 만든 것이라 할 수 있다. 여기서 "만족한", 또는 "놀란" "눈길"을 거두고서, 묘사적인 수사학의 흔적을 없애 보자. 풍경을 원천으로 살아가는 것이 여기에서 온전히 잘 이루어지고 있다 하겠으니, 어떠한 결핍의 그림자도 찾을 수 없다. 아니 오히려 부재한 것으로 여겨지는 것이 여기서는 충족의 일부를 이루고 있다. 게다가, 이러한 풍경이 여기서는 두 개나 발견된다. 이 페이지를 다시 읽어 볼 필요가 있을 것 같다. "백작 부인은 파브리스와 함께 그리앙타 인근에 있는 매혹적인 장소들, 여행객들 사이에 꽤 유명한 장소들을 다시 찾기 시작했다…."

*긴장 관계*는 무엇보다 이 장소의 외형 속에서 보인다. 서로 마주하고 있는 저 웅장한 성과 멜치 가의 저택의 사이에서, 특히 두 갈래의 호수, "너무나도 관능적인" 코모 호수와 "레코를 향해 흐르는 엄격한 자태의" 또 다른 호수의 사이에서 말이다. 스탕달은 이들이 "훌륭하면서도 우아한" 면을 지니고 있다고 결론을 지으면서, 이러한 긴장 관계를 최대한으로 밀어붙인다. 대립 관계를 형성할 정도로까지 말이다. *특이화*도 이 속에서 진행되니, 조각된 듯한 지면의 오르내림의 형상 속에서 이를 발견할 수 있다. 즉 " 높이가 서로 다른 언덕들" 안에서, "감탄을 자아낼 만한 형상의, 아주 기이한 형태의 경사를 만들

며 호수로 달려드는 그 언덕들" 속에서 특이화 현상을 읽어 낼 수 있다. 또한 여기서는 물러남이 현존을 만들어 내고, 덮여 있음(막혀 있음)이 존재를 드러낸다. "언덕의 중간에 자리 잡은 마을들은 큰 나무들 뒤에 가려져 있으나", "나무 위쪽으로" "예쁘장한 종탑들"을 내보이며 그 존재를 드러낸다. *변화는* 불연속성을 통해 저 깊은 속까지 파고든다. "이따금씩 50보 너비의 자그마한 들판이 저 뒤의 밤나무와 야생 벚나무가 우거진 숲을 가린다⋯." 마지막으로 *먼 곳*은 우리들로 하여금 상상하게 만든다. 먼저 지각되는 먼 곳이 있으니, 이는 시선을 더 멀리까지, 즉 눈 덮인 봉우리 너머로까지 끌고 가기도 하고, 자신으로의 회귀를 통해 삶의 불행을 상기시키면서 현재의 즐거움을 위해 무엇을 해야 하는지 생각하게 만들기도 한다. 이와 함께 먼 곳이 *들릴 수도* 있으니, "저 어딘가 작은 마을의 종에서 들려오는 먼 곳의 소리"란 표현에서 이를 알 수 있다. 이 먼 곳의 소리는 진실한 평범함에 대해 사색하도록 만들기도 하지만, 다른 모든 진실들을 잘라 낸 후 남는 단 하나의 진실, 즉 삶은 "빨리 달아나" 버리기에 즐기기를 더 이상 미뤄서는 안 된다는 진실에 대해서도 생각해 보게끔 한다. 저 깊은 곳에 나타난 것을 '바라보기'보다는 *그 안에 들어가 살아야 한다*는 것이다. 하나의 선이 페이지를 가로지르며 그어지고, 다른 선들과 합쳐진다. 그런데 이는 그저 하나 더 덧붙여진 선이라기보다는 다른 선들과의 인과 관계이다. 이것이 바로 내가 *합의*라고 부르는 것으로, 다음 장에서 이에 대해 자세히 설명할 것이다.

8. 합의

1

우리는 '자연과의 일체'라는 이 오래된 용어, 우리의 근대성과 함께 출현한 이 용어를 지금까지 내내 끌고 다녔다. 그 안에 담긴 (낭만주의적인) 비애감이 우리를 불편하게 만듦에도 말이다. 이 표현을 지적으로 따져 봤을 때 불편할 수밖에 없으니, 그 속에는 억압된 것이 담겨 있기 때문이다. 다시 말해 후일 과학에 의한 객관성의 점령을 초래하며 자연의 '객관성'이 되어 버린 것과 의식과 감정의 주관성처럼 과학에서 떨어져 나가 버린 것, 이 둘 사이를 이성이 용감하게 칼로 끊어 버리면서 그 승리와 함께 억눌러 버렸던 것이 이 용어 안에 담겨 있는 것이다. 또 이성이 수학적 언어로 구성된 물리학을, 사물의 현상성과 멀어지면서 사물을 생명과의 복잡한 관계에서 해방시킨 그 물리학을 격상시키면서 억눌러 버렸던 것이 그 용어 안에 담겨 있는 것이다. 이 '일체'라는 단어는, 그러니까 이러한 상황을 회복시키기 위해 나타난 것이라 할 수 있다. 그러나 곧 우리는 이 용어가 비합리주의 속으로 깊숙이 빠져들게 됨을, 즉 이성과 그의 권위에 대한 도전을 표현할 때 사용됨을 목격하게 된다. 과학이 너무나도 명확히 밝혀 놓은 것을 거부하는 구실로 쓰인 것이다. 그리고 여기에 '문학'이 동참하게 되니, 이 또한 과학이 포기하거나 알아볼 수 없게 만든 것을 되찾는 데 참여한다. 그리하여 이 불편한 '자연과의 일체'라는 표현을, 상처가 났을 때 그 위에 바르는 고약과 같이 우리는 우리에게서 떼어 내 버릴 수가 없게 된 것이다.

나는 지식에 정면으로 맞서 일어서서 지식이 숨겨 버린 것을 되찾으려 하는, 그러면서 지식을 앞에 두고 그것이 지닌 응집력에 가치를 부여하는, 세상에 대한 또 다른 관계를 *합의(connivence)*라 부르려 한다. 지식은 사변적인 앎, 즉 앎을 위한 앎으로 발전하면서 과학 덕분에 자신이 태어난 세상에 적응할 필요가 없음을 알게 되었고, 그러면서 자기 자체를 목적으로 여기며 생(삶)에서 떨어져 나가게 되었는데, 이제 우리는 이와는 엄격히 상반되는 다음과 같은 과업을 수행하게 되었다. 즉 이성이 덮어 버렸던 그 관계, 이후 어둠 속에서 작동하며 사물과의 암묵적인 *공모(entente)* 속에 우리를 붙들고 있는 이 관계로 되돌아가는 과업 말이다. 하지만 이때의 '공모'는 우리가 생각하는 그 공모가 아니다. '공모'는 무언 속에서 이루어지는 것, 이성 그 자체가 전념하는 관계적 작업 이전의 것으로, 우리는 이성이 걸어온

길을 되짚어 가고 그 역사를 거슬러 올라갈 때야 이 공모라는 것이 무엇인지를 밝혀낼 수 있고, 그리하여 이성이 무엇에서 멀어졌는지를 알 수 있다. 다시 말해 이성은 공모라는 것을 몰아내기 위해 용맹하게 싸우지 않았던 것이 아니라, 오히려 자신의 힘을 알리는 정당하면서도 격한 싸움에서 그것을 건드리지도 않고 못 본 체 놓아주었다 할 수 있다. 이후 공모는 우리도 모르는 사이 자취를 감추어 버렸고 우리의 지성을 피해 가게 되었던 것이다. 만약 *지식*의 반대가, 우리 모두가 알고 있듯이 무지라면, *지식*에 모순되는 개념은 *합의*이다. 이때 *합의*는 지식과 함께 만들어지나, 동시에 그에게서 등을 돌려 반대 방향을 향한다. 라틴어 connivere는 "눈을 깜빡이면서" 합의하다란 뜻을 지니고 있다.

'자연'을 따로 떼어 놓고 이를 '대상'으로 삼는 과학의 특성이 체계적인 추상화 작업을 통해 공간들을 중요하지 않은 것으로 만들어 버리고, 동시에 과학이 규칙적이고 계획화된 시간을 그 자리에 내놓게 되면서, 과학은 증명해 보일 필요조차 없는 자명한 앎을 '놓치게' 되었다. *앎*이란 통찰하는 방식 또는 파악하는 방식, 더 극단적으로 표현해 '뭔가를 끌어와서 얻는' 방식을 필요로 하는데, 이러한 방식이 하루하루를 지나며 우리가 전혀 생각지도 못하는 사이 만들어져 결국 고정되어 버린다는 사실을 말이다. 그리하여 우리는 과학 안에서 발전한 지식이라는 것이 과학 전체가 아닌 그저 눈에 보이는 밝혀진 면일 뿐이라고, 즉 과학이 거리를 두며 외면하고 있는 암묵적으로 합의된 뒷면 덕분에 존재하게 된, 나머지 한 면일 뿐이라는 생각에까지 이르게 된 것이다. 이 그늘에 가린 지식이라는 것은 그 환경(milieu)에 통합되어 버린 것으로, 거기서 빠져나올 수가 없다. 또한 그것은 '나'를 '세상'으로부터 떼어 놓지도 않으니, 이는 진술-설명으로 밝힐 수 있는 것, 그 이상의 것이다. 다시 말해 이 앎은 '풍경'과 떨어질 수가 없다.

엄마의 젖을 빠는 아이나 그 품에 안겨 있는 아이는 이러한 앎만을 가지고 있다.(흔히 하는 비교로, 우리는 초년의 문화는 보다 암묵적인 것에 의존하고, 이후의 문화는 보다 지적인 것에 의존한다고 이야기한다.) 이어 학교를 다니고 글쓰기를 배우고 앎이 여러 학문 분야의 형태로 분배되면서, '대상들'이 뚜렷한 형태를 드러내며 분리되기 시작하고, 생각이 여럿으로 나뉘게 된다. 그리고 이성은 이 생각들을 다시금 이어지도록 만든다. 그리고 이렇게 지식을 지닌 주체가 독립성을 획득하게 되면서, 암묵적인 관계는 그 자취를 감추게 된다. 하지만 이러한 암묵적인 관계가 사라진 것은 아니니, 이는 조용히 숨어서 아무 말 없이 잔존해 있다. 땅 위로 솟구쳐 올라오려 하는 지하수층처럼 말이다. 여기 이 다시 올라옴이 바로 풍경이다. 사실 나는 한편에서 다른 한편으로 조심스럽고 재빠르게 진화해 가며 살아가고 있다. 즉, *지적 인식*을 발전시키거나 아니면 자급자족적인 나로부터 후퇴해 *암묵적인 것*을 다시 드러내거나 하면서 말이다. 또는 이렇게 말할 수 있으리라. 나는 나가면(사람들과 함께 있으면) 보다 지식적인 존재이고, 안으로 '들어오면'(내면의 말을 할 때면) 보다 암묵적인 존재라고 말이다. 아니면 나는 과학에 의해 지적 인식을 지닌 존재가 되고, 시(詩)에 의해 다시 암묵적인 존재가 된다고 말이다. 하지만 어둠 속에 잠잠히 억눌려 있는 이 암묵적인 관계는, 만약 '풍경'이 나타나지 않는다면, 그것을 세상 한가운데로 끌어올려 주는 고유의 장소를 찾지 못한 채 그 상태 그대로 남아 있게 될 것이다. '고장'을 마주한 나는 지적 인식을 지닌 존재이지만, 풍경 속에 서며 다시 *암묵적인 존재로 되돌아가게* 되는 것이다.

2

나의 지적 인식 능력이 *암묵적인 합의*로 기울어질 때 — 뒤집힐 때 — '풍경'이 생긴다 할 수 있다. 이것이 바로 나의 풍경에 대한 새로운(그리고 마지막) 정의이다. 즉, 내가 세상과 엮어 가는 객관화의 관계가 공모와 무언의 소통으로 변할 때 풍경이 태어나는 것이다. 정확히 말해 여기서 나는 풍경의 요소들을 의인화하는 것도, 나를 그들 안에 '투영하는' 것도 아니고, 나의 주관성을 사물에 빌려주는 것도, 생명이 없는 것에 생명을 불어넣는 것도 아니다. 이 모든 작업들은 그 주체가 아직 주인이 되고 싶어 하는 경우로, 단지 그에 이르기 위한 편리한 방법들일 뿐이다. 그런데 이 변환(transmutation)은 실제로 일어난다. 고장이 풍경이 되어 갈 때 그 풍경 속에서 이해한 것이 내 눈에 비로소 별것 아닌 것처럼 보이는 것이 아니라, 나에게 신호를 보내면서 — 흔히 하는 표현을 빌려 쓰자면 — "나에게 말을 걸고" "나를 건드리기" 시작하는 것이다. 다시 말해 고장이 승격되고 이 고장을 특이화하는 긴장 관계가 나를 흡수하면서 사방으로 공유될 때, 즉 고장이 자신을 풀어놓아 사방과 만나게 될 때, 풍경이 생기는 것이다. 지적 인식을 지닌 이성이 이루어 놓은 것 이전으로 나를 되돌려 보내려는 세상과 어떠한 관계성이 만들어졌을 때, 장소(lieu)가 갑자기 '관계(lien)'로 변했을 때, 풍경이 생기는 것이다.

풍경을 경험하는 것이 철학적으로 흥미로운 것은 바로 다음과 같은 점에서이다. 이 경험은 이성과 그 반대선상에 있다고 지칭되는 것이 이루는 전통적이고 체계화된 대립, 즉 '이성'과 '열정', '이성'과 '감정'과 같은 산만하면서도 피상적인 대립을 우리에게서 떼어 낸 후, 내가 세상과 맺고 있는 더욱 근본적인 관계, 세상과 나의 보통의 관계가 흐릿하게 만들어 놓는, 그래서 내가 끝내 알지 못했을 수도 있는 근본적인 관계를 발견하도록 만들어 준다. 나는 이러한 근원적인 관계를 전혀 의심치 않는다. 그래도 여기서 나는 지적 인식을 지니고 행동할 줄 아는(전통적으로 이성을 이루는 두 요소인 '오성'과 '의지'를 지닌) 주체로서의 나의 역할, 즉 나를 지적, 사회적 존재로 만들어 주는 내 안의 기능을 일단 멈추고서, 보다 근본적인 접속을 감추려 했던 것을 한번 해체해 보려 한다. 풍경은 우리가 갑자기 발견한 매우 풍부한 샘의 원천처럼 이러한 접속을 튀어 오르게 만든다. 여기에는 서로 섞여 가는 움직임도 없고, 황홀함이나 신비감 속으로의 보상적인 흘러감도 없고, 반이성주의에 빠져듦도 없다.(이때 말하는 반이성주의란 이성에 대한 거부가 아닌 이성의 전 단계를 말하는 것이다.) 저 유명한 자연과의 '교감'은 반이성주의에 대해 오해의 소지를, 최소한이지만, 남겼다 할 수 있다.

풍경을 통해, 풍경 속에서 나를 발견하게 되는 암묵적 합의의 관계를 통해, 나는 한층 더 근원적인 세상과의 교감을 되찾는다. 풍경에 긴장 관계를 만들고 풍경으로 승격되는 그 특이한 개별화를 따르다 보면, 우리는 우리의 개인화가 시작된 근원에 더욱 가까워진다. 그러면서 내가 세상에 더욱 깊게 *박혀 있고, 접목되어* 있음을 알게 된다. 풍경이 가진 고유의 특징은 나를 세상에 속하도록 만든다. 나를 더 이상 하나의 장소에만 연결시키는 것이 아니라('고장'에만 있도록 하는 것이 아니라), 세상 전체에 나를 연결시키는 것이다. 다시 말해 풍경 안에서 나는 *세상을 만드는 것*과 연결되는 것이다. 바로 이때 '풍경'이 만들어진다. 내가 지엽적인 종속(내가 있는 장소)에서 *전체적인* 소속으로 나아갈 때, 그리고 그러한 소속이 느껴질 때 말이다. 다소 괴리된 방식으로 세상을 구성하고 있는 인지된 대상들의 모습이 더 이상 보이지 않을 때, 그러면서 세상을 세상이게 만드는 것 또는 세상을 존재하게 만드는 것이 이 세상에 드러날 때, 풍경이 출현하는 것이다. 바로 특이한 이 장소가 '조합되면서' *세상으로 변할 때*, 풍경이 나타나는 것이다. 이때부터 우리는 풍경을 '부분'으로 나누는 한계선, '지평선'이 남기는 그 한계선을 만났을 때도 아무런 문제없이 풍경을 무한히 즐길 수 있게 된다.

3

나-주체가 풍경 안에 자신을 투영해 풍경을 감정을 털어놓을 대상으로 삼는 것이 아니라, 풍경이 그 자신을 특이화하면서 나를 그 긴장의 장 안으로 끌어들이고 그 속의 변화와 교감에 동참하게 한다는 것, 이것은 바로 풍경을 "내 영혼을 울리는" (악기의) 현에 비유한 저 위대한 표현을 통해 스탕달이 말하고자 했던 것이다. '내 영혼'은 협약적 또는 보상적인 서정성을 받아들이지 않는다. 여기서 '내 영혼'이란 보다 기초적인 능력, 즉 자신이 기본적으로는 자율적인 정신임을 드러내면서, *다시 암묵적인 합의의 상태로 돌아간 세상*과의 만남에서 활발하고 생기발랄한 것으로 자신을 이해시키는, 그러한 보다 기초적인 능력을 말하는 것이다. 이 특이한 '만남'이 꼭 매우 특별할 필요는 없다. 풍경이 이탈리아의 호수만큼이나 화려한 긴장감을 풍부하게 갖추고 있지 않아도 된다는 이야기다. 소박한 쥐라로 돌아온다면, "주요 도로를 타고 돌에서 아르부아[84]로 오는 길에 보이는 바위들의 선"(앙리 브륄라르)만으로도 충분히 풍경이 이루어질 수 있는 것이다. 고장에 지나지 않았던 것 속에서 특이함이 표출되는 것만으로도 충분하니, 이러한 특이함은 고장을 무관심으로부터 벗어나게 해 주면서 그 아우라를 통해 우리를 꿈꾸게 만든다. 마치 자신을 둘러싼 타인으로부터 형성된 사랑받는 여성(메틸드[85])의 영혼이 그

84) (역주) 쥐라와 돌, 아르부아는 모두 프랑스의 지명이다.

러하듯 말이다.

나와 세상의 관계 안에서 다시 나타나는 암묵적 합의를 통해, 이 풍경은 '나의' 풍경이 되고 이 장소는 하나의 '관계'가 된다. 이 합의가 보여 주는 것은 바로 방금 막 발견한 풍경에 내가 태곳적부터 이미 연결되어 있었다는 것이다. 방금 마주친 풍경을 그리 친근한 마음으로, 마치 이곳에 대한 향수를 가지고 있었던 것처럼 대하게 되니, 이는 풍경과 내가 이미 과거를 공유하고 있었다고밖에 설명할 수 없는 것이다. 바로 이런 기분으로 니체는 엥가딘[86)]을 마주하였으리라. "분명 자연 속에는 더 웅장하고 더 아름다운 풍경들이 있을 것이다. 하지만 *이것*(diess, 항상 단수이다)은 나의 내면을 파고들면서 친근하게 다가선다. 혈연관계의 가족처럼, 아니 그보다도 더 진한 관계의 무언가처럼 말이다."(『방랑자와 그의 그림자』, 338장) 우리가 자기도 모르게 너무나 기다려 왔던, 예전부터 이어져 온 관계와 같다는 그런 느낌이 든다는 것이다. "이제 나는 엥가딘을 나의 것으로 만들었다. 나는 꼭 내 영역 안에 있는 것만 같다." 여기서 말하는 내 "영역"이란 삶에 기본적으로 필요한 관계, 그것 없이는 생존이 불가능한 그런 관계를 말한다. 여기서 무엇보다 주목할 점은 니체가 여기서 '풍경', 즉 Landschaft란 표현을 쓰지 않았다는 것이다. 분명 이 단어가 너무 시각적이고, 일반적으로 흔하게 쓰이는 용어였기 때문이리라. 대신 그

---

85) (역주) 스탕달의 연인이었던 메틸드 비스콘티니 뎀보스키를 가리킨다.

86) (역주) 알프스의 스위스 쪽에 위치한 지방의 명칭이다.

는 "내 주위의 자연(Natur-gegend)"이란 표현을 썼다. 이는 모든 생명체가 가진 그만의 환경(milieu)이 뜻하는 바와 같다.

그렇지만 니체가 여기서 풍경을 사람들이 사는 '지역(Gegend)', 즉 방랑하는 그의 광기 어린 본성이 생명력을 되찾을 수 있는 곳으로 받아들일 때, 나는 그가 아직도, 적어도 초반에는 나와 세상에 대한 고전적인 개념에 기대고 있었던 것은 아닌지 자문하게 된다. "많은 자연 경관들 안에서, 우리는 기분 좋은 전율을 느끼며 우리 자신을 재발견한다. 이는 나의 또 다른 자아가 나타나는 가장 아름다운 경우이다"라고 니체는 글을 시작하고 있다. 이는 실제로 풍경 안에서, 그러니까 '풍경을 이루는' 것 안에서 자연이 우리의 "또 다른 자아"라고 말하는 것인가? 풍경 속에서 나 자신을 인지해 그 풍경이 또 다른 '나 자신'이 될 때, 그 속에 나를 반영할 때, 곧 풍경 안에서 자기도취적으로 나를 주시할 때 풍경이 만들어진다는 의미인가? 풍경은 나를 나 자신으로부터 벗어나게 만들지 않았고, 나의 자급자족적인 나-주체(*지적 인식*을 지닌 주체)에 상처를 입히지 않았으며, 또한 그 속에서 나는 어떠한 것도 '만나지' 않았기에, 위에서 보여 준 (풍경과 나 사이의) 친밀함은 부자연스럽기만 하다.

여기저기 분리돼 구성되어 있으면서 독립성을 지닌 주체, 또한 자체적 일관성을 바탕으로 풍경에 접근하는 주체라는 이 개념에서 벗어나고자 굳게 마음먹지 않는다면, 풍경은 '거울'이나 '또 다른 자아' 이상의 것이 될 수 없을 것이다. 그리고 우리는 풍경이 주체에게 애초부터 현상학적으로 미칠 수 있었던 작용, 즉 주체를 그 '주체'라는 위치 이전 단계로 되돌려 보내는 작용을 또 놓쳐 버리게 될 것이다. 풍경 속에 자신을 투영하고 자신의 위치에서 '지평선'을 끊어 버리는 주체로부터 일시적으로나마 나를 자유롭게 만드는 작용을 말이다. 그런데 풍경의 특성이란, 삶과 관련지어 봤을 때, 이러한 '자신(soi)'의 자체적 억제(자급자족)에 흠을 내고 해를 입히는 것이다. 지적 인식을 지닌 '주체'가 아직 형성되지 않은 세계, 이 주체가 아직 몸을 피하려 들거나 움츠리려 하지도 않았던 세계와 보다 근원적으로 연루된 차원으로 '자신'을 되돌려 보내려 하면서 말이다. *암묵적 합의*란 바로 이러한 세계를 달리 표현한 것이다.

4

풍경에 대한 현대의 분석들(이에 대해선 미셸 콜로[87]의 명료한 설명을 참조했다)을 보면서 나는 또 스스로에게 질문을 던지게 된다. 이러한 현대의 분석들은 고전적인 이성처럼 풍경을 순수한 객관화를 통해 이해하거나, 아니면 낭만주의처럼 풍경을 주체의 품속으로 돌려보내는 것을 피하면서, 풍경을 이 둘 사이에 놓으려고 노력해 왔다. 게다가 풍경이 이 두 관점의 불가분성 속에서 사유되어야 하는 것이라 여기며, 풍경에 대한 사유를 시작하기 위해서는 '주체'

---

87) Michel Collot, *La Pensée-paysage*, Arles, Actes Sud / ENSP, 2011 ; et aussi in *La Théorie du paysage en France, op. cit.*, p. 210s.

와 '객체' 사이를 구별하지 말아야 한다고 까지 주장했다. 그런데 사실 우리는 이러한 불가분성을 주장하면서도 여전히 이 안에서의 분리가 지닌 함축적 의미에 온 신경을 기울이고 있다. 사실 불가분성이란, 분리되는 것의 대립(구분)이 어떠한 작용을 했는지, 이에 쓰인 도구들이 무엇인지를 먼저 확실히 밝혀야 분명해질 수 있는 것이다.

특히 다음과 같은 분석, 즉 모든 인지는 이미 하나의 해석이라는 반박할 수 없는 사실을 논하면서 풍경을 하나의 '의미 있는' 구조로 생각하려는 분석이 이러한 경향을 확실하게 보여 준다. 그러나 이 또한 풍경을 *내가* 원하는 대로, 내 기대에 맞춰, 나를 투영하기 위해 사용하는 것 아닌가? 이 역시 여전히 풍경을 '주체(Sujet)'와 합친 것 아닌가 말이다. 과연 이것이 풍경에 가치를 부여하는, 그 원천을 격상시킬 수 있는 유일한 방법일까? 풍경이 그것을 보는 이에게 "말을 건넨다"라는 통상적인 표현이 얼마나 정당한 것인지 설명할 수 있다 할지라도, 이러한 표현이 유럽 문화가 행한 가장 큰 선택 중 하나와 관계있는 표현 방식 그 이상의 것임을 증명할 방법은 없다. 즉 이는 의미에 대한 '부름'을 유심히 살펴 왔던 유럽의 종교가 행한 선택과 관계가 있다. 언제 우리는 풍경을 통해 이 세상에 내려오는 저 절대적 알림을 기다리는 것을 그만두게 될까? 언제 우리는 '메시지'를 기다리는 것을 그만둘 수 있을까?

이 문제를 좀 더 명확하게 다뤄 보자. 정신 분석학과 관련지어 풍경을 '과도적' 공간으로, 즉 어린아이의 자기도취증을 담고 있는 주관적 공간에서 그 아이가 조금씩 자신으로부터 분리되는 것을 배우는 객관화된 공간으로 이행해 가는 과도적 공간으로 접근한다 했을 때, 이 또한 우리를 이미 정해진 개념적 선택 안에 가두어 버리는 것이라 할 수 있다. 이러한 개념적 선택에 저항하고 이를 부수기 위해 얼마나 노력했던가. 분리의 무너짐이란 그 전제 조건에 의해 정당화될 수 있는 것이다. 분리라는 이 거대하면서도 지배적인 행위가 "너무 조급한" 것이었다는 비난이 오랫동안 이어져 왔으니, 이 표현은 현대 사상을 공부할 때 빠지지 않는 개념인 '올바른 의심(juste soupçon)'을 창시한 메를로퐁티의 표현이다. 이런 비난을 오랫동안 옆에서 지켜봐 온 나로서는 우리가 모든 관점에서 막다른 길목에 몰리는 것은 아닌가 걱정을 하게 된다. 사실 이러한 비난은 무엇보다 *지식*과 관련해서 지금껏 '주체-객체'의 분열과 이분이 가지고 온 중요한 풍요함을 인정하지 않는 것이다. 이 풍요로운 지식은 자신의 권한하에, 별도로 '경험'을 만들어 온 과학을 토대로 우리가 '자연'을 정복하는 데 얼마나 놀라운 효과를 발휘하였던가?(칸트는 『순수 이성 비판』에서 "우리는 자연을 모든 가능한 경험의 대상으로 정의하려 한다"고 하였다.) 그런데 '대상'을 만들어 내는 이러한 단절(분리) 행위는 실제로 "급하게" 이루어져야 한다. 정말로 성공하려면, 그 행위가 매우 창의적 능력을 지니고 있다는 사실을 강조하려면 말이다. 이에 저항하는 모든 것, 이를 일탈로 이끄는 모든 것을 무시하면서 성급히 앞으로 나아가지 않았다면, 분리가 가져온 현재의 지식적 풍요로움은 *가능하지도* 못했고, 아예 생각*조차* 할 수 없었을 것이다.

이러하기에, 주체-객체의 분할이 너무 갑작스럽고 순식간에 독단적으로 일어난 일이라며 강하게 비난하는 것이나, (현상학이 주장하듯) 자율적으로 그 분리 이전 단계로 돌아가고자 하는 것을 의무로 정하는 것은 모두 나에게는 헛된 일로 보인다. 우리가 우리 자신에 의해 자발적으로, 자신만의 예감 또는 고유 재능으로 스스로를 더 높이 끌어올릴 수 없다는 사실을, 우리는 이제 알기 때문이다. 이러한 분리를 만들어 낸, 우리 선조로부터 물려받은 이론적인 틀, 사유가 명확히 밝히기도 전에 우리 유럽의 언어가 먼저 만들어 버린 이 틀, 그리하여 우리가 필연적으로 종속될 수밖에 없었던 이 이론의 틀 밖에 서서는 더 높이 올라설 수 없음을, 우리는 이제 아는 것이다. 언제 어떻게 우리가 이렇게 갇혀 버렸는지, 이 안에서는 알 길이 없다. 사실 우리는 우리가 갇혀 있다는 생각조차 하지 못하고 있다. 이는 *논리적 과정을 거쳐* 이러한 분리를 만들어 내는 이러한 동기에서 벗어날 수 있는가 하는 것과는 별개의 문제라 하겠다.

그런데 다음과 같이 확인된 사실이 있으니, 그냥 지나칠 사항이 아닌 듯하다. 즉, 중국의 사상이 이러한 단절과 분류화를 *비껴갔다는* 사실 말이다. 증거를 들어 보자. 19세기 말 지식에 대한 서양의 이론을 설명하기 위해 'sujet-objet'를 중국어로 번역하면서, 중국인들은 이 이항을 잘못 풀어 놓았다. 왜일까? 이들은 중국어에 내포된, 완전히 붙어 있는 의미를 따로 분리해 낼 수 없었기 때문이다. 그래서 이 표현은 '맞이하는 자-맞아들여진 자', 즉 주체-객체(主體-客體)로 번역되었으니, 이는 중립적인 의미가 아닌 손님맞이의 의미를 띤 관계라 하겠다. 나는 이 속에서, 객관성에 대한 사유가 유럽의 언어 안에 남겨 둔 것을 교묘히 피해 나가는 방법이 있음을, *지식* 아래 감춰져 있는 암묵적 합의를 들춰낼 필요 없이 이 합의를 새롭게 생각해 볼 방법이 있음을 보게 된다. 이렇게 해체를 할 필요가 없는 중국의 사상은 풍경을 만들기에 더 잘 '갖추어진 상태'라 할 수 있다. 그리하여 우리는 관념적으로 다음과 같이 분리할 수도 있을 것 같다. 즉 유럽의 언어-사상은 지식의 이론을 한 단계 더 높이 발전시킬 *수 있었고*, 중국의 언어-사상은 순수 지식의 분류에 대해 신경을 쓰지 않았던 만큼 합의 안에 자신의 자리를 만들 *수 있었다*고 말이다.

5

이미 앞에서 언급한 바 있던 당나라의 유명한 문인 유종원은 이와 같은 (암묵적) 합의를 중국어로 다음과 같이 설명해 놓았다.[88] 그에 따르면 먼저 정리하는 작업이 필요하니, 즉 썩은 풀을 치우고 벌레 먹은 나무를 베어서는 태워 버려야 한다. 이러한 정리 작업에서부터 풍경이 나타난다는 것이다. "커다란 나무들이 우뚝 서 있고, 아름다운 대나무가 모습을 보이며, 기암괴석들이 자태를 드러낸다." "이 한가운데서 우리는 바라보기 시작한다." 관찰자의 시선 *아래* 파노라마적인 풍경이 펼쳐지는 것과는 반대로, 여기서의 응시는 '중심'에서,

88) *Liu He dong ji*, ≪Gu mu tan xi xiao qiu ji≫, p.472.

심지어 풍경에서 시작된다고 할 수 있다. 그런데 응시하는 눈에는 무엇이 들어오는가? "저 높은 산, 떠 있는 구름, 물의 급류, 동물들의 움직임"이 들어온다. 바로, 그렇게 "많은 기술과 기교를 가지고 있으면서" "여기 언덕 아래에서 시작해" "사방으로 자신을 드러내는" *하나의 세계 전체*가 말이다.

바로 이 순간부터 (암묵적) 합의의 관계가 시작된다. 그 뒤를 잇는 내용은 다음과 같이 프랑스어로 훌륭하게 번역되어 있다.

돗자리와 베개를 두고 누워 본다.
단순하면서 뚜렷한 저 형태들이 나의 눈에 말을 건다.
물의 속삭임이 내 귀에 말을 건넨다.
저 거대한 공간의 비어 있음이 내 영혼에 말을 건다.
저 깊은 곳의 고요함이 내 마음에 말을 건넨다.

여기서 눈여겨봐야 할 점은 무엇보다 내가 편하게 "누워서", 돗자리에 몸을 뉘인 채로, 풍경을 향해 나를 연다는 것이다. 아주 편안한 상태로 말이다. 전략적인 입지의 관찰자가 가져야 하는 태도, 즉 서 있는 상태가 아니다. 나는 이 부분을 좀 더 정확하게 번역하고자 하는데, 내가 이해한 바는 다음과 같다.

맑고 시원한 저 형태들은 눈과 통한다.
속삭이고 속삭이는 저 소리들은 귀와 통한다.

이로부터 무한의 파임이 발생하니 이는 정신과 통한다.

이로부터 깊은 안도감이 발생하니 이는 마음과 통한다.

이 시가 말하고자 하는 바는 "나에게 말을 건네는" 풍경에 관한 것이 아니다. 동사 '모(謀)'는 "계략을 짜고" "계획을 세우고" "몰래 의논하고" "무언가를 얻기 위해 노력하는" 것을 의미한다. 이 단어는 이 글귀에서 여러 번 반복해서 쓰이며 *은밀한 공모(entente complice)*의 뜻을 전달한다. 하지만 그 속에서, 전제해야 할 어떠한 의미나 상징적 구조가 만들어지지는 않는다. 반면 여기에는 점진적인, 아니 *과정적인* 변동이 있으니, 이는 경계도 없이 끝없이 펼쳐져 나가는 합의 속에서 그 구분선들을 지워 나간다. 그리하여 눈과 귀의 동등한, 감각적 상관관계에서부터 시작된 펼쳐짐이 계속되는 것이다. 끝도 없고 어떠한 주체에 의한 것도 아닌 펼쳐짐 말이다. 이 뻗어 나감은 마치 내재적으로 깊이 빠져들듯 멀리까지 열려 나가게 되고, 그로부터 "파임"과 "안도감"이 쏟아져 나온다. 원문을 문법에 맞춰 차근차근 번역하다 보면 이 과정 자체가 바로 여기 존재하는 '주체'임을 알 수 있다. 다른 주체, 인칭 주체는 그 안에서 해체되고 만다.

반대의 경우도 있다. 즉 합의가 이루어지지 않는 경우이다. 세상이 뒤로 물러나 그 자체 속으로 후퇴해 버릴 때, 그리하여 풍경에 다다를 수 없을 때, 또한 그 원천이 열리지 않을 때 합의는 이루어지지 않는다. 이러한 것을 우리는 유종원이 쓴 다른 글에서 볼 수 있다.[89]

저 골짜기 아래 앉아 있으니

사방으로 대나무와 나무들이 우릴 감싸는구나.

무한한 고요함 속에, 사람 하나 없구나.

영혼이 얼어 버리고 뼈까지 춥구나.

고요함과 비통함이 아무도 모르게 스며든다.

주위가 너무 맑고 깨끗하니

더 이상 머무를 수가 없구나.

이것을 새겨 두고 나는 떠난다.

순수한 그만의 세계에서 떨어져 나와, 풍경은 여기서 *분출되지 않고* 후퇴해 버린다. 풍경의 '맑음[淸)]'은 이제 내적인 냉정함으로 바뀌어 완전한 고독감을 보여 준다. 나는 더 이상 풍경을 통해 내가 세상에 연루되어 있음을 느끼지 못하는 것이다. 보통 때 풍경이 우리를 초대해 이루어 주던, *보다 원초적인* 것과의 접촉은 여기서 일어나지 않는다. 바로 '합의'가 일어나지 않는 것이다.

6

스스로를 풍경으로 만드는 세상이 어떻게 나를 그 *긴장의 장*(場) 속으로 들어가게 만들고, 그 세상의 변화에 반응하도록 만드는지 이

89) *Ibid.*, p. 473.

해하는 일이 남았다. 앞의 글 속에 문학적인 미화 외에 다른 것이 있다는 것은 분명하지만, 어떻게 이러한 '유추(induction)' 현상이 일어나는 것일까? 회화에 대한 사유를 발전시킨 중국 사상가들에 따르면, 나라는 '구체화된 형상'(이것은 '형(形)'을 일컫는데, 이 "나라는"이란 표현은 여전히 너무 데카르트적인 듯하다) 속에도, 그리고 풍경으로 뭉쳐 나타나는 '구체화된 형상'(이것은 '형체(體勢)'의 개념으로 당대[90]의 작품 속에서 접할 수 있다[91]) 속에도 이와 똑같은 긴장이 존재한다고 한다. 우리는 중국의 사상이 특별히 좋아했던 이러한 유추적인 분류법에 너무 신경을 쓰지 않아도 된다. 그래도 한번 살펴는 보자. 산을 구성하는 존재들을 두고 말하자면, 바위는 산의 '뼈'이고 숲은 산의 '의복'이며, 풀은 산의 '털'이자 '머리카락'이다. 산에 흐르는 물은 '혈관'이고, 구름과 안개는 얼굴의 '기운'이며, 수증기와 큰 구름떼는 사람 전체를 감싸는 분위기이다. 절과 망루, 마을과 교각들은 산의 '목걸이'이자 '액세서리'들이다. 산은 나처럼 '허리', '어깨', '머리' 등을 가지고 있다. 그런데 이처럼 물리적인 것들을 늘어놓는 단계에서는 형식적이고 겉에서만 알아차릴 수 있는 동일화가 일어날 뿐이다. 그리 흥미롭지 않은 것이다. 중요한 것은 같은 역동성이 우리 각각의 구현을 통해 나타난다는 것이다. 바로 이 역동성이 내면과 소통하도록 만들고, '세상'과 '나'가 서로 연결되도

90) (역주) 당대(唐岱)는 18세기에 활동한 만주족 출신의 화가이다. 청의 정통파 화가인 왕원기에게 그림을 배웠다.

91) *Congkan*, vol. 1, p.252.

록 만드는 것이다. 다시 말해 이 역동성으로 인해 세상 속에 존재하는 어떠한 긴장감, 결국 풍경을 만들어 내는 그 긴장감은 나를 그 속으로 밀어 넣어 그와 하나가 되게 만드는 것이다.

중국의 자연학이 이를 잘 설명해 준다. 아니, 설명해 줄 필요도 없으니, 자연학은 이를 언제나 그 속에 함축해 왔던 것이다. 여기서 긴장감이 서로에게 이어져 연결된다는 말은, 바로 '산'과 '물'도, 인간처럼, 세상을 만들어낸 기(氣)가 단독으로 개별화된 상태라는 것을 뜻한다. 산과 물 또한 기가 밀집되고('육체'의 빽빽함을 이루고), 동시에 이 기가 펼쳐지면서('정신'적인 차원을 만들어 내면서) 이루어진 것이라는 의미이다. 어렵긴 하겠지만, 만약 *과정*—한편에선 물질화 과정, 다른 한편에선 생명화 과정이라 볼 수 있는 과정—을 생각하는데 우리 유럽의 정신적 아비투스(habitus)[92]를 고려해 그 어려운 '물질'이라는 개념을 빼 버린다면, 산이 "뛰어나가고", "앉아 있고", "구부리고" "자신을 일으켜 세우고" 심지어 "발에 걸려 서 있다" 등의 표현이 *단지 이미지적인 것이 아니라는* 사실을 이해하게 될 것이다. 이러한 관점에서 봤을 때, (방동미[93]의 표현을 따르자면) 산의 (또는 물의) "본성"은 나의 "본성[性]"과 "상통"하고, 산에 영향을 주는 "형세"가 나에게 영향을 주는 "형세[情]"와 "상통"하는 것이다.[94] 바로 이러

92) (역주) 아비투스는 프랑스의 사회학자 부르디외가 제시한 개념으로, 일정하게 구조화된 개인의 성향 체계를 가리킨다.

93) *Ibid.*, p.113.

94) (역주) 중국 철학자 방동미(方東美)의 글을 인용한 것으로, 이 문구는 당지

한 서로 간의 '동일함' 속에서 *긴장의 장(場)*은 실제적으로 공유될 수 있다.

이는 내가 이 산을 알 듯 이 산 또한 "나를 알고" 있다는 표현이 수사학적인 의인화에만 의존하고 있지 않음을 보여 준다.[95] 산도 "고독한 장소"이고 나 자신도 고독한 인간이기에 우리 사이에 끈끈한 친근감이 형성됨을 의인화로만 설명할 수 없는 것이다. 이 서로 간의 끈끈함은 너무나도 깊어, 나는 이 코끼리 모양의 산을 "매달 찾아가고, 그러다 매일 찾아간다." 몇 년간이나 말이다. 태풍이 불어닥칠 때만 가지 못할 뿐이다. 여기에는 그곳으로 돌아가고자 하는 욕구, 생명의 유지와 직결된 욕구가 존재한다. 바로 이 절실한 필요성이 우리를 갑자기 깨우고, 다시 자극해 길을 나서게 만드는 것이다.(마치 네르발이 극장에서 나와 발루아를 다시 찾은 것처럼 말이다.) 그런데 우리는 지식과 그 거대한 이론적 구분에 기대어서만 이 욕구를 읽어 내고 있기에, *경험*의 그렇지 않다는 *항변*에도 불구하고, 항상 이것을 문학적인 확장으로만 보려 한다. 아니면 적어도 다음과 같은 생각은 기본적으로 지니고 있으리라. 과학이 지닌 '언젠가는 소멸될' 엄격함에 대한 일종의 보상으로, 그리하여 '마법에서 풀린' 이 세상에 '시'의 숨결을 불어넣는 보상 행위로 그것을 여길 것이라는 말이다.

그런데 나는 문학이 가진 이러한 회복과 재생의 기능, 즉 문학이

계(唐志契)의 『회화미언(繪畵微言)』에 실려 있다.

95) ≪Xiang shan ji≫, cité dans *Les Formes du vent, paysages chinois en prose*, traduits par Martine Vallette-Hémery, Amiens, Le Nyctalope, 1987, p.129-131.

상상력을 조절하는 밸브로 사용되고, 유럽의 이성에 대한 억압된 감정을 푸는 수단으로 사용되는 이 상황에 대해 매우 비관적인 입장을 취한다. 우리가 우리의 정신을 조금이라도 *지식*의 절대적 지배에서 빼내어 우리 안에 *(암묵적) 합의의 체제*를 세우기만 한다면, 우리는 장소들과의 친밀감이 만들어질 수 있음을, 그리고 이 장소들이 풍경이 될 수 있음을 이해하게 될 것이다. 나는 책상 앞에 앉았을 때는 인식하는 존재이지만, 산책을 할 때는 다시 암묵적 합의의 존재가 된다. 생명 유지와 직결된 나의 상태가 지닌 특이함 속의 어떠한 것이 산의 특이함과 만나면서 내가 이미 *세상과 가장 근원적으로 얽혀 있는 것*이라 불렀던 그것을 다시 나타나도록 만드는 것이다. 그런데 여기서 우리는 그저 순수한 현상성에 머물러 있을 뿐이다. 나는 왜 이러한 것을 재현의 틀에 일부러 끼워 맞춰, 산이 "나에게 말을 건네고" "나에게 아는 척한다"고 설명하려 하는지, 산이 나의 "또 다른 자아(double)"이고 내 감정의 "거울"이라 설명하려 드는지 이해할 수가 없다.

이에 관해 가장 급진적인 입장을 고수한 18세기의 철학가 석도(石濤)는, 나와 풍경이 동시에 서로가 서로를 만든다는 *공동 출산(coenfantement)*의 개념을 내놓았다.[96] 풍경은 바로 이를 통해 만들어지는 것이라 하니, 이는 자율적이면서 주도적인 주체(*인식하는* 주체)인 내가 풍경을 마음대로 하는 것이 아니라, 풍경이 *나를 배치한*

96) Shitao, chap. ≪Shan shui≫.

*다*는 의미이다. 다시 정확히 말해, '나'와 '풍경' 각각이 *서로를 세상에 나오도록 만든다*는 것이다[脫胎]. "오십 년 전만해도 나는 아직 풍경 속에 태어나지 않았었다. 이는 내가 풍경을 가치 없는 어떠한 것으로 여겼기 때문이 아니라 내가 이를 그저 등한시했기 때문이다." 그런데 지금은 "풍경이 나로 하여금 자신을 대신해 말을 하도록 한다."(그는 풍경이 나에게 "말을 건넨다"고 말한 것이 아니라 내가 풍경을 위해 말한다고, 즉 내가 풍경의 대변인이라 표현했으니, 결국 나는 그림에서 붓의 놀림을 통해 풍경이 지닌 긴장감을 표현하고 있는 것이다.) 그리하여 그때부터 "풍경은 내 안에서 태어나고, 나는 풍경 안에서 태어나는 것이다." 이렇게 풍경과 나는 정신적으로 만나게 되고, 그때부터 '흔적들'(현상적으로 나타난 것)은 '변신'을 꾀하게 된다. 석도에 따르면, 상호 작용에 있는 풍경과 나라는 두 극의 "만남[遇]"은 변신의 전 단계에서, 그리고 조심히 나타나는 후반 단계에서 동시에 이루어진다. 결정적이면서 계시적인 경험처럼 그 순간 그 자리에서 아주 강하게 이원 관계의 분열이 불가능하다는 것을 느끼도록 하는 것, 그것이 바로 풍경의 속성이다. 풍경은 이러한 분열의 불가능성을 넘어서는 것이 아니라 이를 무효화해 버린다.

7

따라서 이렇게 세상과 내가 공동으로 연루됨이 풍경 안에 드러나는 것에 대해, 이제는 긍정적으로 받아들이며 생각해 볼 만하다. 그런데 중국에서는 이러한 생각이 세상의 기반이 되는 너무나도 자명한 사실이라, 이에 대해 질문을 해 본 적도 이를 의심해 본 적도 없다. 바로 이러한 생각에 대해 중국의 모든 철학 학파들은 고대부터 항상 의견의 일치를 보여 왔으니, 바로 이 생각이 학파들 사이의 교류의 기초를 이루었다 하겠다. 자연에 관한 철학자인 장자는 다음과 같이 말한다. "세상(天地)과 나는 함께 태어나니[并生]", 나와 세상은 공동의 자연성을 가지고 있으며 "모든 존재와 나는 하나"라고 말이다. 윤리에 대한 철학자인 맹자는 다음과 같이 말한다. "모든 존재는 나와 연루되어 있다[备于我]"고. 이에 대한 언급은 더 이상 없다. 이는 기본이기 때문이다. 이러한 문구는 알리고 무언가를 떠오르게 할 뿐, 어떠한 것을 만들지는 않는다. 그런데 이렇게 세상이 나와 연루되어 있다는 것, 보통은 작용하지 않고 우리가 그냥 흘려버리거나 잊어버리는 이러한 연루성이 역으로 그 효과를 발휘하는 때가 있다. 바로 풍경을 만났을 때로, 이때 나와 풍경의 연루됨은 다시 나타나 *합의*로 표현되는 것이다.

실제로 중국은 나와 세상의 연대를 가장 구체적인 형태로까지 생각해 놓았으니, 그 형태는 너무나 구체적이라 인간과 비인간 사이의 경계를 지워 버려 우리의 '휴머니즘'을 뒤흔들 정도이다. 오늘날 중국은 이러한 연대성을 생태학의 기초라 주장하며 이를 이념적으로 활용하려 하지만, 인권에 대한 생각에서는 멀어지는 등 개인적으로 봤을 때 그리 미덥지 않은 태도를 취하고 있다. 그럼에도 중국의 그러한 관심이 풍경이 출현한 계기가 되었음은 확실히 인정해야 할 것이다. 맹자의 사상을 이어받은 16세기의 대사상가인 왕양명(王陽明)이 이 연대성에 대한 생각을 특히 잘 설명해 놓았다.[97](오늘날 신유교주의자들은 이 왕양명의 글을 지구의 안녕을 위한 일종의 선언문처럼 내세워 격찬한다.) 왕양명은 다음과 같이 써 놓았다. 인간이 이 땅에 존재하는 유일의 존재는 아니라고. 또한 세상과 내가 하나로 합쳐진 후에 이를 분열시키고 "나"와 "너"를 구분하려는 이는 "불량기 가득한 사람"으로, 그에게서는 인간 본성으로부터 나오는 자연스러운 움직임을 좀처럼 볼 수 없다고. 그리고 우리가 (다리에서 떨어질 것만 같은 아이처럼) 위험에 처한 모든 인간을 두고 보일 수밖에 없는 "어쩔 수 없는 반응"을, 우리는 인간에 의해 고통 받는 동물들을 향해, 인간에 의해 황폐화되고 있는 식물들을 향해, 심지어 우리가 깨뜨리는 "기왓장"과 "돌"들, 즉 의식, 감정, 생명을 지니고 있지 않은 것들을 향해 보여 준다고 한다. 그러면서 인간이란 자연의 제어라는 거대한 과정 안에 뿌리박고 있으면서 그 자연의 "명[天命]"을 받는 존재이므로, 결국 그 자신 안에서 이러한 보편적인 연민이 가진 "밝은 빛"을 발견할 수밖에 없다고 마무리 짓는다.

바로 여기에서 우리는 존재론과는 관계없는 풍경의 사유에 대한 '토대', 그리고 풍경 속 *(암묵적) 합의*의 사유에 대한 토대를 발견하게 된다. 즉, 세상이 돌아가는 가운데 인간과 비인간의 사이의 경계, 내부성과 물질성 사이의 경계를 짓는 선이 서서히 사라져 가고, 또한

---

97) Wang Yangming, *Wang Wencheng Gong quanshu*, chap. 26, ≪Daxuewen≫.

'물질'의 질서를 따르는 것과 '정신'의 질서를 따르는 것 사이의 경계선도 사라지게 된다는 내용에서 말이다. 여기의 물질이란 이미 앞에서 언급한 바 있는 '동서'를 가리키는 것으로, 이는 바로 '현실' 전체에 '활력을 주는' 극성에 의한 긴장을 상징한다. 중국 철학에 따르면 세상 전체는, 우리 내부의 세상이든 외부의 세상이든 간에, 계속 이어지고 대응하고 서로에게 끊임없이 영향을 주는 상호 작용(相感)으로 이루어져 있으니, 인간은 어찌 되었든 이러한 상호 작용을 자각해야만 하는 입장에 있는 것이다. 이외에 다른 '현실'을 상상할 수 있을까? 그런데 바로 이 상호 작용들이 풍경, 즉 '산'과 '물'의 저 거대한 상관관계를 끝도 없이, 아무런 제한 없이 엮으며 만들어 가는 가운데, 나는 이 풍경이 약간이라도 그 모습을 드러낼 때면 내가 이에 연루되어 있음을 보게 된다. 그리하여 이 풍경의 물질성은 세상 발전의 처음부터 끝까지 나를 자극하고, 나는 이에 반응하면서 풍경과 하나가 되는 것이다.

바로 이를 바탕으로, 우리는 쌓아 올린 담장 뒤로 물러나 있는 정원은 인간을 자연으로부터 떨어뜨려 놓는 역할을 하고, 풍경은 그와 반대되는 일을 한다고 말할 수 있는 것이다. 사실 풍경이 열어 놓은 일관된 원칙하에 놓인 그 무한한 긴장 관계들 속에서 인간은 존재를 받치고 있는 무한의 토대를 인지하게 되고, 자연과 인간의 일치됨에 필요한 그만의 '요소'를 발견하게 되는 것이다. 바로 이러한 것을 두고 우리는 "계시"라 부를 수 있겠지만, 나는 이를 두고 풍경의 *유혹*이라 부르리라. 페트라르카가 남겼던, 모든 것이 아직도 상징적이기만

한 그 편지글에 쓰여 있듯이, 그가 방투 산 정상에서 발견한 풍경을 향해 등을 돌린 것은 옳은 행동이었다. 그는 그의 종교적 믿음을 굳건히 간직하길, 신에 대한 열렬한 마음을 간직하길 원했던 것이다. "내가 이 땅 위의 현실적인 것에 대해 감탄했다(quod nunc etaim terrestria mirarer)는 사실에, 나는 너무 화가 난다." "단지 정신만이" — 이때의 정신이란 이 세상과 떨어져 있는 성령을 말한다 — "감탄의 대상이 될 수 있을 뿐이다."

8

이것을 정확하게 뭐라고 불러야 할지 모르겠다. 그 넓이는 고작 몇 평방제곱미터밖에 안 되지만 여러 명이 그 안에 들어갈 수 있다. 서까래 위에 얹혀 있는 반들반들한 기와지붕은 비나 햇빛을 막아 준다. 그 형태는 원형 아니면 육각형 또는 팔각형이라, 한쪽의 조망만을 바라보는 것이 아니라 모든 방향으로 돌아가며 밖을 볼 수 있게 한다. 또한 이를 받치고 있는 기둥들은 이 건축물이 풍경을 향해 활짝 열릴 수 있도록 공간을 널찍하게 남겨 준다. 이 안에 들어가 있으면 우리는 풍경 *앞에* 있는 것이 아니니, 우리의 시선은 저 지평선 속으로 빠져들어 그 속에 잠겨 버린다. 이는 망루라고 할 수 없다. 왜냐하면 단지 '아름다운 전경'을 보기 위해 이곳에 가기 때문이다. 게다가 이는 산 정상에 있기보다는 산 중턱쯤에 위치하고 있는 경우가 많다. 중턱의 움푹 들어간 곳이나 아니면 앞으로 돌출된 부분에 말이다. 저 멀리서도 보이는, 숲 속에 안겨 있는 이 자그마한 건축물은 우리가 산을 오르다 모퉁이를 돌면 어느새 눈앞에 나타나 있다. 쉬고 싶다는 생각이 드는 그 순간에 말이다. 이는 거주를 할 수 있는 빌라를 가리키는 것도 아니다. 여기엔 가구도 없고 주거 시설도 없다. 또한 이는 닫혀 있는 곳도 아니다. 중국에선 이를 정(亭)이라 부르니, 보통 프랑스어로는 "키오스크"라 번역된다.

나는 극동 아시아 풍경 속 여기저기에 산재해 있는 붉거나 황갈색 지붕의 이 정자들이, 유럽에서는 그 비슷한 것을 전혀 찾아볼 수 없는 이 정자들이 왜 지어졌는지 자주 궁금했다. 건조(建造)된 것과 자연적인 것을 대조하기 위해서일까, 아니면 풍경 안에 기하학적인 것을 놓아두려 한 것일까, 아니면 자연 속 여기저기에 인공물을 놓아두려 한 것일까? 이후 중국의 대문호들이 정자에 대해 써 놓은 산문들을 읽으면서 나는 비로소 다음과 같은 확신을 갖게 되었다. 정자가 그곳에 있는 이유는 바로 우리로 하여금 자연과의 *(암묵적) 합의에 들어갈 수 있도록* 하기 위해서라고 말이다. 이는 볼 만한 곳을 지시해 주는 방향 지시판이나 지도에 표기된 "전망 좋은 곳", 그러니까 잠시 멈춰 서서 가장 좋은 각도에서 벌판을 바라보면서 그 장소들의 이름을 지도 속 표기와 맞춰 보고 이제 "봤으니까"(여행객들이 흔히 말하는 "나 그거 봤어!"의 "봤다"이다) 다시 발걸음을 재촉하는, 그런 곳과는 정반대되는 곳이다. 정자 안에서 우리는 쉬고 몸을 피하기도 하지만, 한가로이 거닐 수도 있고 차를 마실 수도 있고 들어갔다 나갔다 하는 등 그저 몸을 편안히 놀릴 수도 있다. 그러면서 놀기도 하고 시를 읊기도 한다. 이렇게 정자 안에서 편안히 시간을 보내다 보면, 시간을 잊어버리기까지 한다.

거기에서는 몇 시간이고 머물 수 있기에 하루의 빛과 그것이 만드는 시간의 조용한 변화들을 느낄 수 있다. 이곳에는 매 계절마다 올 수 있기에, 한 해의 변화 또한 느낄 수 있다. 이곳은 시각적인 만큼 청각이기도 하다. 여기서는 나뭇가지를 스치는 바람 소리를 들을 수 있고, 이 바람 소리를 가로지르는 날카로운 새소리도 들을 수 있다. 그러면서 아주 짧은 순간이지만 구름이 땅에 남기는 그늘을 보기도 한다. 정자에 머무는 동안 우리는 계속된 변화 속에서 풍경을 느끼게 된다. 바로 이곳에서 우리는 풍경으로 채워지는 것이다. 정자는 바로 이를 위해 만들어졌다. 바로 이 즐거움을 위해 만들어진 것으로, 이때의 즐거움이란 그 자체로 계시라 볼 수 있을 것이다. 우리는 정자에 와서 휴식을 취하면서 은밀한 이해력을 가질 수 있게 된다. 이때 말하는 이해력이란 시간의 흐름 속에서 나와 서서히 만들어지는 것으로, 바로 최종적으로 남는 것이다. 이것 외에 어떤 다른 것을 기대할 수 있겠는가. 바로 여기에서 우리는 저 일상의 세상으로부터, 저 모든 규정과 욕망, 목표, 의무로부터 벗어나게 된다. 바로 이곳에서 우리는 '실현'에 이르는 것이다. 물론 '무엇을' 실현시키는 것인지는 말할 필요가 없을 것이다. 아무런 강제 없이, 어떠한 것도 강요됨이 없이, 확산되는 침투에 의해, 그러니까 *인식적인* 존재에서 떠나 (*암묵적인) 합의*의 관계로 들어가면서, 이 '실현'이 이루어지는 것이다.

정자에는 다 이름이 있는데, "취한 늙은이의 정자(취옹정, 醉翁亭)"

이라 불리는 정자가 있었다.(구양수,[98] 11세기[99])) 통치자(구양수 그 자신)는 이곳에 손님들과 함께 와서 술을 마시곤 했는데, 조금만 마셔도 취하였다. 하지만 그의 "뜻은 술에 있지 아니하고" 풍경에, 즉 "산수지간, 산과 물 사이에 있었다." 이것이 바로 풍경에 취한 것이면서 동시에 풍경으로 살아가는 것((V)ivre de paysage)[100])이다. 이때의 취함이란 속성과 형태 사이의 구분이 없는 상태에 있는 것으로 이해해야 할 것이다. 그리하여 그는 "산수 사이에서 노니는 즐거움, 이것을 마음으로 얻어 술에 기탁한다"고 하였다. 그는 산수의 앞에 있는 것이 아니라 그 *사이*에 있는 것이다. "해 떠오르면 숲 속의 안개비가 걷히고", "저녁 구름이 돌아오면 골짜기가 어두워지니", 이것이 바로 "산 사이의" 변화이다. 그는 매일같이 아침이면 이 산속을 찾아가고 저녁이면 돌아오곤 하였으니, "사시사철의 풍광이 저마다 다른지라" "즐거움은 끝이 없었다"라 하였다.

그러면서 이젠 바깥세상에까지 세상이 지닌 저 거대한 조절의 리듬이, 교체되는 그 리듬이 나타난다. 즉 "길에서 노래를 부르며 짐을 지고 가는" 자들과 "나무의 그늘 아래서 휴식을 취하는" 자들 사이에서, "구부정한 노인네들"과 "팔엔 안긴 아이들" 사이에서 그 리듬이 나타나니, 삶 속의 교류는 끊이지 않는 것이다. (정자의) 내부에는 산

---

98) (역주) 구양수(歐陽脩, 1007~1072)는 송나라의 정치가이자 문인, 역사학자이다.

99) Ouyang Xiu, ≪Zui weng ting j ≫.

100) (역주) 프랑스어에서 'vivre de~'는 '~으로 살아가다'라는 뜻이고 'ivre de~'는 '~에 (도)취한'이란 뜻이다.

나물과 들나물로 만든 소박한 음식이 앞에 놓여 있으니, 현악기와 관악기가 필요 없다 하겠다. 활 쏘는 자는 "과녁을 맞히려 하고", 바둑을 두는 자는 "이기려 한다." 술자리에 대한 초대가 사방으로 저절로 이루어진다. 모든 편견이 사라지고, 모든 특권이 없어진다. *정자* 안에서는 질서와 대상 사이의 구분이, 기준과 평가 사이, 그리고 지는 것과 성공 사이의 구분이 잊힌다. 성공도 없고 실패도 없으니, 모든 것이 순조롭게 흘러갈 뿐이다. 만약 정자 안에서 합의에 이르게 된다면, 이는 그 무엇도 더 이상 배제하지 않는 세상에 대한 이해력을 얻게 되었다는 말이다.

정자의 기능은 — 알림의 효과를 내는 것도, 신비감이나 '물아일체'의 효과를 내는 것도 아니니 — *분리를 떼어 내는 것*이다. 정자 안에서 우리는 안에 있는 동시에 밖에 있고, 노출되어 있는 동시에 보호를 받는다. 18세기의 문인 원매(袁枚)[101]가 묘사한 "비천정(飛泉亭)"에서는 창을 닫으면 폭포 소리가 들리고 창을 열면 폭포에서 튄 물방울이 그 안으로까지 들어온다 하였다. 여기서는 이것도 하고 저것도 할 수 있으니, "사람이 앉을 수 있고, 누울 수도 있고, 다리를 태평하게 벌릴 수도 있고, 누워서 하늘을 바라볼 수도 있다." 또한 "붓과 벼루를 펼쳐 놓을 수도 있고, 차를 만들어서 음미할 수도 있다." 또 여기서는 이 소리와 저 소리를 들을 수 있다. "물소리, 바둑소리, 소나무 소리, 새소리"를 들을 수 있으니, 이 모든 것이 "서로

---

101) Yuan Mei, ≪Xia jiang shi fei quan ting ji≫.

섞여 조화를 이룬다." 여기에 시를 읊는 소리까지 더해진다. 또한 "인간 세계가 만드는 음악", 인뢰(人籟)와 자연에서 나와 그 속에 퍼지는 음악, 천뢰(天籟)가 "하나 되어 조화를 이루면서" 더는 분간이 되지 않는다. (장자의 가르침과 같이) 여기서 '타동적' 행위는 자발적 행위와 더 이상 구별되지 않는다. 정자는 분리가 지워지는 장소, 인과관계와 지정의 행위가 그들의 특권을 잃게 되는 장소이다. 이러한 특권에 의존해 *지식*이 세웠던 모든 것을 잃게 되는 장소인 것이다. 반면 정자가 세운 (암묵적) 합의는 내재적인 것이 우리의 귀에 들리도록 하니, 바로 이를 통해 정자는 우리로 하여금 풍경에 접근하도록 한다.

송풍정(松風亭) 아래쪽에서 발길이 닿는 대로 거닐던 소동파는 휴식을 취하려던 그때, 숲 위로 드러나 있는 이 정자를 발견한다. 그러곤 생각한다. "어떻게 하면 저기에 다다를 수 있을까?"[102] 한참을 난처해하던 그는 이렇게 생각을 이어 간다. "내가 이렇게 모든 것의 *사이*에 있는데, 어디에서 휴식을 취할 장소를 찾지 못하리?" 그러고 보니 "나는 낚싯줄에 걸렸다가 갑자기 빠져나와 살아난 물고기와 같구나." 그러면서 그는, 만약 이 이치만 깨닫는다면 전투의 가장 격한 순간, 즉 북소리가 천둥소리처럼 들리는 그 순간, 후퇴해도 사형이고 전진해도 적에게 죽임을 당할 것이라는 확신이 드는 그런 순간에조차도, 우리 내부에는 가장 완벽한 휴식이 만들어질 수

---

102) Su Dongpo, ≪Ji you song feng ting≫.

있다고, 우리 내부는 가장 편안한 곳이 될 수 있다고 결말을 짓는다. 그러니까 이제는 정자와 정자 아닌 것 사이를, 정자가 있는 곳과 없는 곳을 구별할 필요가 없다는 것이다. 정자의 장소를 지정해서 그 자리에서 이 정자를 찾으려 할 필요가 없고, 목적을 정해 가며 그곳에 이르려 할 필요가 없다는 것이다. 정자는 사방에 있고, 바로 이곳에서 나는 (암묵적) 합의에 순응하며 나 자신에게로 자연스럽게 다가가게 되는 것이다. 그리고 이때의 나 자신은 더 이상 *에고(ego)*로서의 '나'가 아니라 하겠다. 이것이 바로 '실현'이 이루어지는 것이다. 이제부터 정자는 '사이'에 있으니, 어느 쪽에도 속하지 않은, '소유권'이 없는 장소인 것이다. 다시 말해 정자는, 우리가 풍경을 만들어 낼 수만 있다면, 풍경-*사이* 안의 어디에나 존재한다. 그 반대도 가능하다. 즉 정자를 발견하기만 한다면 풍경 또한 어디에나 존재하는 것이다.

맺음말

중국 문인들이 그린 그림을 봤거나 진(晋)과 당(唐)대에 쓰인 몇몇 시를 읽은 이들이라면 누구나 그 안에서 무엇인가를 알아차리게 된다. 중국의 고전 문화를 그냥 지나치듯 살짝 접촉만 했는데도 이를 감지하게 되는 것이다. 그런데 이렇게 감지된 이것을 몇 세기에 걸쳐 꾸준히 다뤄 왔음에도, 중국학 학자들은 여전히 이것이 무엇인지를 완전하게 표현해 내지 못하고 있다. 이를 잘 이해하지 못했기 때문일까? 사실 우리의 언어를 해체하고 이성을 펼쳐 놓는다 한들, 중국어로 "산수(山水)"라 간단히 표현할 수 있게 해 주는 것까지 거슬러 올라가는 일이 쉽겠는가? '산'과 '물'을 동시에 한 번에 불리도록 하는 것, '바람'과 '빛'이 짝이 되도록 하는 것, 바람과 빛이 세상을 만드는 것이 되도록 하는 것, 이것까지 거슬러 올라가는 일이 쉽겠느냐는 말이다. 아직 우리 유럽인은 저 너머의 세상(Au-delà)을 인정하고 이를 바라고 있는데 말이다.

여기 중국에는 구축하는 것도, 어디에서 무언가를 끌어내는 것도 없으니, 단지 *짝을 이루는 행위*만 있을 뿐이다. 실제로 중국에서는 풍경이 *사이*에 있는 것이라 한다. 이런 연유로 풍경은 존재(Être), 고유의 속성, 지정에 대한 사유들을 비껴간다. 또한 모델화와 관념성에 대한 생각 또한 비껴가게 된다. 중국의 사유는 풍경을 만들어 가는 상관관계를 끝없이 작동시키는 만큼, 사유를 하는 데 구조적 틀을 세울 필요가 없었다. 중국의 사유는 분류하고, 유형학적 구분을 행하고, 둘씩 짝을 짓는다. 하지만 무언가를 만들어 세우지는 않는다. 바로 이러한 또 다른 연유로 인해 풍경에 대한 사유는 중국 철학에 어떠한 이론적 확립도, 정치적 확립도 남기지 않은 것이다. 중국은 과학이 아닌 지(知)를 만들어 냈다. 또한 국가가 아니라 권력에 대해 사유했다. 다시 말해 중국에는 세상의 조건들에서 벗어나고자 하는 자유 이념이 존재하지 않는다. 서구에서 우리가 의지하고 있는 절대적인 것, 그 이름을 걸고 투쟁하고 비판하며, 역사를 진전시키고자 했던 그 절대적인 것으로 자리를 잡은 자유(진리) 이념이 중국에는 존재하지 않는 것이다. 풍경에 대한 사유가 다른 가능성을 수축시켰다 할 수 있으니, 이 역시 그의 존속을 위해 대가를 치른 것으로 볼 수 있겠다.

하지만 주체(Sujet)가 '자신'의 고립으로 인해 더 이상 격상되지 않는 오늘날에 이르러, 우리는 풍경으로부터 세상에 대한 우리의 관계를 다시 생각하는 방법을 배우게 된다. 이것이 바로 우리가 풍경에 대한 사유를 발전시켜야 하는 이유이다. 실제로 우리에겐 대안적인 해결책이 필요한데, 현대의 이데올로기는 바로 이 해결책 안에 우리를 가두려는 경향이 있다. 이때의 해결책이란 세상을 기계적으로 다루는 것(기계적 논리와 효율성의 명령 아래 다루는 것)이거나, 세상과의 '공생 관계'를, 잃어버린 낙원을 그리워하듯, 향수에 젖어 꿈꾸는 것이다. 후자는 과학과 기술에 대항하는 끊임없는 과정을 좇으며 자연과 삶('환경'과 '생명')을 보증인과 구원자로 내세우는 해결책을 말한다. 하지만 우리는 오늘날의 이러한 새로운 신화에, 우리를 자연의 품, 모태로 되돌아가게 만들려는 저 거대한 주술과 현대의 이러한 예언에 진력이 나 버린 상태이다.

그러나 풍경에 대한 사유는 세상에 대한 우리의 보다 근본적인 연루성을 되찾게 해 주면서, 우리를 이성을 지지하고 있는 것의 반대편에 데려다 놓는다. 하지만 그렇다고 해서 우리를 비이성주의에 빠지게 하는 것은 아니다. 또한 풍경에 대한 사유는 우리로 하여금 유아론(唯我論)에 갇힌 주체를 무너뜨리게 만들지만, 그렇다고 이 주체를 다시 어딘가에 복종시키거나 소외시키지는 않는다. 풍경이 '원천적인 힘(ressource)'이라는 말은, 중국인들이 흔히 말하듯 풍경이 '음미'의 대상으로 항상 열려 있고, 더 나아가 계시의 전달자(새로운 사실을 알려 주는 자)라는 의미이다. 풍경은 이렇듯 고갈되지 않는 원천의 힘과 같지만, 그렇다고 이 풍경이 자체적인 질서나 그만의 메시지를 강요하는 것은 아니다. 이는 다시 말해 우리가 지속적으로 풍경에 기대어 살아가면서 거기에서 힘을 얻을 수도 있지만, 그 원천적 힘을 '옆으로' 비껴 나가면서 이 풍경을 평생 만나지 못할 수도 있음을 의미한다. 이러한 면에서 풍경이란 주체의 개방성(disponibilité)과 상호적인 관계를 가지고 있다 할 수 있다. 풍경이 그 주체의 개방성을 불러내어 이를 한 단계 더 승격시키는 것이다. 이제 우리는 '자신(soi)'의 담을 무너뜨리면서, 그리고 자유(의지)(Liberté)의 담 또한 무너뜨리면서 — 초월이 아닌 무너뜨림이다 — 개방성의 윤리를 구상할 필요가 있으니, 이는 결국 주체의 해방으로 이어진다 하겠다.

이렇게 풍경에 대한 사유는 우리가 지닌 대립적인 면들을 다시 연결해 주는 역할을 하는 만큼, 더욱 발전시켜야 할 부분이라 할 수 있다. 이때 말하는 대립되는 면이란, 특히 철학에서 예부터 전해 내려온 내재성과 초월성의 대립을 가리키니, 주체와 대상이라는 대립과 짝을 이루는 또 하나의 고정된 대립이라 하겠다. 사실, 풍경은 이 내재성과 초월성을 경쟁 관계에 놓지 않는다. 그러면서 풍경은 우리로 하여금 초월성이란 것을, 물질적인 것의 맑은 윗부분만을 걸러 내는 과정적인 것으로 이해하도록 하는 동시에, 이러한 '걸러 냄'에 의해서만 저 너머로 통하는 것으로 이해하도록 만든다. 초월성을 두고 '세상에 내재하는' 것이라 말하는 것은, 이미 초월성을 잃어버리는 것과 마찬가지이다. 그렇기에 우리는 이 세상과 '단절되어' 있으며 변명거리로만 쓰이는 저 너머와 같은 또 다른 곳(Ailleurs)을 생각해 놓지 않을 수 없는 것이다.

세계적인 척도가 강요되는 오늘날 풍경의 위력이란, 이러한 추상적인 편재성을 마주하여 그 위치를 다시 정한다는 것이다. 다시 말해 풍경은 보상을 원하는 자기중심주의 안으로 그냥 후퇴해 버리는 것이 아니라, 그 유일한 특이함을 다시 강하게 표출하면서 세상에 이를 표시하는 것이다. 풍경을 이루는 것이 세상 전체를 담아내고 있다면, 그 장소는 그 자체로 전체가 되어 상호 작용과 소통을 끝없이 일으킨다 하겠다. 풍경이 길에서 나타나든 골짜기에서 나타나든, 또는 도심이나 숲에서 나타나든 그건 중요치 않다. 이제는 시골에 쉬이 내려가던 예전과는 달리 거대 도시에서 빠져나가는 일이 없다. 중요한 것은, 세상이 긴장 관계에 들어가도록 만드는 그 수많은 극성들이 이곳에서도 만들어진다는 사실이다. 세상을 지루하게 만들면서 결국 무관심 속으로 밀어 넣는, 위협을 가하는 획일화로부터 이 세상을 구해주는 그 수많은 극성이, 바로 여기에서도 만들어진다는 것이다. 사실 풍경의 힘이란, 이러한 외부성이 '가장 내부적인 것'으로 변할 때까지, 그리하여 은밀한 것이 될 때까지 발견하고 만남을 갖도록 만드는 것이다. 또한 플라톤이나 말라르메가 보여 주었듯이, '살아야 할 지역'을 이제 '여기'로 소환하게 하는 것이라 할 수 있다. 그것이 바로 풍경의 힘이다.

옮긴이의 말

대학생 시절 한 신문의 칼럼에서 읽었던 내용이 문득 머리를 스친다. 독일로 유학 간 한 한국 학생이 외국에서 처음으로 맞게 된 한가위, 그는 그간 친분을 쌓아 온 독일 학생 한 명에게 학교에서 멀지 않은 곳에 위치한 언덕에 올라 보름달 구경을 하자고 제안했다. 독일 친구는 흔쾌히 수락했고, 저녁이 되어 둘은 약속 장소에서 만났다. 그런데 두 학생은 상대방이 들고 온 물건을 보고 서로 의아해했다. 한국 학생은 대금을, 독일 학생은 망원경을 손에 들고 있었던 것이다. 칼럼니스트가 어떻게 그 뒤의 내용을 전개했었는지는 기억이 나지 않지만, '어, 정말?'이라는 반응을 대신해 나지막한 웃음소리를 냈던 기억이 난다.

더불어 나의 프랑스 유학 시절 기억도 함께 떠오른다. 파리에서 유학을 시작한 지 일고여덟 달쯤 지났을까, 어느 순간부터 뭔가가 그리운 향수 어린 느낌이 밀려오고, 심적인 답답함이 초보 유학생이 가질 법한 설렘과 들뜸을 밀어내기 시작했다. 그러곤 들었던 생각이 '산이 보고 싶다'였다. 지대가 평탄한 파리와 외곽 지역에서는 한국 어디서나 볼 수 있는 그 흔한 흐릿한 먼 산들의 실루엣을 볼 수가 없었다. 그리하여 가게 된 곳이 이 책에서도 언급된 스탕달의 책 『적과 흑』의 배경이 되는 브장송이었다. 쥐라 산맥 쪽에 위치해 많은 산에 둘러싸여 있을 것이라 상상했었다. 브장송, 아름다운 도시였고 스펙터클한 풍광을 자랑하고 있었지만, 한국 산의 청정한 기운을 바라던 나의 기대는 채워지지 않았고 여행 내내 갑갑한 느낌은 가시질 않았다.

마지막 기억 하나를 덧붙여 볼까 한다. 같은 기숙사에 살던 스페인 친구가 브르타뉴에 있는 자기 친구의 집을 방문하면서 나를 초대했다. (역시 이 책 본문에 묘사되어 있는 아름다운) 브르타뉴 해변을 두루 돌아다니다 친구에게 말했다. 난 바다보다는 산이 좋다고. 옆에 있던 브르타뉴 친구가 이 지역에도 산이 있다며 나를 황급히 그곳으로 데리고 갔다. 도착한 곳은 나무들이 듬성듬성 심겨 있는 숲이었다. 거의 평평하게 느껴지는, 약간 경사진 지대를 한참 걷는데, 갑자기 그 친구가 소리쳤다. "아, 여기야, 산의 정상이!" 난 의아한 눈으로 바라보며 물었다. "여긴 평지 아냐?" "아, 여기는 지대 자체가 좀 높아. 그리고 바로 이 지점이 해발 oo미터인데(기억이 나질 않는다), 우리 지역에서는 이 높이부터 산으로 규정하거든." 그저 조금 경사가 진 주위를 바라보며 나는 실소를 감추지 못했고, 브르타뉴 친구는 당연히 나의 웃음을 이해하지 못했다.

서두가 길었다. 사실 이 이야기들은 10년도 더 전에 겪었던 일들로 그저 그런 추억의 단상으로 조용히 잊힐 법도 했다. 그런데 이 번역을 마무리할 즈음에 이 기억들이 내 머릿속을 자연스레 맴돌기 시작했고 갈수록 점점 더 생생해졌다. 왜일까? 왜 하필 이 기억들이 그 많은 기억들 중에 선택되어 이 시점에 여기로 소환된 것일까? 이 책의 내용 때문인 건 분명한 듯하지만, 혹시 이 기억들 속에 해결되지 않은 무언가가 찜찜하게 남아 있다가 이제야 그 답은 찾은 건 아닐까?

돌이켜보건대, 첫 번째 이야기에서 나의 '나지막한 웃음소리', 두 번째 이야기에서의 가시지 않던 '답답함', 그리고 세 번째 이야기에서의 당혹감에 터져 나온 '실소', 이 세 가지 반응에 대해 당시의 나는 왜 그리 행동했는지 그 이유를 자세히, 아니 짧게라도 설명할 수가 없었다. 더 정확히 말하면, 나는 분명 상황을 이해하고 있었는데도 왜 그렇게 되었는지를 스스로에게조차 똑똑히 설명할 수가 없었던 것이다. 내가 왜 이런 반응을 보이고, 이런 마음을 가졌는지를 말이다. 적어도 이 책을 접하기 전까지는.

프랑수아 줄리앙이 이 책을 통해 설명하고 있는 자연에 대한 동양 철학 관점과 서양 철학 관점 사이의 근본적인 차이점, 예를 들어 동양에서는 자연과 나 사이에 구분이 없음을 강조하는 반면 서양에서는 주체인 내가 대상인 자연을 관찰자의 입장으로 바라본다는 그 차이점이 첫 번째 이야기 속 나의 놀람에 대한 근본적인 이유를 암시해준다. 이렇게 너무나도 다른 사유 체계를 지닌 두 세상이기에 그 행동도 (놀랄 정도로) 차이가 날 수밖에 없었던 것이다. 또한 이 책에서 설명하는 풍경이 만드는 긴장의 논리와 특이화 개념은 브장송에서 느낀 나의 알 수 없는 답답함에 대한 답을 제시해 준다. 나와 브장송과의 교감은 이루어지지 않았고, 그리하여 나는 그곳 풍경의 긴장의 장으로 들어갈 수 없었기에, 따라서 그 장소가 관계로 변하지 않았기에, 나의 답답함은 사라지지 않았던(사라질 수 없었던) 것이다. 브르타뉴의 경우는, 산수(山水)를 온몸으로 받아들이는 동양인의 지각 · 감성과 자연을 수학적, 논리적으로 받아들이는 서양인의 지각 · 감성 사이의 차이에 대한 줄리앙의 설명이 그때의 실소의 의미를 설명해 주는 듯하다. 나는 나의 몸과 마음을 청정하게 만들어 줄 푸른 산을 찾았는데, 프랑스 친구는 논리적으로 그 높이가 산이라는 규범에 딱 들어맞는 대상인 산을 내게 제시해 준 것이다.

프랑수아 줄리앙의 『풍경에 대하여 : 풍경으로 살아가기, 또는 이성이 지나친 것』은 번역이 어렵고 때론 지적인 고통을 요하기도 하였지만, 이 책이 이렇게 내 인생 한쪽의 수수께끼를 풀어 주었듯, 다른 독자들에게도 그러한 기회를 선사해 줄 수 있기를 바란다.

그의 철학, 문체, 사고방식, 용어 선택, 그리고 의도 등을 나름대로 정확하게 이해하는 데에 정말 많은 시간이 소요되었다. 하지만 그 긴 시간만큼이나, 지식적인 면에서 그리고 철학적인 면에서(정신적인 면에서) 많은 것을 배우고 수많은 방식으로 생각하게끔 하였다. 결과적으로 감사할 따름이다.

많이 미흡하고 서툰 번역서이다. 그럼에도 이 책을 통해 독자들이 프랑수아 줄리앙만의 깊고 진지한, 그리고 독특한 철학 세계를 감지할 수 있다면 정말 다행일 것이다. 가치 있는 책의 번역 기회를 준 건국대학교 글로컬문화전략연구소와, 뜻깊은 조언과 적절한 재촉으로 작업을 도와주신 아모르문디 출판사 김삼수 대표님과 편집장님께 감사드린다.

2016년 11월

김설아

참고문헌

LU XUN, ÉCRITURE ET RÉVOLUTION, Presses de l'École normale supérieure, 1979.

LA VALEUR ALLUSIVE. Des catégories originales de l'interprétation poétique dans la tradition chinoise, École française d'Extrême-Orient, 1985, rééd. PUF, ≪Quadrige«»≫, 2002.

LA CHAINE ET LA TRAME. Du canonique, de l'imaginaire et de l'ordre du texte en Chine, rééd. PUF, ≪Quadrige≫, 2004.

PROCÈS OU CRÉATION. Une introduction à la pensée des lettrés chinois, Seuil, ≪Des travaux≫, 1989, rééd. Le Livre de Poche, ≪Biblio≫, 1996.

ÉLOGE DE LA FADEUR, Philippe Picquier, 1991, rééd. Le Livre de Poche, ≪Biblio≫, 1993, 2004.

LA PROPENSION DES CHOSES. Pour une histoire de l'efficacité en Chine, Seuil, ≪Des travaux≫, 1992, et Points essais≫, n° 493, 2003.

FIGURES DE L'IMMANENCE. Pour une lecture philosophique du Yiking, le ≪Classique du changement≫, Grasset, 1993, rééd. Le Livre de Poche, ≪Biblio≫, 1995.

LE DÉTOUR ET L'ACCÈS. Stratégies du sens en Chine, en Grèce, Grasset, 1995, rééd. Le Livre de Poche, ≪Biblio≫, 1997, Seuil, ≪Points essais≫, n° 640, 2010.

FONDER LA MORALE. Dialogue de Mencius avec un philosophe des Lumières, Grasset, 1995, rééd. Dialogue sur la morale, Le Livre de Poche, ≪Biblio≫, 1998.

TRAITÉ DE L'EFFICACITÉ, Grasset, 1997, rééd. Le Livre de Poche, ≪Biblio≫, 2002.

UN SAGE EST SANS IDÉE. Ou l'autre de la philosophie, Seuil, ≪ L'Ordre philosophique≫, 1998.

DE L'ESSENCE OU DU NU. Photographies de Ralph Gibson, Seuil, 2000, rééd. Le Nu impossible, Seuil, ≪Points essais≫, n° 529, 2005.

DU ≪TEMPS≫. Éléments d'une philosophie du vivre, Grasset, ≪ Le Collège de philosophie≫, 2001, rééd. Le Livre de Poche, ≪ Biblio≫, 2012.

LA GRANDE IMAGE N'A PAS DE FORME ou du non-objet par la peinture, Seuil, ≪L'Ordre philosophique≫, 2003, et ≪Points

essais≫, n° 619, 2009.
L'OMBRE AU TABLEAU. Du mal ou du négatif, Seuil, 2004, rééd. Du mal/Du négatif, ≪Points essais≫, n° 551, 2006.
NOURRIR SA VIE à l'écart du bonheur, Seuil, 2005.
CONFÉRENCE SUR L'EFFICACITÉ, PUF, ≪Libelles≫, 2005.
SI PARLER VA SANS DIRE. Du logos et d'autres ressources, Seuil, ≪L'Ordre philosophique≫, 2006.
CHEMIN FAISANT. Connaître la Chine, relancer la philosophie. Réplique à ***, Seuil, ≪L'Ordre philosophique≫, 2007.
DE L'UNIVERSEL, DE L'UNIFORME, DU COMMUN ET DU DIALOGUE ENTRE LES CULTURES, Fayard, 2008, Seuil, ≪Points essais≫, 2011.
LES TRANSFORMATIONS SILENCIEUSES, Grasset, 2009, rééd. Le Livre de Poche, ≪Biblio≫, 2010.
L'INVENTION DE L'IDÉAL ET LE DESTIN DE L'EUROPE, Seuil, 2009.
LE PONT DES SINGES. De la diversité à venir, Galilée, 2010.
CETTE ÉTRANGE IDÉE DU BEAU, Grasset, 2010, rééd. Le Livre de Poche, ≪Biblio≫, 2011.
PHILOSOPHIE DU VIVRE, Gallimard, 2011.
ENTRER DANS UNE PENSÉE ou des possibles de l'esprit, Gallimard, 2012.
L'ÉCART ET L'ENTRE. Leçon inaugurale de la Chaire de l'altérité, Galilée, 2012.

CINQ CONCEPTS PROPOSÉS À LA PSYCHANALYSE, Grasset, 2012.

DE L'INTIME loin du bruyant Amour, Grasset, 2013.

풍경에 대하여:
풍경으로 살아가기, 또는 이성이 지나친 것

초판 1쇄 펴낸 날 2016년 11월 30일

지은이 | 프랑수아 줄리앙
옮긴이 | 김설아
펴낸이 | 김삼수
편 집 | 김소라 · 신중식
디자인 | 권대홍

펴낸곳 | 아모르문디
등 록 | 제313-2005-00087호
주 소 | 서울시 마포구 월드컵북로12길 20 보영빌딩 6층
전 화 | 0505-306-3336 팩 스 | 0505-303-3334
이메일 | amormundi1@daum.net

ISBN 978-89-92448-60-4 94100

※ 이 도서의 국립중앙도서관 출판예정도서목록(CIP)은 서지정보유통지원시스템 홈페이지(http://seoji.nl.go.kr)와 국가자료공동목록시스템(http://www.nl.go.kr/kolisnet)에서 이용하실 수 있습니다.